WUREN JIASHI JISHU

# 无人驾驶技术

**田晋跃　罗石　主编**

化学工业出版社

·北京·

本书对目前无人驾驶的构成及工作原理作了介绍。主要内容包括无人驾驶定位导航、无人驾驶的感知传感器、无人驾驶环境感知技术、无人驾驶汽车路径规划、无人驾驶汽车路径跟踪、深度学习在无人驾驶中的应用、无人驾驶汽车软件系统平台、车联网与无人驾驶以及无人驾驶车辆测试。

本书内容深入浅出，图文并茂，结合实际，便于读者学习和应用，实现对无人驾驶技术的快速入门。

本书可作为大专院校本科生汽车工程等专业教学参考书，也可供科研单位、工厂及有关工程技术人员参考使用。

**图书在版编目（CIP）数据**

无人驾驶技术/田晋跃，罗石主编. —北京：化学工业出版社，2020.4（2023.9重印）

ISBN 978-7-122-36176-9

Ⅰ.①无…　Ⅱ.①田…②罗…　Ⅲ.①无人驾驶-汽车-智能技术　Ⅳ.①U469.79

中国版本图书馆 CIP 数据核字（2020）第 023396 号

---

责任编辑：黄　滢　　　　　　　　　　　文字编辑：陈小滔　温潇潇
责任校对：王鹏飞　　　　　　　　　　　装帧设计：王晓宇

---

出版发行：化学工业出版社（北京市东城区青年湖南街 13 号　邮政编码 100011）
印　　装：北京印刷集团有限责任公司
710mm×1000mm　1/16　印张 14¼　字数 272 千字　2023 年 9 月北京第 1 版第 3 次印刷

---

购书咨询：010-64518888　　　　　　　　售后服务：010-64518899
网　　址：http://www.cip.com.cn
凡购买本书，如有缺损质量问题，本社销售中心负责调换。

---

定　　价：**69.00 元**　　　　　　　　　　　　　版权所有　违者必究

# 序　言

近年来，无人驾驶技术开始进入了飞速发展时期。目前关于无人驾驶技术的专利已经超过 3000 项，相关数据和新闻也越来越多，这是广大业内科研人员不间断努力所取得的丰硕成果。人们的普遍感受是无人驾驶汽车离我们的日常生活越来越近了。而对我们普通百姓而言，对无人驾驶技术了解多少呢？什么是无人驾驶技术？这是本书重点解决的问题和完成的工作。

本书主要介绍了无人驾驶技术的基本原理，讲述了无人驾驶技术的基本知识，以及需要关注的相关技术规范和标准，引导读者不断去探索和研究并实现无人驾驶技术。而关于无人驾驶技术的难点，因涉及众多领域，需要相关研究和开发人员共同配合才能解决，所以本书未做大篇幅介绍。

无人驾驶技术是人工智能技术的一个分支应用，是一种融合了机器人的技术。它采用机器人的核心部件，以实现汽车的自动驾驶，这样就可以解放人们的手脚，使人们可以轻松自在地出行、工作或去做其他事情。

无人驾驶技术是传感器、计算机、人工智能、通信、导航定位、模式识别、机器视觉、智能控制等多门前沿学科的综合体。按照无人驾驶汽车的职能模块划分，无人驾驶汽车的关键技术包括环境感知、路径规划、决策控制等。

在行驶过程中，无人驾驶汽车的传感部件会对道路、过往行人、其他车辆、树木、栏杆等周边事物精准判别，并将相关信号传递给车载电脑，从而做出转向、制动、加速等决策的反应。所以，针对无人驾驶技术的特殊性，车载电脑的准确度和执行机构的灵敏度与无人驾驶汽车的信息处理水平和方式有着直接的关系。

目前，无人驾驶汽车主要围绕电动汽车的智能化进行研发，利用其线控技术的简单灵活优势推动无人驾驶的发展，同时能发挥电动汽车的绿色环保优势。未来，无人驾驶的核心技术在交通运输领域的应用，还将会发挥其便利、高效、安全、可靠等优势，弥补有人驾驶汽车中的疲劳、分心等不足，以减少事故，这将会从根本上改变传统的交通模式，大大提升交通体系的便利性和安全性。

我们共同期盼这一天早日到来。

江苏大学车辆工程系田晋跃教授在车辆工程行业从事教学和科研工作 40 多载，在车辆工程学术上多有建树。近几年，根据多年的教学经验，以及科研工作经历，追寻行业热点，对无人驾驶技术进行了比较系统和深入的理论研究和分析，编撰完成了《无人驾驶技术》一书。该书内容新颖，深入浅出，图文并茂，便于学习和实践。相信该书的出版发行对行业内的研究者尤其是入门者会有较大帮助，也有利于推动我国无人驾驶技术的进一步发展和落地。

**东南大学和康戈迪亚大学联合培养博士**　　**黄　骏**
**南方科技大学人工智能与无人驾驶技术专家**　**Steed Huang**
**加拿大卡尔顿大学客座教授**

# 前　言

　　本书是为满足我国汽车工程及相关专业方向的从业人员的需要编写出版的，目的是使行业从业人员掌握无人驾驶技术的基本工作原理。

　　本书力求不同于诸多同类型书籍，主要结合理论教学，从实际运用这一角度出发，加入了工程实例，结合笔者多年来在无人驾驶技术实践和教学上的经验和体会，帮助读者掌握和运用无人驾驶技术的基本理论和方法。

　　本书全面系统地介绍了无人驾驶定位导航、无人驾驶的感知传感器、无人驾驶环境感知技术、无人驾驶汽车路径规划、无人驾驶汽车路径跟踪、深度学习在无人驾驶中的应用、无人驾驶汽车软件系统平台、车联网与无人驾驶以及无人驾驶车辆测试。

　　全书共分 11 章。第 1 章主要介绍无人驾驶技术的产生与发展，汽车自动化等级定义，以及智能汽车的六个层次。第 2 章无人驾驶系统基本组成，简单介绍无人驾驶系统的感知、决策、控制。第 3 章无人驾驶汽车软件系统平台，介绍了汽车软件系统平台基本架构，以及分布式的环境感知服务、基于 AUTOSAR 的车辆控制系统、Apollo 的自动驾驶平台。第 4 章无人驾驶的感知传感器，介绍了无人驾驶汽车实现环境感知技术是利用摄像机、激光雷达、毫米波雷达等车载传感器来实现。第 5 章无人驾驶环境感知技术，介绍了无人驾驶汽车的环境感知技术通常用来提取路面信息、检测障碍物，并计算障碍物相对于汽车的位置。第 6 章无人驾驶的定位导航，无人驾驶汽车定位导航技术包括卫星导航定位技术、航迹推算定位技术、卫星导航航迹推算组合定位技术。第 7 章无人驾驶汽车路径规划，根据给定的环境模型，在一定的约束条件下，规划出一条连接汽车当前位置和目标位置的无碰撞路径。第 8 章无人驾驶汽车路径跟踪，分析介绍了基于运动学和动力学建模，对外界的影响因素做出合适的规划。第 9 章无人驾驶中的机器学习，简单介绍了机器学习中的知识表示、推理策略和结果评估。第 10 章车联网与无人驾驶，车联网的产生实现了车载网络与城市交通信息网络、智能电网以及社区信息网络的全部连接。第 11 章无人驾驶车辆设计与测试，介绍基于公开数据集的测试方法和基于 V -REP 的仿真测试方法，并讨论分析无人驾驶车辆实车测试方法。

　　本书的编写特点：紧密结合工程应用的基本要求，内容完整系统、重点突出，所用资料力求更新、更准确地解读问题点。该书在注重无人驾驶技术知识的同时，强调知识的应用性，具有较强的针对性。

　　书中部分内容是国内已有出版物中所未涉及的。希望本书的出版能推动我国汽车工程行业的技术进步，并对广大读者有所帮助。

　　本书由田晋跃、罗石主编，顾以惠、盛家炜参编。

　　在本书写作过程中，参考了大量的国内外文献资料，在此，谨向这些文献的作者表示深深的谢意。

编　者

# 目　录

# 第 1 章

# 无人驾驶技术概述

## 1.1 无人驾驶技术的产生和发展

无人驾驶汽车又称自动驾驶汽车、电脑驾驶汽车或轮式移动机器人，是一种通过电脑系统实现无人驾驶的智能汽车。无人驾驶汽车技术依靠人工智能、视觉计算、雷达、监控装置和全球定位系统协同合作，让电脑可以在没有任何人类主动的操作下，自动安全地操作机动车辆。

在英文里，无人驾驶汽车可写作 autonomous cars 或 self-driving cars。2015年 7 月，《经济学人》报道，汽车制造商想要区分上述两个词之间的不同：前者与今日所见的交通工具类似，在特定环境下接管驾驶人的控制，而后者则更进一步，方向盘会完全消失，而二者车辆在全程行驶过程中均会使用与现行交通工具所备有的感测器、雷达与 GPS 等系统。

无人驾驶技术是对人类驾驶员在长期驾驶实践中，对"环境感知—决策与规划—控制与执行"过程的理解、学习和记忆的物化，如图 1-1 所示。无人驾驶汽车是一个复杂的、软硬件结合的智能自动化系统，运用到了自动控制技术、现代传感技术、计算机技术、信息与通信技术以及人工智能等。

在汽车技术开发领域，人们普遍认为技术比人类更可靠。欧洲的一项研究表明：汽车驾驶员只要在有碰撞危险的 0.5s 前得到"预警"，就可以避免至少60%的追尾撞车事故、30%的迎面撞车事故以及 50%的路面相关事故；若有 1s 的"预警"时间，将可避免 90%的事故发生。该研究还表明：如果用技术代替人开车，有望将交通事故减为零。尤其是无人驾驶汽车与车联网相结合，形成一个庞大的移动车联网络，再加上现有的智能交通系统（intelligent transportation system，ITS）提供的丰富的道路交通信息，无人驾驶汽车便可更加自由安全地行驶在城市道路环境中，反过来将形成更加智能的交通系统。无人驾驶技术的价

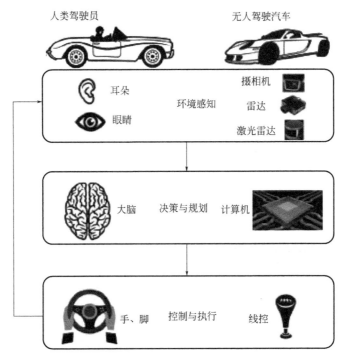

图 1-1    无人驾驶技术决策示意图

值和意义在于：大幅度提高公路的通行能力，大量减少公路交通堵塞和拥挤，降低汽车油耗，使城市交通堵塞和拥挤造成的损失减少。

虽然完全意义上的无人驾驶汽车还没有走进普通人的生活，但是综合自适应速度控制、自动紧急制动等多种辅助驾驶功能的汽车已经出现在市场上了。这使得半自主驾驶汽车在许多地区的汽车市场第一次成为现实。

美国研究机构 Navigant Research 预测：无人驾驶汽车数量占汽车总数的比率将从 2025 年的 4% 增长到 2030 年的 41% 和 2035 年的 75%。该研究机构给出了 2035 年世界各个地区无人驾驶汽车销量的预测情况。其中，亚太、北美和西欧占据了绝大部分的比重。

汽车自动化的试验 20 世纪 20 年代即已开始，但直到 20 世纪 50 年代才出现可行的试验，并取得部分成果。第一部真正自动化的汽车在 20 世纪 80 年代首次出现。1984 年，卡耐基梅隆大学推动 NavLab 计划与 ALV 计划；1987 年，梅赛德斯-奔驰与慕尼黑联邦国防大学共同推行尤里卡普罗米修斯计划。从此以后，许多大型公司与研究机构开始制造可运作的自动驾驶汽车原型，包括梅赛德斯-奔驰、通用汽车、大陆汽车、艾尔维（IAV）、美安、劳勃·博世公司、日产汽车、雷诺、丰田汽车、奥迪、富豪集团、宝狮汽车、帕尔马大学的 VisLab、牛津大学与谷歌（Google）。图 1-2 所示为国外无人驾驶汽车发展重要时间节点。

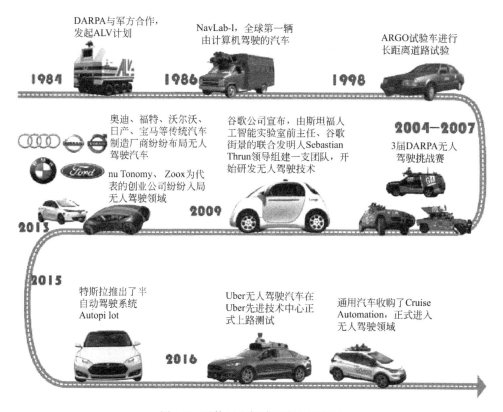

图 1-2　国外无人驾驶汽车发展历程

2011 年 6 月，美国内华达州议会通过一项法律，授权使用自动驾驶汽车。内华达州从而成为世界上第一个允许自动化载具合法行驶于一般道路上的行政区域。依据该法，内华达州机动车辆管理局（NDMV）负责制定安全与性能标准，以及指定自动驾驶汽车能够进行测试的地区。该法由 Google 所提倡，以期能更进一步合法地测试该公司的无人驾驶汽车。内华达州法律定义自动化载具为"整合人工智能、感测器与全球定位系统等技术达成自动驾驶，而不需人类驾驶主动控制的机动交通工具"。该法也表示，驾驶者在汽车自动行驶时不需专心驾驶。内华达州的法律要求有人坐在驾驶座上，并且在测试时要有人坐在乘客的位子上。2012 年 5 月 8 日，在内华达州允许无人驾驶汽车上路 3 个月后，机动车辆管理局（Department of Motor Vehicles）为 Google 的无人驾驶汽车颁发了一张合法车牌。

2012 年美国加利福尼亚州参议院通过第 1298 号法案，给出了无人驾驶汽车的安全和性能要求。对无人驾驶汽车上路测试作出声明。定义"无人驾驶技术"是指安装在机动车辆上，在没有人为的主动干预的情况下能够驾驶机动车的技术。

2013年7月，意大利帕尔玛大学的VisLab展示了称为BRAiVE的自动驾驶汽车，测试路段包含部分开放道路（有其他一般车辆）。2013年，美国有4个州（内华达州、佛罗里达州、加利福尼亚州与密歇根州）通过了有关自动驾驶汽车的法规。2015年，这4个州与华盛顿哥伦比亚特区都允许自动驾驶汽车在开放道路上进行测试。

2016年3月23日，联合国修订并生效了《维也纳道路交通公约》新修正案。该修正案中，联合国欧洲经济委员会根据奥地利、比利时、法国、德国和意大利等国政府的提议，对第8条第5段进行了补充，允许自动驾驶系统在符合要求且驾驶人能随时接管车辆的情况下控制车辆行驶，正式确认了自动驾驶的合法身份。

近年来伴随着资讯科技的突飞猛进，全自动驾驶的车辆在试验车辆的基础上已经被制造出来，特斯拉汽车率先推出特定环境下的自动驾驶汽车。

在无人驾驶车辆领域，我国虽然起步较晚，但是发展迅速，已经出现很多具有代表性的研究成果。我国无人驾驶汽车研究重要时间节点事件，如图1-3所示。

2013年百度研发无人驾驶车辆，开展城市、环路及高速道路混合路况下的全自动驾驶，获得美国加利福尼亚州政府颁发的全球第15张无人车上路测试牌照。同一时段，国内其他互联网公司、传统汽车企业也纷纷部署无人驾驶车辆技术发展规划。

2016年8月，工业和信息化部发布智能网联汽车发展技术路线图，制定了发展目标和战略规划。工业和信息化部、公安部、交通部正联合制订智能网联汽车公共道路测试的管理规范。

2017年12月工业和信息化部发布《国家车联网产业标准体系建设指南（智能网联汽车）》，该标准体系框架包括基础、通用规范、产品与技术应用、相关标准四个主要部分，其中基础和通用规范涉及网联化共性的基础标准；产品与技术应用涉及具体的设计标准，是该框架的主干部分，包含信息采集、决策报警、车辆的控制等方面的细则；而相关标准则涉及信息交互、通信协议、接连接口等。

自动驾驶技术代表了汽车未来发展的重点和方向，我国一些主要的城市也相继出台了有关的政策和管理细则。2017年12月北京市交通委员会联合北京市公安局公安交通管理局、北京市经济和信息化委员会制定发布了《北京市关于加快推进自动驾驶车辆道路测试有关工作的指导意见（试行）》和《北京市自动驾驶

国防科技大学成功研制出我国第一辆真正意义上的无人驾驶汽车 **1992**

一汽集团与国防科技大学共同研制的红旗HQ3无人驾驶汽车完成了286km的高速全程无人驾驶试验 **2011**

"军交猛狮Ⅲ号"以无人驾驶状态行驶114km **2012**

百度无人驾驶汽车在北京进行全程自动驾驶测跑 **2015**

宇通大型客车在完全开放道路环境下完成自动驾驶试验

**2017** 百度展示了与博世合作开发的高速公路辅助功能增强版演示车

百度与厦门金龙合作生产的全球首款Level 4级量产自驾巴士"阿波龙"量产下线 **2018**

图 1-3 我国无人驾驶汽车发展历程

车辆道路测试管理实施细则（试行）》文件。紧随北京的脚步，上海成为我国第二个出台自动驾驶汽车道路测试规范的城市。2018 年初，上海市经济和信息化委员会、上海市公安局和上海市交通委员会联合发布了《上海市智能网联汽车道路测试管理办法（试行）》，同时向上海汽车集团股份有限公司和上海蔚来汽车有限公司颁发了第一批开放道路测试牌照。

目前，我国自动驾驶汽车测试集中在封闭道路环境。2016 年 1 月 18 日，工业和信息化部、北京市政府、河北省政府联合签订"基于宽带移动互联网的智能汽车与智慧交通应用示范"合作框架协议，筹建北京智能汽车与智慧交通封闭测试场，用于模拟高速公路、城市交通及乡村交通场景；2016 年 6 月 7 日，我国首个国家级智能网联汽车（上海）试点示范区封闭测试区启动，用于模拟 100 种复杂道路场景；2017 年 9 月 10 日，由工业和信息化部、公安部和江苏省人民政府三方共建的自动驾驶运行安全测试基地——国家智能交通综合测试基地正式揭牌。测试基地外围道路资源丰富，包括高速公路、城市道路、农村公路、山区公路和临水临涯道路等不同道路场景；内部将设计包括城市街区、环岛、高速公路及多功能测试区等试验道路，可模拟超过 300 种自动驾驶测试场景。通过内场辐射周边道路环境，形成封闭式测试场地和周边开放式公共道路相互补充的测试环境与验证平台。

目前国内的众多汽车企业也加大在自动驾驶领域的投入力度，基本集中在乘用车企业。2016 年 4 月，长安汽车公司完成了从重庆到北京 2000km 自动驾驶的实路测试，实现了自动驾驶三级水平。而在国内众多的客车企业中，仅有为数不多的几家客车企业在进行自动驾驶的开发运用。

郑州宇通公司作为国内客车行业的龙头企业，与总参 61 所李德毅院士联合开发出全球第一台自动驾驶大客车，并于 2015 年 8 月在郑州与开封的城际道路上进行了一次自动驾驶试验。在完全开放的道路环境下，途径 26 个信号灯路口，自主完成了跟车行驶、自主换道、邻道超车、路口自动辨识红绿灯通行、定点停靠等一系列试验科目，行驶 32.6km，最高速度 68km/h，顺利到达指定的终点，全程无人工干预。其整车智能驾驶系统主要包含智能主控制器、智能感知系统、智能控制系统 3 大部分。

郑州宇通公司 2009 年就已经开始布局智能化技术，到目前为止，已经开展了涉及安全、节能、舒适、便利性、辅助驾驶等方面 91 项智能化技术的研究，其中 19 项已研发完成并形成配置。

2017 年，厦门金龙客车加速智能网联技术的研发，与华为展开基于 5G 的 V2X 自动驾驶的研究项目，该项目 2018 年初在韩国进行 5G 示范应用部署。2017 年 4 月 1 日，百度发布了自动驾驶 Apollo 计划，厦门金龙客车与百度签订战略合作，成为首批唯一一家加入 Apollo 生态的客车企业，双方随后展开深入的合作。2017 年 9 月，厦门金龙客车已经完成 Apollo 1.0 在客车上的应用，实现了循迹自动驾驶功能；2018 年厦门金龙联合 Apollo 开发并量产自动驾驶园区车。

## 1.2　自动驾驶分级与系统介绍

作为一个复杂的智能系统，无人驾驶汽车涉及的内容主要有如下几个方面。

① 体系结构。体系结构是一个系统的"骨架系统"，确定了系统的基本组成框架和相互关系；对无人驾驶汽车系统来说，体系结构还包括了系统信息的交流和控制调度，因此又起到了"神经系统"的作用。无人驾驶汽车体系结构定义了系统软、硬件的组织原则，集成方法及支持程序。一个合理的体系结构可以实现系统模块之间的恰当协调，并在系统的软、硬件上具有开放性和可扩展性。

② 环境感知。无人驾驶汽车的环境感知像人类的视听感觉一样，利用各种

传感器对环境进行数据采集，获取行驶环境信息，并对信息中的数据进行处理。环境感知系统为无人驾驶汽车提供了本车和周围障碍物的位置信息，以及本车与周围车辆等障碍物的相对距离、相对速度等信息，进而为各种控制决策提供信息依据。它是无人驾驶汽车实现避障、自定位和路径规划等高级智能行为的前提条件和基础。

③ 定位导航。无人驾驶汽车通过定位导航系统获得汽车的位置、姿态等信息。定位导航系统是无人驾驶汽车行驶的基础。常用的定位导航技术有航迹推算（dead-reckoning，DR）技术、惯性导航系统（inertial navigation system，INS）、卫星导航定位技术、路标定位技术、地图匹配（map matching，MM）定位技术和视觉定位导航技术等。组合导航系统中，综合两种或两种以上不同类型的导航传感器信息，以获得更高的导航性能。

④ 路径规划。路径规划是指在一定环境模型基础上，给定无人驾驶汽车的起始点与目标点后，按照某一性能指标规划出一条无碰撞、能安全到达目标点的有效路径。路径规划主要包含两个步骤：一是建立环境地图；二是调用搜索算法在环境地图中搜索可行路径。

⑤ 运动控制。无人驾驶汽车的运动控制分为纵向控制和横向控制。通过对油门和制动的协调，纵向运动控制实现对期望车速的精确跟随。在保证车辆操纵稳定性的前提下，横向运动控制实现无人驾驶汽车的路径跟踪。

⑥ 一体化设计。相对于传统的添加外部机构的改造方法，无人驾驶汽车的一体化设计是未来无人驾驶汽车设计的导向。它综合考虑无人驾驶汽车对局部环境的感知和决策，以及车辆的动力学特性等性能之间的相互联系和影响，在构建的无人驾驶汽车上集成设计各个模块及其相关过程。它注重设计的整体性，以获得无人驾驶汽车设计整体最优为目标，在控制、结构、性能、布局、强度、可靠性、维修性和寿命周期费用等多方面进行综合分析和协调权衡。

图 1-4 为无人驾驶系统构成的示意图。

汽车的智能化发展是逐步推进的，2014 年美国汽车工程师学会（Society of Automotive Engineers，SAE）将汽车自动化等级定义为以下六个层次。

L0 无自动驾驶（LEVEL 0 driver only）：完全由驾驶员持续控制着汽车的速度和方向，没有辅助系统的干预。

L1 辅助驾驶（LEVEL 1 assisted）：驾驶员持续控制着汽车的纵向或横向的驾驶任务，另一方向的驾驶任务由辅助驾驶系统控制，如辅助泊车系统。

L2 部分自动驾驶（LEVEL 2 partial automation）：驾驶员必须持续监测动态驾驶任务及驾驶环境。在一定的条件下，自动驾驶系统控制汽车的纵向和横向动态驾驶任务，如交通拥堵辅助系统。

L3 有条件自动驾驶（LEVEL 3 conditional automation）：驾驶员不需要持

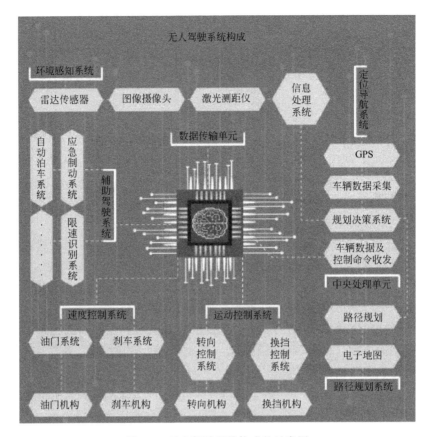

图 1-4　无人驾驶系统构成的示意图

续监测驾驶任务和驾驶环境，但是驾驶员必须时刻处于一个可以随时恢复对汽车控制的位置。自动驾驶系统在一定的条件下可以控制汽车的纵向和横向驾驶任务，但是自动驾驶系统的性能有限，要保证驾驶员有足够的反应时间恢复对汽车的控制，如高速公路自适应巡航控制（adaptive cruise control，ACC）系统。

L4 高度自动驾驶（LEVEL 4 high automation）：在一定使用条件下，汽车驾驶不需要驾驶员存在，自动驾驶系统控制着汽车的纵向和横向驾驶任务，如城区环境下的自动驾驶系统。

L5 完全自动驾驶（LEVEL 5 full automation）：在所有工况行驶过程中，自动驾驶系统控制着汽车的纵向和横向驾驶任务，不需要驾驶员存在。

2016 年 9 月，SAE 对这套分级标准进行了修改，使自动驾驶汽车的分级更加细化。新版的分级标准充分考虑系统失效的可能性，并定义失效时的最小化风险路径，不同等级系统的特性很大程度上取决于它是否能提供这个路径，及是否需要人类驾驶员的协助。其中主要修改是对动态驾驶任务（dynamic driving task，DDT）的细节定义，如 L2 级除了要求自动驾驶车辆可以控制方向盘和加减速，还应能执行部分目标检测功能，并且 L3、L4 和 L5 级继续对这一功能进行了细化。L3 级要求在遇到紧急情况时，自动驾驶系统不能立即退出，应由系统的 DDT fallback-ready user 进行干预，给予驾驶员足够的时间来接管方向盘和制动踏板。L4 级要求在遇到系统故障时，自动驾驶汽车在自动召唤紧急援助之前，应通过打开危险闪光灯，操纵车辆行驶到路边并停车，以使风险降到最低。SAE J3016 自动驾驶等级特征如图 1-5 所示。

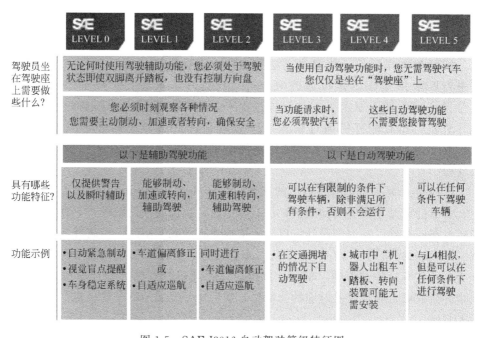

图 1-5  SAE J3016 自动驾驶等级特征图

从 SAE 的层次划分可以看出，无人驾驶是智能汽车发展的最终目标。虽然完全意义上的无人驾驶汽车还没有走进普通人的生活，但是综合了自适应速度控制、自动紧急制动等多种辅助驾驶功能的汽车已经出现在市场上了，这使得半自主驾驶汽车在许多地区的汽车市场第一次成为现实。《麻省理工科技评论》将"自动驾驶卡车"选入 2017 年十大突破性技术榜单。美国的 Otto、中国百度与福田合作的自动驾驶卡车赫然在列。自动驾驶卡车有望成为自动驾驶技术最早商业化的形态。

# 1.3　无人驾驶汽车结构组成

无人驾驶汽车目前总体结构有两种设计方案：一种是对原有车型加装执行机构、感知设备等进行无人驾驶功能改装；另一种是完全抛弃原有汽车外形，从实现无人驾驶功能的角度出发设计汽车外形，从而创造出全新车型。谷歌公司目前两种方案的无人驾驶汽车都有涉足，下面以谷歌公司两款无人驾驶汽车为例介绍无人驾驶汽车结构组成。

2012 年 5 月，美国内华达州机动车驾驶管理处为谷歌无人驾驶汽车颁发了上路测试牌照。这是一款由丰田车改装的无人驾驶汽车，它搭载了毫米波雷达、摄像机以及激光雷达（lidar）等环境感知设备。其中，在前后保险杠上分布有四个雷达，用来探测较远处的障碍物。后视镜附近有一个摄像机，用于检测道路指示牌和交通灯情况。它使用车载计算机从谷歌数据中心下载地图信息，同时根据车顶的三维激光雷达数据建立三维环境模型。通过将这两种数据进行匹配并与 GPS 定位数据融合，实现对汽车轨迹实时修正的功能，将定位误差缩小到厘米级。在行驶过程中，车载传感器将感知信息发送给车载计算机，车载计算机通过输入的感知信息进行路径规划并生成相应控制量，且将控制量下发给无人驾驶汽车控制系统进行横向和纵向控制，实现无人驾驶。

2014 年 5 月，谷歌开发自己的车型，在 Code Conference 上展示了一款原型车。谷歌的原型车没有制动踏板，没有方向盘，也没有油门踏板，只有一个用于开启汽车的按键，其内部设计可以大大增加乘客的乘车空间，提高舒适性。它搭载了 64 线激光雷达、GPS 定位系统、车载雷达、红外摄像机、车轮编码器以及开关。在汽车行驶过程中，车载计算机通过处理接收到的感知环境信息进行规划，并生成可行路径以及对应的控制量，最后将其发送给汽车底层执行层，进行无人驾驶。

由谷歌两款无人驾驶汽车可以看出，二者殊途同归。无人驾驶汽车总体结构可分为感知层、任务规划层、行为执行层和运动规划层 4 个主要部分，如图 1-6 所示。

其中感知层融合处理来自无人驾驶车载传感器的数据，为整个系统的其他部分提供周围环境的关键信息。任务规划层根据已有的路网信息计算所有到达下一个路径检测点可行路径的代价，再根据道路拥堵情况、最大限速等信息比较生成的可行路径，得到到达下一个检测点的最优路径。行为执行层将任务规划层提供的决策信息和感知层提供的当地交通与障碍信息结合起来，为运动规划层产生一系列局部任务。运动规划层根据来自行为执行层的运动目标生成相应运动轨迹并

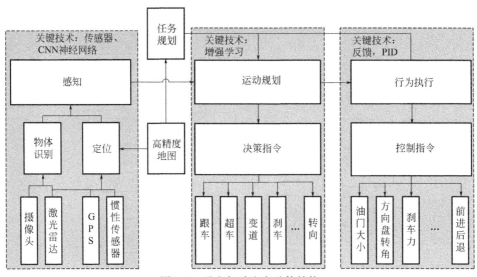

图 1-6 无人驾驶汽车总体结构

执行，从而使无人驾驶汽车到达这个运动目标。

在经典无人驾驶系统体系结构基础上，近些年来有学者对其进行拓展延伸，形成与经典结构略有不同的体系。如图 1-7 所示，将自动驾驶系统分为感知层、决策层和控制层，此种体系在决策层引入车联网和 3D 高精度地图。也有学者把人工智能引入无人驾驶系统，如图 1-8 所示，通过大数据分析和深度学习等方法，提高汽车的智能水平，推动无人驾驶技术的进一步发展。

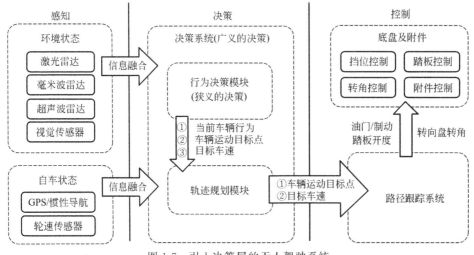

图 1-7 引入决策层的无人驾驶系统

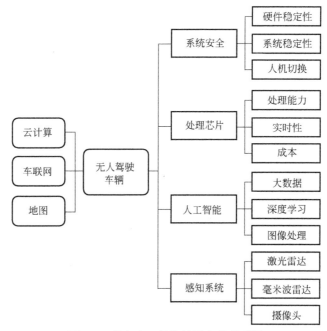

图 1-8  引入人工智能的无人驾驶系统

# 1.4  无人驾驶车辆的技术趋势及应用

### 1.4.1  无人驾驶与车联网

　　智能网联汽车是指搭载先进的车载传感器、控制器、执行器等装置,并融合现代通信与网络技术,具备复杂环境感知、智能化决策、自动化控制功能,使车辆与外部节点间实现信息共享与控制协同,实现"零伤亡、零拥堵",达到安全、高效、经济行驶的下一代汽车。

　　无人驾驶汽车替代传统汽车还需要一定的时间,而这期间必然会存在无人驾驶汽车和传统汽车并行的时期。无人驾驶汽车不仅要实现有人驾驶和无人驾驶的无缝接合,实现良好的人机交互,还要具有车与车交互的特点。车联网通常是指车与车(V2V)、车与路面基础设施(V2I)、车与人(V2P)、车与传感设备的交互,实现车辆与公众网络通信的动态移动通信系统,车联网结构示意图如图 1-9 所示。它利用通信、互联网、物联网技术将各种车辆进行广泛联网进而展开各种综合应用,包括智能交通、汽车(移动)互联网及其应用、汽车通信网及其应用等,通过车与车、车与人、车与路互联互通实现信息共享,收集车辆、道路和环境的信息，并在信息网络平台上对多源采集的信息进行加工、计算、共享和安全发布。

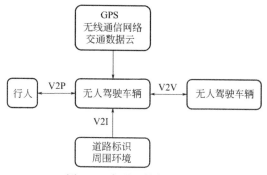

图 1-9　车联网结构示意图

无人驾驶汽车之间的通信，可以大大降低交通事故的发生率。如图 1-10 所示，在公路上正常行驶的一辆汽车突然制动，后面有一辆汽车跟随，车中驾驶员从发现制动灯亮起到踩下制动踏板，这个过程需要一段时间，若注意力不集中，则需要的时间更长。当这两辆车可以进行通信时，只要前车踩下制动，就可以同时向后车发出信号，后车接收到信号后能迅速采取减速甚至紧急制动措施。

图 1-10　无人驾驶汽车之间的通信

无人驾驶汽车与道路基础设施之间的通信技术可以使汽车提前得知路口交通信号灯的状态，且道路旁的通信装置也能侦测附近一段路的拥堵情况，并发送信号给较远距离的车辆，从而使汽车绕开拥堵路段。道路信号也可以上传到网络，再传送给更远的车辆，以便更多的汽车合理规划出行路线，如图 1-11 所示。

在未来的车联网时代，无线通信技术和传感技术之间会是一种互补的关系，

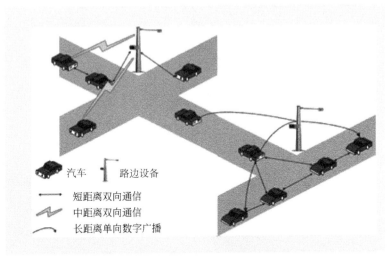

图 1-11　无人驾驶汽车与道路基础设施之间的通信（V2I）

当无人驾驶车辆处在转角等传感器的盲区时，无线通信技术就会发挥作用；而当无线通信的信号丢失时，传感器又可以派上用场。车联网帮助所有车辆与网络互联，做到车与车、车与路侧设施、车与人之间信息的实时交互，不仅提高了交通效率，更有效保证了驾驶安全。

### 1.4.2　无人驾驶与智能交通系统

智能交通系统是将先进的信息技术、通信技术、传感技术、控制技术以及计算机技术等有效地集成运用于整个交通运输管理体系，从而建立起一种在大范围内全方位发挥作用的实时、准确、高效的运输和管理系统。它以信息的收集、处理、发布、交换、分析、利用为主线，为交通参与者提供多样性服务，即利用高科技使传统交通模式变得更加智能化，更加安全、节能、高效。

在技术支持方面，智能交通系统能够为无人驾驶汽车提供先验信息，提高无人驾驶汽车的识别效率和识别准确率，促进无人驾驶汽车的安全可靠运行。例如，现在的无人驾驶汽车在识别交通标志方面仍然存在一定的困难，如果仅依靠车载视觉，现在的计算机技术无法百分之百准确识别，此时可以引入 V2X，通过通信将交通标志的信息主动发给无人驾驶汽车（图 1-12）。

在未来的智能交通系统中，无人驾驶汽车的行程线路在其出发前就已经在网络计算中心得到统筹计算规划。行程中关键信息是实时地理位置坐标，通过远距离射频识别信号不断与沿途网络天线交流，告诉车辆位置信息并连续不断地获取和执行新的直行或转向、速度等位置移动信息指令。其车载电脑仅需实时通过传

图 1-12　交通标志检测

感器或激光雷达对行进前方及周边物体的间距信息作监控判断，一旦判断在对应速度的行进方向可能会与前方物体发生触碰，即刻优先执行制动或转向指令，之后再继续执行位移指令。这样车载计算机的计算工作量就减轻了许多。无人驾驶汽车实际上在覆盖城市道路交通信息网络系统中，只是众多末端细胞之一。其技术水平并非需要如同人类大脑具有独立思维能力，而是依靠基础设施的"团队合作"，无人驾驶车辆在移动中不断发出车辆身份信息，以及速度、是否加速或减速、方向及预转向的偏向角的状态信息，告诉路边沿途信息，同时亦接收网络传输的移动各项指令，使得此车辆在众多行进在该路段车辆中，一方面按照信息网络统筹调度，另一方面也与周围车辆彼此间都相互了解当前和下一步移动意向。通过周围不同位置和角度的各车辆及道路旁或上方的传感器构成的全方位立体信息网络，就能够使无人驾驶车辆提前预知行驶情况而采取预防措施，避免追尾、剐蹭等事故的发生，无人驾驶车辆的行驶安全性将会比有人驾驶的更高。对比之下，在一体化的系统中各车辆及沿途诸多传感器都会将各自观察到的信息实时报告给智能交通信息网络，同时也获取网络通过无线传输的有关行进前方和周围信息并与车载传感器观察到的信息进行综合计算判断，执行最为安全可行的行驶指令。

　　智能交通技术和无人驾驶技术的相互促进，传感器技术和信息技术的不断发展，处理器与芯片性能的不断提高，都可能为未来出行提供新的解决方案。无人驾驶汽车将会是未来智能交通中的重要组成部分，而无人驾驶技术和车联网技术的发展将推动智能交通迈向新的阶段。对于实现高等级的无人驾驶，理解人类意图是根本挑战。人脑具有因果关系的理解能力，但人工智能在短时间内还达不到这么高的水平。例如，在通过路口时，传感器可以识别出存在的行人和车辆，但对于这些行人和车辆下一步的行动却无法准确预测。因此，建立完善的车联网和智能交通网络，实现无人驾驶车辆与各种交通参与者的信息交互是实现真正无人驾驶所必不可少的环节。

### 1.4.3　无人驾驶车辆在特定区域的应用

无人驾驶车辆在复杂的交通环境下使用可能仍需时日，但是在一些特定场景，如矿区、景区、庄园、度假村、停车场等，无人驾驶车辆已经崭露头角。因为这些地方均属于局部封闭场所，地图信息已知且环境信息相对简单，实现无人驾驶功能并不复杂。在这些封闭区域投入无人驾驶车辆还具有降低人力成本，提高生产工作效率的优点。

在进行矿山开采时，工作环境较为艰苦，且运输过程中由于工人疏忽或过度疲劳经常会发生严重事故，造成巨大的人力物力损失。矿区属于局部封闭区域，环境信息较为简单，可以在此区域引入无人驾驶车辆，不仅有效减少采矿过程中的事故发生率，还可以降低人力开支在运输成本中的比重，节约开支。此外，无人驾驶车辆可快速、安全地运输矿石，更高效地使用燃料，降低能源成本，从而直接提高生产率。目前国外很多公司都已经在矿区投入无人驾驶车辆，以加快生产。在澳大利亚西北部，矿业公司 Rio Tinto 正在积极采用自动化技术提高生产效率，该公司目前在用的无人驾驶运输卡车有 73 辆，在 4 个矿井上每天 24 个小时连续作业。世界上最大的矿业公司，必和必拓（BHP Billiton）也在开发无人驾驶卡车在澳大利亚开钻铁矿。加拿大最大的石油公司 Suncor 也开始在位于 Alberta 的油田中测试无人驾驶车辆。

驭势科技在 CES2017 发布了一种全新的交通工具——城市移动包厢。内部座椅呈环形排列，所有传感器都自然融入车的流线型外形。整体设计聚焦于城市出行、工作与娱乐一体化的消费需求场景。在人类与车辆的交互方面，移动包厢头部外侧装有 LED 显示屏，作为与行人的交互组件。当移动包厢想让面前的行人先过的时候，显示屏上会提示行人先走。在车厢内部同样装有与车内乘客交互所用的大屏幕和摄像头，乘客可以通过这块屏幕选择去哪里、开视频会议、玩直播、查看当地的风土人情介绍等。同时在车内装有紧急制动按钮，为了降低成本，采用 16 线激光雷达，通过与双目立体摄像头、超声波雷达以及毫米波雷达的融合，实现了 360°无死角的传感器覆盖，且每个角度都有冗余，互为备份，以保证安全。

停车场是建设在公园、道路或广场等中的专用停车场所，面对日益增多的车辆，它可以集中存放车辆，有效利用城市空间，方便车辆的统一管理，正在发挥着越来越重要的作用。停车场分为地上停车场和地下停车场，因为地下停车场具有使用管理方便，不占用城市表面用地，无须拆迁、征地等优点，正逐渐代替地上停车场成为城市建设中的重要一环。在地下停车场中，环境较为简单，场景相对封闭，地图信息可知，因此成为现阶段科技公司投入无人驾驶车辆的首选之地。在地下停车场引入无人驾驶车辆摆渡车，车主可以通过终端查询自己车辆的位置，然后呼叫摆渡小车，把车主送到自己停车的车位上，这样不仅可以减少人们找不到车的烦恼，而且可以大幅增加停车场面积与容量，提高停车场使用效率。

# 第2章

# 无人驾驶系统基本组成

## 2.1 无人驾驶技术组成

如果说人工智能技术将是无人驾驶汽车的大脑，那么硬件系统就是它的神经与四肢。从无人驾驶汽车周边环境信息的采集、传导、处理、反应再到各种复杂情景的解析，硬件系统的构造与升级对于无人驾驶汽车至关重要。

### 2.1.1 无人驾驶系统的硬件架构

就整体而言，汽车是个全社会化管理的产品，其固有的行业特点是相对保守的。在人工智能的大潮下，面对造车新势力和消费者需求变化的冲击，传统汽车行业渐进式的创新方法已经面临巨大的挑战，急需改变传统的架构和方法不断创新。无人驾驶整体的硬件架构不光要考虑系统本身也要考虑人的因素。

无人驾驶系统主要包含三个部分：感知、决策、控制，如图 2-1 所示。从整个硬件的架构上也要充分考虑系统感知、决策、控制的功能要求。整体设计和生产要符合相关车规级标准，如 ISO26262、AEC-Q100、TS16949 等相关认证和标准。目前 L1、L2、ADAS 的硬件架构体系和供应链相对完善，符合车规级要求。

① 车辆运动：速度和角度传感器提供车辆线控系统的相关横向和纵向信息。惯性导航＋全球定位系统＝组合导航，提供全姿态信息参数和高精度定位信息。

② 环境感知：负责环境感知的传感器类似于人的视觉和听觉，如果没有环境感知传感器的支撑，将无法实现无人驾驶功能。环境感知传感器主要依靠激光雷达、摄像头、毫米波雷达的数据融合提供给计算单元进行算法处理。V2X 就是使车辆与周围一切能与车辆发生关系的事物进行通信，包括 V2V

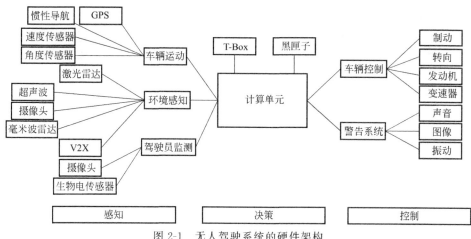

图 2-1　无人驾驶系统的硬件架构

（与车辆通信技术）、V2I（与基础设施如红绿灯的通信技术）、V2P（与行人的通信技术）。

③ 驾驶员监测：基于摄像头的非接触式和基于生物电传感器的接触式。通过方向盘和仪表台内集成的传感器，将驾驶员的面部细节以及心脏、大脑等部位的数据进行收集，再根据这些部位的数据变化，判断驾驶员是否处于走神和疲劳驾驶状态。

④ 计算单元：各类传感器采集的数据统一到计算单元处理，为了保证无人驾驶的实时性要求，软件响应最大延迟必须在可接受的范围内，这对计算的要求非常高。目前主流的解决方案有 GPU、FPGA、ASIC 等。

⑤ 车辆控制：无人驾驶需要用电信号控制车辆的转向、制动、油门系统，其中涉及车辆底盘的线控改装。目前在具备自适应巡航、紧急制动、自动泊车功能的车上可以直接借用原车的系统，通过 CAN 总线控制而不需要过度改装。

⑥ 警告系统：主要是通过声音、图像、振动提醒司机注意，通过 HMI 的设计有效减少司机困倦、分心的行为。

## 2.1.2　无人驾驶传感器

### (1) 无人驾驶传感器的组成

无人驾驶传感器的示意图见图 2-2。

① 摄像头：主要用于车道线、交通标志牌、红绿灯以及车辆、行人检测，有检测信息全面、价格便宜的特点，但会受到雨雪天气和光照的影响。由镜头、镜头模组、滤光片、CMOS/CCD、ISP、数据传输部分组成。光线经过光学镜头和滤光片后聚焦到传感器上，通过 CMOS 或 CCD 集成电路将光信号转换成电信

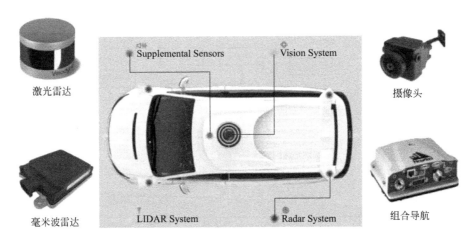

激光雷达　　　　　　　　　　　　　　　　摄像头

毫米波雷达　　　　　　　　　　　　　　　组合导航

图 2-2　无人驾驶传感器

号，再经过图像处理器（ISP）转换成标准的 RAW、RGB 或 YUV 等格式的数字图像信号，通过数据传输接口传到计算机端。

②　激光雷达：激光雷达使用的技术是飞行时间（time of flight）法，根据光线遇到障碍的折返时间计算距离。为了覆盖一定角度范围，需要进行角度扫描，从而出现了各种扫描原理。主要分为：同轴旋转、棱镜旋转、MEMS 扫描、相位式、闪烁式。激光雷达不光用于感知也应用于高精度地图的测绘和定位，是公认 L3 级以上无人驾驶必不可少的传感器。

③　毫米波雷达：主要用于交通车辆的检测，检测速度快、准确，不易受到天气影响，但对车道线交通标志等无法检测。毫米波雷达由芯片、天线、算法共同组成，基本原理是发射一束电磁波，观察回波与入射波的差异来计算距离、速度等。成像精度的衡量指标为距离探测精度、角分辨率、速度差分辨率。毫米波频率越高，带宽越宽，成像越精细，主要分为 77GHz 和 24GHz 两种类型。

④　组合导航：GNSS 板卡通过天线接收所有可见 GPS 卫星和 RTK 的信号后，进行解译和计算得到自身的空间位置。当车辆通过隧道或行驶在高耸的楼群间的街道时，这种信号盲区由于信号受遮挡而有不能实施导航的风险，就需要融合 INS 的信息。INS 具有全天候、完全自主、不受外界干扰、可以提供全导航参数（位置、速度、姿态）等优点，INS 信息与 GNSS 板卡信号组合之后能达到比两个独立运行传感器的最好性能还要好的定位测姿性能。

**（2）无人驾驶传感器的产品定义**

表 2-1 总结了常见无人驾驶功能所使用的传感器，以及各个传感器的应用。

表 2-1 常见无人驾驶传感器

| 类别 | 超声波雷达 | 摄像头 | 毫米波雷达 | 激光雷达 | 组合导航 |
|---|---|---|---|---|---|
| 自动巡航（ACC） | √ | √ | √ | √ | |
| 紧急制动（AEB） | | √ | √ | √ | |
| 行人检测（PD） | | √ | √ | √ | |
| 交通标志识别（TSR） | | √ | | | |
| 车道偏离警告（LDW） | | √ | | | |
| 泊车辅助（PA） | √ | √ | √ | √ | |
| 自动驾驶（AP）L3—L5 | √ | √ | √ | √ | √ |

针对 L1、L2 的无人驾驶功能各国也纷纷出台了相关标准，加速了市场的发展和产品落地。欧盟新车安全评鉴协会（E-NCAP）从 2013 年起便在评分规则中增加了 ADAS 内容，2017 年速度辅助系统（SAS）、自动紧急制动（AEB）、车道偏离预警/车道偏离辅助（LDW/LKD）系统为加分要求的系统，这些系统在欧盟国家新车上的装机量达到 100%。美国国家公路交通安全管理局（NHTSA）和高速公路安全保险协会（IIHS）也提出 2022 年将自动紧急制动（AEB）等 ADAS 功能纳入技术标准。

无人驾驶传感器在我国最高限速 120km/h 的情况下，探测距离达到 150m 就可以满足需求了。无人驾驶的技术开发者可以根据实际场景的速度来选择所需要的传感器，没有必要一味追求传感器的性能而提高整体成本。

传感器的分辨率和物体探测的关系可以用反正切函数（arctan）来计算，如图 2-3 所示。图中给出的公式多除以 2，主要是为了保证在传感器探测时当最小角度是最小目标一半时，任意情况都能覆盖到某个像素，保证分辨率，避免物体恰好不在一个角度内而产生漏检。

分辨率=arctan（物高/距离)/2/π*180

*数据四舍五入，π取值3.14

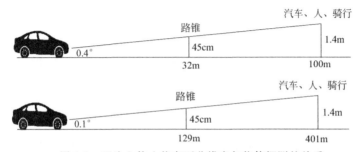

图 2-3 理论上静止状态下分辨率与物体探测的关系

理论上分辨率 0.4°时 100m 外就可以探测到一辆车，而在 0.1°分辨率下

400m 外就能探测到。但检测只是识别到有物体并不代表能识别出物体的类别。从无人驾驶的算法角度来讲，比如激光雷达物体识别需要 4～5 条线扫描上才能识别出物体的类别。从这个角度看无人驾驶系统如果用 0.4°分辨率的激光雷达在 50m 范围内才能真正识别出一辆车。

无人驾驶离不开多传感器融合，其中激光雷达和摄像头都是光学类的传感器，核心零部件和处理电路相似。有望将两个传感器前端融合到一起，直接输出 R、G、B、X、Y、Z 颜色＋点云融合信息。在传感器内部实现数据融合，可大幅度降低后端的计算处理量。

其中以 AEYE 为代表，其 iDAR 智能感知系统能够瞬间将 2D 真实世界的色彩信息智能地叠加在 3D 数据上，如图 2-4 所示。其动态扫描和发射图纹技术，通过控制每束激光脉冲的扫描，可查询每个点的三维坐标和像素。

AEYE的iDAR智能感知系统　　　　　　　　　Waymo的原型样机

图 2-4　iDAR 智能感知系统外形

### 2.1.3　无人驾驶汽车的大脑

工业个人计算机（industrial personal computer，IPC）是一种加固的增强型个人计算机，它可以作为一个工业控制器在工业环境中可靠运行。采用符合"EIA"标准的全钢化工业机箱，增强了抗电磁干扰能力，采用总线结构和模块化设计技术。CPU 及各功能模块皆使用插板式结构，并带有压杆锁定，提高了抗冲击、抗振动能力。

整体架构设计需要考虑 ISO26262 的要求，CPU、GPU、FPGA 以及总线都做冗余设计，防止单点故障。当整体 IPC 系统失效时还有 MCU 做最后的保证，直接发送指令到车辆 CAN 总线中控制车辆停车。无人驾驶的 IPC 系统框架图如图 2-5 所示。

目前这种集中式的架构，将所有的计算工作统一放到一个工业个人计算机中，整体体积较大，功耗高，不适用于未来的量产。但这种架构非常方便，算法迭代不需要过度考虑硬件的整体设计和车规级要求。用传统的 X86 架构就可以非常快捷地搭建出计算平台，卡槽设计也方便硬件的更新。无人驾驶的总体构架

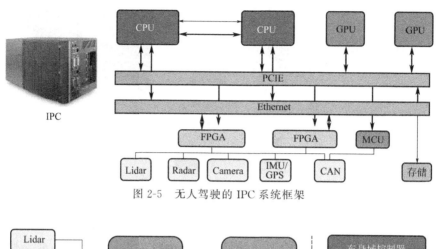

图 2-5　无人驾驶的 IPC 系统框架

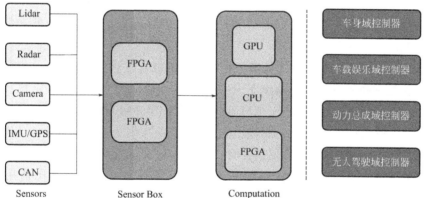

图 2-6　无人驾驶的总体构架

如图 2-6 所示。

　　采用工业个人计算机集中式运算整体体积和功耗难以满足量产化要求，需要采用域控制器嵌入式的方案。将各个传感器的原始数据接入到 Sensor Box 中，在 Sensor Box 中完成数据的融合，再将融合后的数据传输到计算平台上进行无人驾驶算法处理。

　　无人驾驶汽车功能复杂，为保证各个模块和功能间的互不影响和安全性，将大量采用域控制器。根据不同的功能实现，分为车身域控制器、车载娱乐域控制器、动力总成域控制器、无人驾驶域控制器等。以无人驾驶域控制器为例，其承担了无人驾驶所需要的数据处理，包括毫米波雷达、摄像头、激光雷达、组合导航等设备的数据处理，也承担了无人驾驶算法的运算。无人驾驶技术的决策示意图如图 2-7 所示。

　　随着无人驾驶技术的发展，算法不断完善。其中 Mobileye 为标杆性企业。算法固化后可以做 ASIC 专用芯片，将传感器和算法集成到一起，实现在传感器

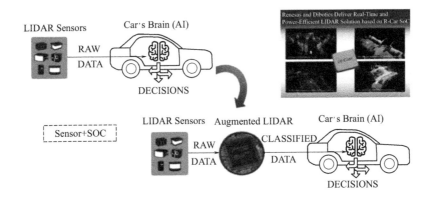

图 2-7    无人驾驶技术的决策示意图

内部完成边缘计算。进一步降低后端计算平台的计算量，有利于降低功耗、体积，有利于车规级化。

激光雷达处理需要高效的处理平台和先进的嵌入式软件。Renesas 将包含高性能图像处理技术及低功耗的汽车 R-CarSoC 与 Dibotics 的 3D 实时定位和制图（SLAM）技术相结合，提供 SLAM on Chip™。SLAM 可在 SoC 上实现高性能所需的 3D SLAM 处理。Dibotics 公司也开发了一款名为"Augmented LiDAR"的嵌入式 LiDAR 软件，能够提供实时、先进的 LiDAR 数据处理。

ASIC 芯片是根据某类特定的需求去专门定制的芯片，具有比通用性的 GPU、FPGA 体积小、功耗低、性能稳定、批量化成本低的特点。无人驾驶的算法公司只需做好芯片的前端设计，后端的制造和工艺都是非常成熟的产业，完全可以依靠外包实现。

芯片的制作流程由芯片设计、芯片制造、芯片封测三部分组成，如图 2-8 所示。前端设计完成之后，可以根据实际算法需求选择 IP 核，通过 EDA（电子设计自动化）完成布图规划、布局、布线。根据延迟、功耗、面积等方面的约束信息，合理设置物理设计工具的参数，以获取最佳的配置，从而决定元件在晶圆上的物理位置。

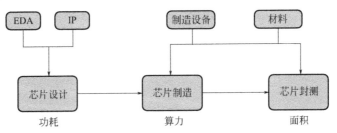

图 2-8    无人驾驶技术的芯片制作

芯片制造工艺正从 193nm 深紫外（DUV）向 13.5nm 极紫外（EUV）发展。半导体正步入 7nm 时代，先进的工艺带来性能上的提升，对比 16nm 工艺，7nm 可提升 40% 的性能和节省 60% 的能耗。

芯片封测是指将通过测试的晶圆按照产品型号及功能需求加工得到独立芯片的过程。在封测的过程中完成对芯片车规级要求，传统的汽车电子企业如 NXP 和 ST 有着更加丰富的经验。

## 2.1.4　无人驾驶汽车的线控系统

线控就是车辆的控制都由一系列命令执行，而不是物理操作进行执行，如图 2-9 所示。

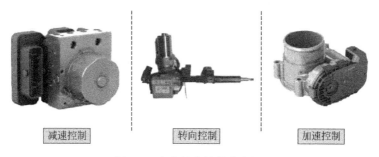

减速控制　　转向控制　　加速控制

图 2-9　汽车的线控技术内涵

无人驾驶主要分为感知、决策、控制三部分，控制层是无人驾驶落地的基础。感知定位如同司机的眼睛，决策规划如同大脑，执行控制就好比手和脚了。做好无人驾驶的决策规划也必须懂得执行控制，为了实现无人驾驶，执行机构的线控化是必然趋势，其中包括线控制动、线控转向、线控油门。图 2-10 为线控制动模块示意图。

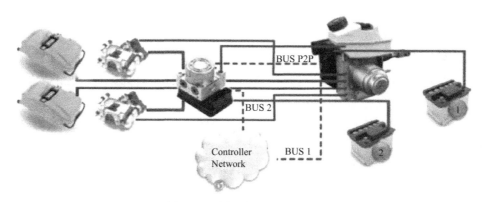

图 2-10　线控制动模块示意图

　　在传统车辆上，制动系统多采用液压或真空伺服机构来控制，对无人驾驶而言，线控制动是最终的发展趋势，线控制动是以电子系统取代液压或气压控制单元。

　　电子助力转向（EPS）与线控转向最大的区别在于，EPS的方向盘与车轮之间连接并未参与线控技术，依然采用机械连接。从电信号控制角度看，EPS也可以看成是一种线控转向系统，如图2-11(a)所示。

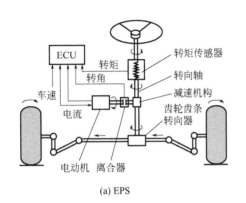

(a) EPS

(b) 英菲尼迪Q50线控转向

图 2-11　线控转向模块示意图

　　英菲尼迪Q50线控主动转向系统基本上还是延续了传统转向系统的结构，如图2-11(b)所示，只是增加了一套离合器装置以及三组ECU（电子控制单元）和一个转向力度回馈器。当车辆启动时，离合装置会自动切断连接，转向的任务交由电控系统。由于采用电子信号控制，其传动响应更为迅速，也更为轻松。

　　线控油门就是电子油门，通过位置传感器传送油门踩踏深浅与快慢的信号，从而实现油门功能的电子控制。这个信号会被ECU接收和解读，然后再发出控制指令，要节气门依指令快速或缓慢开启指定的角度。这个过程精准而快速，不会有机械磨耗的问题。电子油门目前已大量普及，凡具备定速巡航功能即可认定有电子油门。早期电子油门为接触式，近来已经改为非接触式。电动车依靠电机扭矩实现，直接发送扭矩信号即可，燃油车依靠发动机管理系统（EMS）发送扭矩信号实现。线控油门控制系统如图2-12所示。

　　转向的最早改装是在转向管柱端截断加装转向电机进行改造。之后利用原车转向助力系统进行转向控制。

　　制动的最早改装是加装电机踏板，后续利用原车的ESC系统进行控制，未来会选用MK C1之类的线控控制系统。

　　加速的最早改装都是依靠EMS实现发扭矩信号，后续的改装方案都是借用

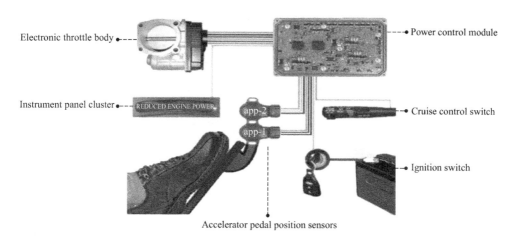

Electronic throttle body

Power control module

Instrument panel cluster

REDUCED ENGINE POWER

app-2

app-1

Cruise control switch

Ignition switch

Accelerator pedal position sensors

图 2-12　线控油门控制系统

原车 ACC 接口由电子油门来执行。

　　无人驾驶面向量产的线控方案，可以参考英菲尼迪 Q50 的线控转向、大陆公司 MK100＋MK C1 的线控制动来实现。由无人驾驶域控制器直接输出电机扭矩/制动压力信号给转向刹车的执行机构，结合大量的测试标定实现精准控制，从而给司乘人员带来完美的体感舒适度。线控技术开发的三个途径如图 2-13 所示。

(a) 对车辆进行改装　　　　(b) 借用原车ADAS　　　　(c) 定制生产

1.0版：对车辆的踏板以及方向盘进行改装
2.0版：对车辆的ADAS系统进行借用，如MKZ的自动泊车以及ACC
3.0版：对车辆的定制，所有系统均可线控和手动控制

图 2-13　线控技术开发的三个途径

　　VSI 发布无人驾驶产业布局图如图 2-14 所示，从图中可以看出无人驾驶产业是汽车、新能源、IT 通信、交通运输、半导体、人工智能、互联网等多个产业的跨界融合体。无人驾驶汽车是物质流、能量流、信息流的聚合体，需要行业各方深度合作，只有软硬件深度整合，打通藩篱跨界的企业才能摘得皇冠上的明珠。

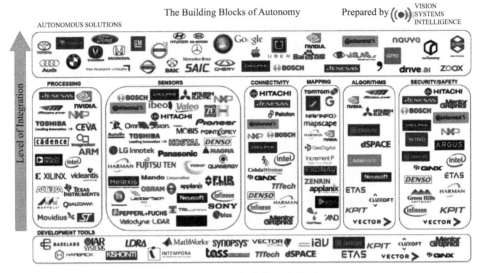

图 2-14    无人驾驶产业布局图

# 2.2  无人驾驶要素与相关技术

随着各家公司推出软件包，尝试打造第一批无人驾驶汽车，它们需要围绕多组因素解决问题。无人驾驶要素与相关技术见表 2-2。

表 2-2    无人驾驶要素与相关技术

| 无人驾驶要素 | 相关技术 |
| --- | --- |
| 驱动 | 转向、制动和加速 |
| 云 | 学习和更新高清地图，包括交通数据以及物体检测、分类和决策的算法 |
| 感知和物体分析 | 物体和障碍物检测、分类及跟踪 |
| 驾驶控制 | 将算法输出转换为驱动器的驾驶信号 |
| 决策 | 规划车辆路径、轨迹和动作 |
| 位置定位和地图构建 | 数据融合用于环境地图构建和车辆位置定位 |
| 分析 | 监控无人驾驶系统操作、检测故障以及生成建议的平台 |
| 中间件或操作系统 | 运行算法的中间件和实时操作系统 |
| 计算机硬件 | 具有高度可靠性的高性能、低功耗系统级芯片（SOC） |
| 传感器 | 多种传感器，包括激光雷达、声呐、雷达和摄像头 |

**（1）感知、位置定位和地图构建**

为了完善无人驾驶汽车，该领域各公司研究了不同的方法，重点放在感知、地图构建和位置定位上。

① 感知。旨在使用最少的测试和验证里程来实现可靠的感知水平。这方面目前有两种相互竞争的方法。

a.雷达、声呐和摄像头。为了感知环境中的车辆和其他物体，无人驾驶汽车会使用雷达、声呐和摄像头系统。此方法不会在较高的粒度水平去评估环境，但所需的处理能力也相应要少一些。

b.激光雷达叠加传感器。在雷达＋摄像头组合这类传统传感器系统的基础上使用激光雷达。这种方法需要更多的数据处理和计算能力，但在各种环境中更加可靠，特别是在拥挤且交通流量很大的环境中。

激光雷达叠加传感器为许多无人驾驶汽车公司青睐的方法。它的重要性可从许多汽车制造商（OEM）、一级供应商以及正在开发无人驾驶汽车的科技公司目前所使用的测试车辆上得到印证。

② 地图构建（mapping）。无人驾驶汽车开发人员正在使用两种地图构建方法。

a.高清粒度地图。为了构建高清（HD）粒度地图，公司通常配备了激光雷达和摄像头。这些车辆沿目标道路行进，创建包含四周环境的360°信息（包括深度信息）的三维高清地图。

b.特征地图构建。该方法并不一定要求配置激光雷达，可使用摄像头（通常与雷达组合使用）来绘制特定道路特征，实现导航。例如，地图采集了车道标识、道路和交通标志、桥梁以及其他相对靠近道路的物体。虽然这种方法提供的粒度级别要低一些，但处理和更新更容易。

所采集的数据经过（手动）分析，生成语义数据，例如具有时间限制的速度标志。地图制作者可利用一队手动驾驶或无人驾驶的汽车来改进这两种方法，这种汽车要配备持续收集和更新地图所需的传感器组。

③ 位置定位。位置定位可确定车辆在环境中所处的确切位置，是进行导航位置和导航方式有效决策的重要先决条件。位置定位的常见方法如下。

a.高清地图的位置定位。该方法使用车载传感器（包括GPS）将无人驾驶汽车感知的环境与对应的高清地图进行对比。这一方法提供车辆可用的参照点，让车辆以非常精确的水平确定其具体位置（包括车道信息）和行驶方向。

b.无高清地图的GPS位置定位。这种方法依赖GPS来得到大致定位，然后使用无人驾驶汽车传感器来监控环境变化，进而优化定位信息。例如，此类系统使用GPS位置数据和车载摄像头采集的图像，逐帧比较分析可缩小GPS信号的误差范围。GPS水平地理定位的95%置信区间约为8m，相当于正常路面的宽度。

这两种方法都严重依赖惯性导航系统和里程数据（odometry data）。经验表明，第一种方法通常更可靠，能够实现更加精确的位置定位；第二种方法则更容易实现，因为不需要高清地图。鉴于两者之间存在的准确度差异，在车辆的准确位置信息对于导航而言并不关键的区域（例如，农村和人口较少的道路），设计人员可使用第二种方法。

**（2）决策**

无人驾驶汽车每行驶 1.6 公里的路程都需要做出数千个决策。它们需要持续正确地做出决策。目前，无人驾驶汽车设计人员主要使用以下几个方法来确保汽车在正确的道路上行驶。

① 神经网络。为了确定具体场景并做出适当决策，目前的决策系统主要采用神经网络。但是，这些网络的复杂特性使得它很难理解某些决策的根本原因或逻辑。

② 基于规则的决策。工程师想出所有可能的"如果-那么"规则组合后，采用基于规则的决策方法对车辆进行相应编程。由于需要大量时间和精力，并且可能无法涵盖每种可能的情况，所以这种方法不可行。

③ 混合方法。许多专家认为结合了神经网络和基于规则的决策的混合方法是最佳解决方案。开发人员为每个由中央神经网络连接的单独进程引入具有冗余特性的神经网络，从而解决神经网络固有的复杂性问题。然后，"如果-那么"规则可对这种方法进行补充。混合方法是目前最常见的方法，特别是与统计推断模型结合使用。

**（3）测试和验证**

汽车行业在测试和验证技术方面拥有丰富经验。以下是用于开发无人驾驶汽车的典型方法。

① 蛮力（brute force）。工程师让车辆行驶数百万公里，通过统计方法来确定系统是否安全并按预期运行。该方法面临的挑战是所需行驶的里程可能需要花费大量时间进行累积。研究表明，无人驾驶汽车需要行驶约 4.4 亿公里才能以95％的置信度证明，它的故障率最多为每 1.6 亿公里发生 1.09 起致命事故，相当于 2013 年美国因人为原因造成的交通事故死亡率。为了证明无人驾驶汽车比人类驾驶员的表现更好，所需行驶的里程可能需要达到数十亿公里。如果 100 辆无人驾驶汽车以 40 公里每小时的平均速度每天行驶 24 小时，每年行驶 365 天，那么需要超过十年才能累积 4.4 亿公里的行驶里程。

② 软件在环（software-in-the-loop）或模型在环（model-in-the loop）仿真。更加可行的方法是将现实世界测试与仿真结合，这样能大幅减少所需的测试里程，并且汽车行业已熟知这种方法了。仿真通过算法在各种场景下运行车辆，以

证明系统能够在各种情境中做出正确决策。

③ 硬件在环（hardware-in-the-loop，HIL）仿真。为了验证实际硬件的运行状况，硬件在环仿真可对其进行测试，并将预先记录的传感器数据提供给系统。这种方法可降低测试和验证成本，增加结果的置信度。

最终，各公司可能会实施涉及上述所有方法的混合方法，以便在最短的时间内实现所需的置信水平。

## 2.3　无人驾驶算法

无人驾驶汽车决策算法大致可分为两大类，基于规则的决策模型和基于统计的决策模型。

**(1) 基于规则的决策模型**

车辆行为分为 7 种：加速、减速、保持、换到左边车道、换到右边车道、左转和右转。基于 MAS 系统，提出开放式行为决策模型。

行为都是非连续量，每个行为都可对应一个状态。只需要对状态进行识别和处理。这种方法符合驾驶员的逻辑思维，同时可以满足交通规则，省去了大量的计算，因而能够保证决策具有实时性，同时也使决策功能在较短时间内实现。

斯坦福大学的 Montemerlo M 将车辆行为细分，建立了一个拥有 13 个状态的有限状态机组成决策系统。其状态分别为：初始状态、前向驾驶、车道跟随、避障、停止标志前等待、路口处理、等待路口空闲、U-Turn、车辆在 U-Turn 前停止、越过黄线行驶、在停车区域内行驶、通过交通阻塞路段、在不匹配 RNDF 路网文件的情况下在路上行驶、任务结束。

卡耐基梅隆大学的 BOSS 使用行为推理方法进行决策，按照规定的知识及规则实时推理出相应的驾驶行为。基于不同的驾驶环境，BOSS 可以产生 3 个不同的顶层驾驶行为：车道行驶，路口处理和到达一个指定位置。每一个顶层行为又由一系列子行为组成。其功能为在到达下一个参考路径点的行驶路径中生成间歇性的运动目标。状态估计器与目标选择器共同完成这项功能。状态估计器得到当前车辆在道路模型中的位置，目标选择器根据车辆位置和相应道路模型以及任务规划所产生的全局目标轨迹，产生当前的、即将发生的、未来将要发生的运动目标。具体地说，包括路口处理、道路处理、停车处理等几大模块，以及相应的子模块如换道、跟车、路口等待、通过路口等运动命令。

无人驾驶汽车"Talos"主要由麻省理工学院开发，"Talos"的导航模块负责制定决策任务，它不停地计算出下一个目标点的位置并朝目标点运动。使车辆具有通过路口、会车及路口优先级判定、超车、道路阻塞时重新规划、根据信号灯信息转向等功能。

**（2）基于统计的决策模型**

为了适应在城市交通场景中不可避免的传感器噪声，在驾驶时能够做出实时决策，提出一种两步算法，使 POMDP 复杂度足够低，在信号处理网络中考虑相对距离、相对速度和碰撞时间。满足无人驾驶车辆决策实时性、一致性、远虑性和可预测性要求。

无人驾驶汽车在决策时必须考虑几个来源的不确定性：时间预测的不确定性，环境感知中存在的不确定性，由于传感器的检测不可避免地含有噪声并且大部分环境都被遮挡，车辆只能感知当前情形的一小部分。将连续状态层次贝叶斯转换模型嵌入 MDP 模型，使无人驾驶汽车在多车双车道高速公路场景可以进行决策。

为了解决移动机器人在决策中遇到的实际问题，建立了一种新的神经网络决策模型，该模型以足球机器人为实际背景，基于径向基函数，借助于神经元的训练，可以更好地利用多源信息进行规划，提升了决策的准确性。基于人类驾驶员复杂场景下的决策过程，提出了一种基于多属性决策方法的行为决策模型，抽取行驶过程中驾驶员关注的相关属性，判断、评价进行驾驶状态的择优，使得行为决策过程符合人类驾驶员的思维过程，解决了城市复杂交通场景下无人驾驶车辆的类人决策问题。

**（3）Google 设计无人驾驶汽车时的思路和方法**

① 为无人驾驶汽车建立专属地图。Google 会为它的无人驾驶汽车建造地图，和我们使用的 Google 地图或者高德地图的 App 不同，无人驾驶汽车使用的地图会包含更多的信息，如路缘的高度、十字路口的宽度、交通标志、红绿灯的高度和准确位置等信息。如图 2-15 所示。

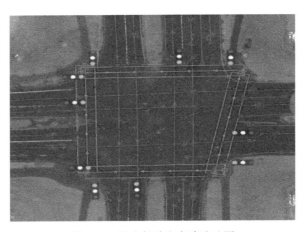

图 2-15　无人驾驶汽车建造地图

　　这些地图信息不是无人驾驶汽车在行驶的过程中自己生成的，当 Google 的无人驾驶汽车将要进入一个新的环境测试的时候，他们会开着自己的无人驾驶汽车用车上的激光雷达收集周围环境的三维数据，之后会对这些数据进行标定和分类，比如道路线的状态、路灯高度、路边的消防栓等。

　　这么做的好处是无人驾驶汽车在真正上路的时候能够知道自己在什么样的位置会遇到什么东西，也能更专注于处理移动的目标，比如行驶的车辆和行人等，还有可能出现的障碍物等，还可以减少路面永久性（这里的永久指长时间不会改变）的物体对无人驾驶汽车真正上路进行识别定位其他车辆、行人、障碍物时的干扰。

　　② 鸣笛算法。Google 的无人驾驶汽车还被设计了鸣笛算法以提醒其他司机注意自己的存在，比如当一辆车突然转向进入它的车道时。虽然被鸣笛提醒往往是一种不好的体验，不过 Google 希望它的无人驾驶汽车的鸣笛算法是礼貌且细心周到的，并且只在鸣笛能够让大家更安全的情况下进行。如图 2-16 所示。

图 2-16　无人驾驶汽车的鸣笛算法示意图

　　Google 会让无人驾驶汽车区分真正需要鸣笛的情景和看起来需要但实际并不需要的情景，比如车在掉头的时候需要等待而不是鸣笛，但是车跑在了错误的车道时可能就需要鸣笛提醒了。在进行鸣笛算法测试的时候，Google 会让测试驾驶员记录无人驾驶汽车每一次鸣笛的情况以帮助工程师优化算法。

　　③ Google 无人驾驶汽车的三点掉头。Google 希望无人驾驶汽车能够给人提供到位的服务，人一出家门就可以坐到车，无人驾驶汽车能够把人直接送到公司门口或者胡同里聚会的小酒吧门口。所以三点掉头是无人驾驶汽车必须要掌握的技能。如图 2-17 所示

　　三点掉头指的是从马路的最右侧做回转，当接触到最左侧的路沿时做后退动

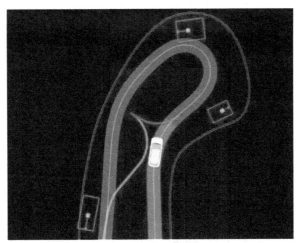

图 2-17　无人驾驶汽车的三点掉头

作，同时在后退时继续将车头进行调整，最后换成前进挡，继续完成掉头动作。人在进行三点掉头的时候会使车向前向后多次移动来观察整个路况然后调整角度和距离来掉头，不过无人驾驶汽车有 360° 的视角，能够计算出最短或最快路径，如图 2-17 中的细线（图中的方块是障碍物）。不过无人驾驶汽车并没有这么做，为了让车上的乘客感觉起来更舒适，Google 选择让无人驾驶汽车模仿人掉头的方式，如图 2-17 中宽的车道。

④ 试图理解其他移动物体的目的。Google 的无人驾驶汽车会根据其他的车或行人已经作出的一些行为或指示来预测这个车或行人将要做什么，比如图 2-18 中无人驾驶汽车依据右前方的这个车的一些微小的位移等预测它将要变道到自己的车道上来，于是无人驾驶汽车减速配合其顺利变道。

图 2-18　无人驾驶汽车减速配合前车顺利变道控制

又比如图 2-19 中，无人驾驶汽车探测到在它前方的自行车手（方框和箭头标出）的手势可能是要到马路对面去，于是减速留出足够的空间让自行车顺利通过。

图 2-19 无人驾驶汽车依据自行车骑行人的手势减速控制

无人驾驶汽车要应对的场景繁多且复杂，有一些可以写成固定的算法，比如三点掉头的方法，面对信号灯或交通标志的行为；还有一些从未遇到的场景可能就需要像上面那样试图预测移动物体的下一步行为，比如一只过马路的宠物。

第**3**章

# 无人驾驶汽车软件系统平台

智能交通系统（intelligent transportation system，ITS）是现在一种新的交通系统发展模式，它以互联网、车联网和智能化汽车等技术为基础，让人们在交通运输上更加智能、高效、安全和完善。智能交通系统中主要涉及信息采集技术、传感器技术、通信技术、自动化控制技术、计算机技术等，大数据技术也正被应用在智能交通系统中。

近些年来国内外很多城市出现了交通阻塞，交通阻塞很容易导致交通事故、增加能源消耗、尾气排放量，导致环境污染等不良后果。随着互联网技术、云计算技术、分布式计算和机器学习的不断发展，无人驾驶技术研究也得到了飞速发展。无人驾驶智能车技术结合互联网技术能够很好地增强当前交通系统的功能，很好地做出最优的路径规划和行车调度，减少城市的交通拥堵以及因交通拥堵问题带来的各种不良后果。

近年随着汽车电子化、智能化发展，汽车 CAN 总线上搭载的 ECU 日益增多。各汽车制造商车型因策略不同 ECU 数目略有不同，但据统计平均一辆车约为 25 个模块，某些高端车型则高达百余个。同时娱乐信息系统作为"人类第三屏"，交互体验正不断扩展，加上车联网程度的逐步加深，整车系统的通信数据正在以量级增长。

## 3.1 无人驾驶云平台概述

城市环境较为复杂，对感知、控制算法提出了较高的要求。针对不同环境，无人驾驶车辆的要求不尽相同，未来的大众驾驶车辆，应能够适应多种环境。

**（1）系统平台架构**

面向无人驾驶的智能车系统平台架构基本成熟，包括分布式的环境感知服

务、基于 AUTOSAR 的车辆控制系统、环境感知服务访问接口、车辆控制访问
接口四个部分。行车策略包括自动泊车、主动超车、自主导航、路口行驶等，能
够集合第三方电子地图服务。感知服务包括交通信号识别、静态障碍物以及动态
障碍物识别、非结构化与结构化道路检测、车身定位、交通标志识别等。车辆控
制服务包括转向控制、动力电机控制、制动系统控制、电源控制、车灯控制等。
设备访问接口包括设备注册、设备节点管理、数据缓冲管理、数据访问管理、属
性访问控制。整个系统能够完全替代司机的工作，实现识别感知环境、感知反
馈、车辆控制，如图 3-1 所示。

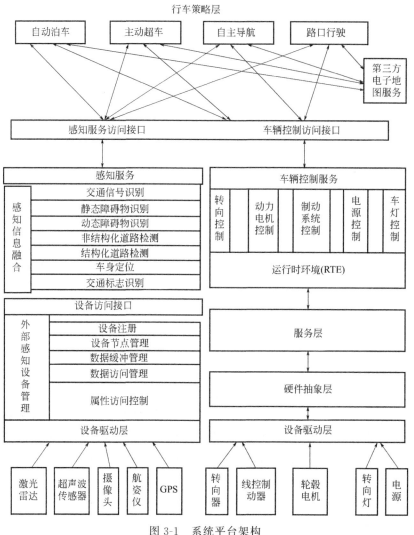

图 3-1 系统平台架构

**（2）基础硬件系统**

无人驾驶平台的硬件比较多，包括环境感知类的传感器设备，如激光雷达、摄像头、GPS、导航仪、超声波传感器等；另外一种为车辆控制的硬件，如助力转向系统、车辆电源设备、车辆照明系统等。近年来，传感器有了显著的发展，特别是激光雷达，其体积越来越小，分辨率高、抗干扰能力强、重量轻，典型的有多线束激光雷达。激光雷达相较于超声波传感器，具有不容易受干扰、反应速度快的特点。航姿仪集合了加速度计、陀螺仪、磁强计等仪器，能够较好地反映测量的状态，包括车身水平状态、加速度状态、朝向等，即使是在非无人驾驶车辆中，航姿仪也有极高的价值，能够监控车辆的状态。图像采集设备也是重要的感知设备，主要用于道路、交通信号等图像信息的分析，摄像头集成了信息分析技术，实现智能识别。内部车辆控制设备中的助力转向系统是核心，无人驾驶智能车辆通过助力电机控制转向扭力，这对智能控制是一个挑战。

**（3）软件系统**

面向无人驾驶的智能车软件系统包括感知硬件设备管理软件、环境感知软件、系统软件等。环境感知信息十分庞大，有报道显示无人驾驶汽车每秒处理的感知数据超过 750MB。多个 ECU 之间通过路由器转发，软件服务通过指定的计算模型转化为输出结果，这一过程需要消耗一定的时间。若感知软件服务被动计算，便会影响计算的准确性、实用性。为此软件服务还需要提供计算结果的异步计算、刷新。需要注意的是，未来道路状况会越来越复杂，如智能道路的应用，未来需要感知的信息更多，故软件还应易于扩展。AUTOSAR 逐渐成为汽车软件开发服务协议，国内起步较晚，但逐渐普及，目前已发展到第 4 代。基础软件最底层为微控制器层，服务层是基础软件的最高层，可以提供标准化访问接口。

**（4）系统平台设计的难点**

目前，无人驾驶汽车已开始商用，但距离大规模商用仍然有较长的路要走，无人驾驶车辆本身还受到政府政策的影响。如无人驾驶所造成的交通事故鉴定，便较普通车辆存在明显的差异，这需要相关法律的跟进。在进行无人驾驶的智能车系统平台设计时，需要克服以下困难：

① 系统综合性能提升，无人驾驶的智能车系统平台集合了车辆导航定位、决策控制、传感器数据融合、智能控制等技术，整个系统是一个精密的结合体，任何一个环节出现问题，便可能导致系统故障，而系统故障可能引起交通事故，直接威胁车内人员以及他人的安全。整个系统需要有较低的故障发生率，在发生故障后，能够快速自测发现，可以转换为手动模式，或采用其他方式解决。

② 在车辆行驶过程中，所遇到的问题非常复杂，如恶劣的自然环境、路况，在未来无人驾驶要能够解决这些问题。

## 3.2 基于 AUTOSAR 系统平台总体架构

汽车电子领域迫切需要有一种全新的整车软件设计标准来应对愈加复杂的电子设计。为此，2003 年以欧洲宝马为首的几家 OEM 巨头与一些 Tier1 成立 AU-TOSAR 联盟，致力于为汽车工业开发一套支持分布式的、功能驱动的汽车电子软件开发方法和电子控制单元上的软件架构标准化方案，也就是我们常听到的 AUTOSAR（Automotive Open System Architecture）。整车软件系统可通过 AUTOSAR 架构对车载网络、系统内存及总线的诊断功能进行深度管理，它的出现有利于整车电子系统软件的更新与交换，并改善了系统的可靠性和稳定性。

目前支持 AUTOSAR 标准的工具和软件供应商都已经推出了相应的产品，提供需求管理，系统描述，软件构件算法模型验证，软件构建算法建模，软件构件代码生成，RTE 生成，ECU 配置以及基础软件和操作系统等服务，帮助 OEM 实现无缝的系统软件架构开发流程。

### 3.2.1 AUTOSAR 的分层设计

AUTOSAR 计划目标主要有三个：

① 建立独立于硬件的分层软件架构；

② 为实施应用提供方法论，包括制定无缝的软件架构堆叠流程并将应用软件整合至 ECU；

③ 制定各种车辆应用接口规范，作为应用软件整合标准，以便软件构件在不同汽车平台复用。

图 3-2 为 AUTOSAR 整体框架。AUTOSAR 整体框架为分层式设计，以中

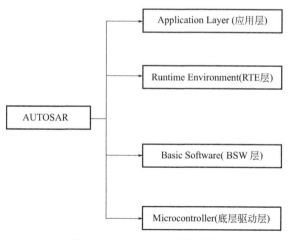

图 3-2 AUTOSAR 整体框架

间件 RTE（Runtime Environment）为界，隔离上层的应用层（Application Layer）与下层的基础软件（Basic Software）。图 3-3 是 AUTOSAR 体系架构分层标准。

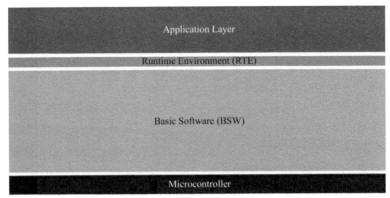

图 3-3 AUTOSAR 体系架构分层标准

### （1）Application Layer（应用层）

应用层中的功能由各软件组件 SWC（software component）实现，组件中封装了部分或者全部汽车电子功能，包括对其具体功能的实现以及对应描述，如控制大灯、空调等部件的运作，但与汽车硬件系统没有连接。应用层框架如图 3-4 所示。

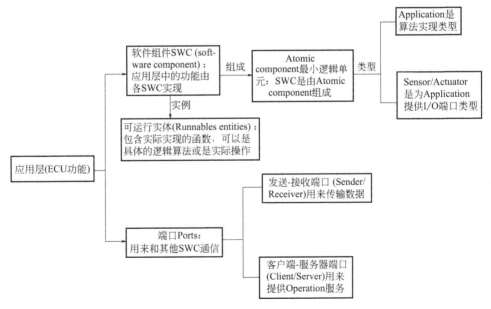

图 3-4 应用层框架

软件组件 SWC 是由 Atomic component 最小逻辑单元组成。Atomic component 最小逻辑单元有 Application、Sensor/Actuator 两种类型。其中 Application 是算法实现类型，能在各 ECU 上自由映射；Sensor/Actuator 是为 Application 提供 I/O 端口类型，用于与 ECU 绑定，但不可像 Application 那样能在各 ECU 上自由映射。数个 SWC 的逻辑集合组合成 Composition。图 3-5 是 SWC 组成实例。

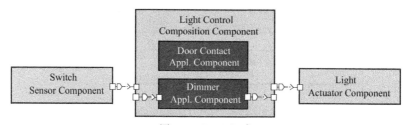

图 3-5　SWC 组成

AUTOSAR 软件组件描述包括组件类型、内部行为、接口、数据类型定义等。多个软件组件可以通过连接器组合成一个组合组件，以便实现更多功能，这样可以隐藏组件内部的功能组合，对外只暴露允许的通信端口。

端口 Ports 用来和其他 SWC 通信。通信内容分为 Data elements 与 Operations。其中，Data elements 用 Sender/Receiver 通信方式；Operations 用 Client/Server 通信方式。图 3-6 是通信方式。

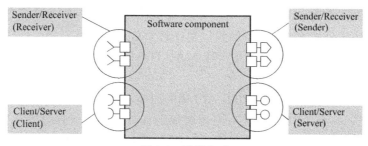

图 3-6　通信方式

因此软件组件只需向 VFB 发送输出信号，VFB 将信息传输给目标组件的输入端口，这样的方式使得在硬件定义之前，即可完成功能软件的验证，而不需要依赖传统的硬件系统。如图 3-7 所示。

**（2）Runtime Environment（RTE 层）**

RTE 负责向软件组件间以及软件组件和基础软件组件之间提供通信服务，使软件组件可以独立于网络拓扑进行设计与开发。为应用层中的组件提供统一、独立于硬件的运行环境，是实现虚拟功能总线概念的主体。采用底层基础软件提供的服务来实现上层软件组件的实际运行、数据通信等。

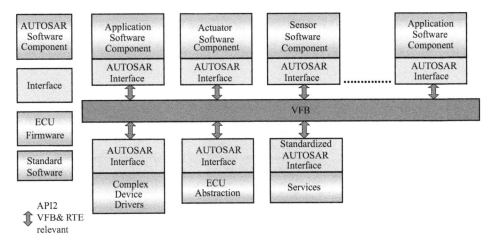

图 3-7    AUTOSAR 的通信机制

中间件 RTE 与面向对象 OO（object oriented）的编程思想非常接近，所有 ECU 所对应的 RTE 都是特定的，它负责软件构件间以及软件构件与基础软件之间的通信。对于软件构件来说，基础软件不能够直接访问，必须通过 RTE 进入。因而 RTE 也被理解成是 VFB 的接口实现。

中间件部分给应用层提供了通信手段，这里的通信是一种广义的通信，可以理解成接口。应用层与其他软件体的信息交互有两种，第一种是应用层中的不同模块之间的信息交互；第二种是应用层模块同基础软件之间的信息交互。而 RTE 就是这些交互使用的接口的集散地，它汇总了所有需要和软件体外部交互的接口。从某种意义上来看，设计符合 AUTOSAR 的系统其实就是设计 RTE。图 3-8 为软件结构框架。

SWC 之间的通信是调用 RTE API 函数而非直接实现的，都在 RTE 的管理和控制之下。每个 API 遵循统一的命名规则且只和软件组件自身的描述有关。具体通信实现取决于系统设计和配置，都由工具供应商提供的 RTE Generator 自动生成。

从图 3-9 中可以看到，有三种接口描述，我们先从定义的角度来看这三种接口有什么不同。

① Standardized Interface（标准接口）：标准接口是在 AUTOSAR 标准中被标准化的接口，但是并没有使用 AUTOSAR 接口技术。标准接口通常被用于某个 ECU 内部的软件模块之间的通信，不能用于网络通信。

② Standardized AUTOSAR Interface（标准 AUTOSAR 接口）：标准 AU-

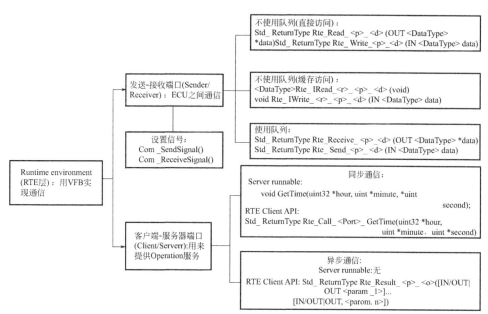

图 3-8　软件结构框架

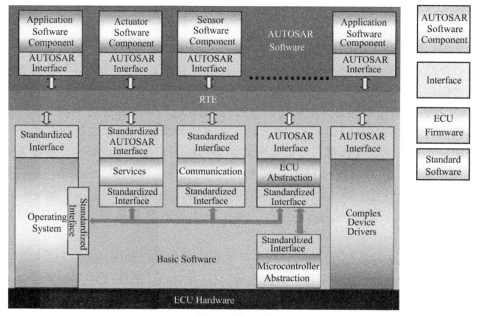

图 3-9　接口结构

TOSAR 接口是在 AUTOSAR 标准中使用 AUTOSAR 接口技术标准化的接口，其语法和语义都被规定好了，通常使用在 AUTOSAR 服务中，是基础软件服务提供给应用程序的。

③ AUTOSAR Interface（AUTOSAR 接口）：AUTOSAR 接口定义了软件模块和 BSW 模块（仅仅是 IO 抽象和复杂驱动）之间交互的方式，AUTOSAR接口是以 Port 的形式出现的，AUTOSAR 将 ECU 内部的通信和网络通信使用的接口进行了统一。

从上边的定义中我们可以看出不同的接口使用的场景不同，不同的模块交互会使用到不同的接口。除了将接口归类以外，这样定义究竟有什么实际的意义呢？从实际使用的角度来看，第一和第二类接口都是语法语义标准化的接口，即接口函数的数量、函数的名字、函数参数名字及数量、函数的功能、函数的返回值都已经在标准里定义好了。不同公司的软件在实施这些接口的时候虽然内容算法不同，但是它们长相和功能是一致的，接口定义在 AU-TOSAR 规范文档里可以查到。第三类接口，AUTOSAR 仅仅规定了简单的命名规则，这类接口和应用高度相关，比如 BCU 控制大灯打开的接口可以是 Rte _ Call _ RPort _ BeamLight _ SetDigOut 也可以是 Rte _ Call _ RPort _ HeaderLight _ Output，公司可以自己定义；又比如仪表想要从 CAN 总线上获得车速，该接口可以是 Rte _ IRead _ RE _ Test _ RPort _ Speed _ uint8 也可以是 Rte _ IRead _ Test _ RE _ RPort _ Spd _ uint8，这些接口必须通过RTE 交互。

**(3) Basic Software（BSW 层）**

虽然汽车中有各种不同的 ECU，它们具有各种各样的功能，但是实现这些功能所需要的基础服务是可以抽象出来的，比如 IO 操作、AD 操作、诊断、CAN 通信、操作系统等，无非就是不同的 ECU 功能，所操作的 IO、AD 代表不同的含义，所接收发送的 CAN 消息代表不同的含义，操作系统调度的任务周期优先级不同。这些可以被抽象出来的基础服务被称为基础软件。根据不同的功能对基础软件可以继续细分成四部分，分别为服务层（Service Layer）、ECU 抽象层（ECU Abstract Layer）、复杂驱动（Complex Drivers）和 MCAL（Microcontroller Absstraction Layer），四部分之间的互相依赖程度不尽相同。见图 3-10。

① 服务层（Service Layer）。这一层基础软件提供了汽车 ECU 非应用相关的服务，包括 OS、网络通信、内存管理（NVRAM）、诊断（UDS、故障管理等）、ECU 状态管理模块等，它们对 ECU 的应用层功能提供辅助支持。这一层软件在不同领域的 ECU 中也非常相似，例如不同的 ECU 中的 OS 的任务周期和优先级不同，不同的 ECU 中的 NVRAM 的分区不同，存储的内容不同。

② ECU 抽象层（ECU Abstract Layer）。这一层软件提供了 ECU 应用相关

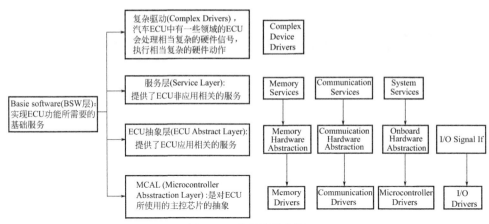

图 3-10　软件结构框图

的服务，它是对一个 ECU 的抽象，它包括了所有的 ECU 的输入输出，比如 AD、DIO、PWM 等。这一层软件直接实现了 ECU 的应用层功能，可以读取传感器状态，可以控制执行器输出，不同领域的 ECU 会有很大的不同。

③ MCAL（Microcontroller Absstraction Layer）。这一层软件是对 ECU 所使用的主控芯片的抽象，它跟芯片的实现紧密相关，是 ECU 软件的最底层部分，直接和主控芯片及外设芯片进行交互。它的作用是将芯片提供的功能抽象成接口，然后把这些接口提供给服务层和 ECU 抽象层使用。

④ 复杂驱动（Complex Drivers）。汽车 ECU 中有一些领域的 ECU 会处理相当复杂的硬件信号，执行相当复杂的硬件动作，例如发动机控制、ABS 等。这些功能相关的软件很难抽象出来适用于所有的汽车 ECU，它是跟 ECU 的应用以及 ECU 所使用的硬件紧密相关的，属于 AUTOSAR 构架中在不同的 ECU 上无法移植的部分。结构如图 3-11 所示。

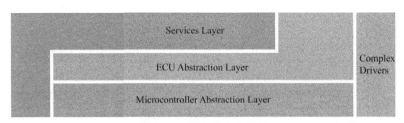

图 3-11　复杂驱动结构层

图 3-12 是 BSW 层中各个子模块说明。

**（4）Microcontroller（底层驱动层）**

底层驱动层是由芯片生产厂家提供。

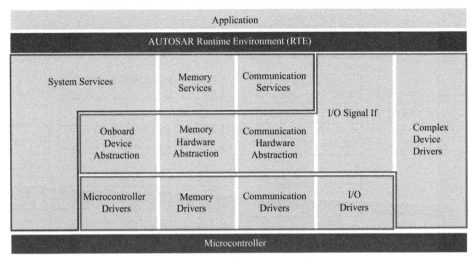

图 3-12 BSW 层子模块

## 3.2.2 开发流程

图 3-13 是 AUTOSAR 开发流程阶段及各个阶段可以使用的开发工具。Vector 和 EB 公司有整套的开发工具链。其中，Vector 中的 DaVinci Developer 和 DaVinci Configurator Pro 开发工具使用较为普遍，建议采用 Vector 公司开发工具链。

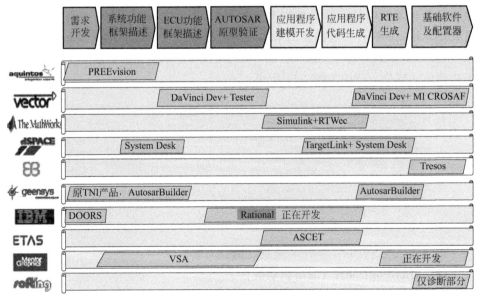

图 3-13 AUTOSAR 开发

从开发流程上看，各个开发阶段分别都有各自的开发工具：

① 系统设计阶段即需求开发与系统功能设计，采用 PREEvision 开发工具；

② SWC 功能软件开发阶段即 ECU 功能描述，采用 DaVinci Developer 开发工具；

③ BSW 基础软件及 RTE 设计，采用 DaVinci Configurator Pro 开发工具；

④ 头文件和 C 代码采用 MATLAB·Simulink 工具自动生成。

图 3-14 展示 Vector 公司开发 AUTOSAR 时所用的功能组件，其中红色字体的是 Vector 工具链中自带组件。根据需要，暂定需要 OS、SYS、DIAG、MEM、COM、CAN、FR、ETH、MCAL 组件。黑色字体的由底层硬件供应商提供。

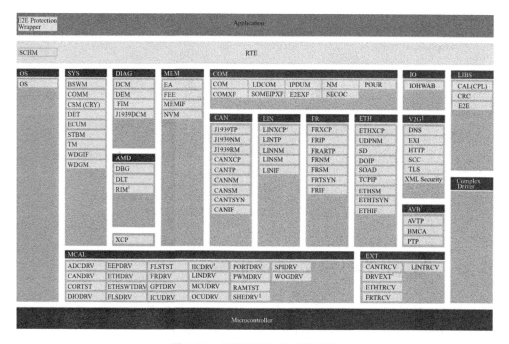

图 3-14 AUTOSAR 的功能组件

MATLAB·Simulink 和 Real-TimeWorkshop Embedded Coder 生成 AUTOSAR 标准的代码，它支持两种不同的工作流程：自上而下和自下而上。我们采用自上而下开发方式。

自上而下，从架构模型到 AUTOSAR SC。在自上而下的开发流程中，如图 3-15 所示，系统工程师使用架构生成工具（如 DaVinci tool suite）来设计整车 ECU 网络。当然，工程师也可以使用其他的架构设计工具。架构软件会输出一个 XML 来描述对应的组件，该文件里包含了组件的一些必要信息，比如

runnables、接口、数据类型等。Matlab 软件可以利用架构软件生成的 XML 文件自动创建 Simulink 架构模型，里面包含了接口模块以及相应的 AUTOSAR 相关设置。之后系统工程师就可以在该框架模型的基础上，完善内部的控制模块。

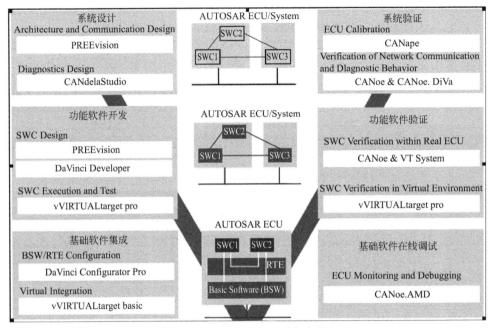

图 3-15　AUTOSAR 开发流程

# 3.3　Apollo 的自动驾驶平台

Apollo 是百度发布的面向汽车无人驾驶领域提供的软件平台。发布时间是 2017 年 4 月 19 日，旨在向汽车行业及自动驾驶领域提供一个开放、完整、安全的软件平台，帮助汽车行业结合车辆和硬件系统，快速搭建一套属于自己的完整的自动驾驶系统。

## 3.3.1　Apollo 自动驾驶的主框架

Apollo 开放内容实质上分为两大部分：能力开放和资源开放。能力开放提供开发者实现车上自动驾驶的平台，资源开放提供开发者探索算法进化的平台，这二者相辅相成，缺一不可。

Apollo 1.0 主要开放的是封闭场地循迹自动驾驶的框架，从上到下分别是服务层、软件平台层、参考硬件层以及参考汽车层，其中标灰部分为具体开放模块，如图 3-16 所示。各层级的具体功能如下。

　　参考汽车层：实现电子化的控制，也就是线控汽车，这是最底层的一步。

　　参考硬件层：实现计算能力，包括计算单元、GPS/IMU、HMI Device 等。

　　软件平台层：最核心的层，分为 3 个部分。一是实时 RTOS 系统，要求保证实时反应；二是运行时框架；三是定位模块和控制模块以及 HMI 人机交互模块。这三块构成了开放的封闭场地循迹自动驾驶软件体系。

　　云服务层：在云服务层开放了数据开放平台和唤醒万物的 DuerOS。

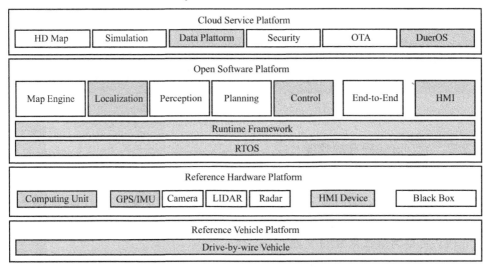

图 3-16　Apollo1.0 自动驾驶的主框架

　　以上四层构成了百度 Apollo 自动驾驶平台的整个技术栈。目前开放的 Apollo 1.0 具有高效易拓展架构、立即可用硬件、一键启动更新和完备的开发工具四大特性。

　　Apollo 1.0 在资源上开放了三个关键数据库：2D 红绿灯、3D 障碍物以及 Road Hackers。百度将这三部分数据开放至云端，以便用户高效研究运用。图 3-17 为 Apollo 数据开放平台的架构逻辑介绍。

　　如图 3-17，用户通过云端 Docker Repository，下载基于本地的 VM＋Docker 的开发环境，编写训练和预测两部分算法，配置依赖环境。通过云端用户空间的可视化训练调试平台，将用户在本机创建的算法容器，在云端实现调度，展开训练评估调试。这样用户可以在整个云中的数据开放平台中，基于海量数据利用集群的 CPU＋GPU 资源训练调试 model，并在其中选取有效的 model 使用。

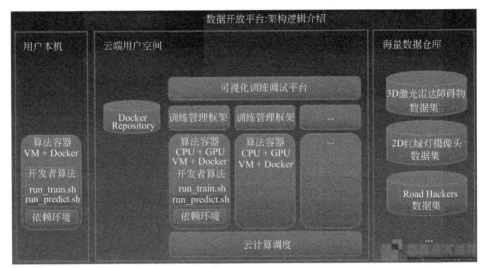

图 3-17　Apollo 数据开放平台的架构逻辑

### 3.3.2　Apollo 代码开放框架

自动驾驶系统包括障碍物检测、红绿灯识别、驾驶行为决策、路径规划等系列复杂的功能模块，如何将这些独立而又相互依赖的模块集成在一起，构建一个稳定的运行系统，是一个巨大的挑战。

**（1）百度为何选用 ROS 系统**

ROS 是一个强大而灵活的机器人编程框架。它具有三大特性：完整的开发工具包、灵活的计算调度模型以及丰富的调试工具，能够统一提供配置管理、部署运行、底层通信等功能，让开发者将更多精力放在算法功能的研发上，快速构建系统原型，验证算法和功能。ROS 文件系统包括以下内容。

① 功能包集（Stack）。将几个具有某种功能的包组织在一起，就是一个功能包集，在 ROS 系统中，存在大量不同用途的功能包集，例如导航功能包集。

② 软件包（Packages）。ROS 应用程序代码组织单元，每个软件包都可以包含程序库、可执行文件、脚本，或其他手动创建的东西。

③ 清单文件（Package.xml）。这是关于"软件包"相关信息的描述，用于定义软件包相关元信息之间的依赖关系，这些信息包括版本、维护者和许可协议等。

④ 编译配置文件（CMakeLists.txt）。使用 CMake 进行程序编译时，会根据 CMakeLists.txt 这个文件进行一步步处理，然后形成一个 MakeFile 文件，系统再通过这个文件设置进行程序编译。

**（2）Apollo 中 ROS 的改进实践**

ROS 系统的优势显而易见，但其在 Apollo 平台的应用中也并非一帆风顺。百度在做研发调试到产品化的过程中，遇到了不少状况，针对这些问题，百度从通信功能优化、去中心化的网络拓扑以及数据兼容性扩展三个方面做了定制化的改进。

① 通信性能优化：共享内存。自动驾驶系统为了能够感知复杂的道路场景并完成驾驶任务，需要多种传感器协同工作，以覆盖不同场景、不同路况的需求。而主流的多传感器融合方案至少会包含一个激光雷达和多个相机，如此大的数据量对通信的性能有很大的挑战。百度采用的解决方案是共享内存，减少传输中的数据拷贝，提升传输效率。

如图 3-18 所示。一对一的传输场景下，同一个机器上的 ROS 节点之间是 socket 进行进程间通信，中间存在多层协议栈以及多次用户空间和内核空间的数据拷贝，造成了很多不必要的资源占用和性能损耗。用共享内存的方式来替代 socket 作为进程间通信的方式，通过减少不必要的内存拷贝，来降低系统的传输延时和资源占用。

一对多的传输场景下，ROS 在处理一对多的消息传输时，底层实现实际是多个点对点的连接，当一份数据要发给四个节点时，相同的数据会传输四次，这会造成很大的资源浪费。共享内存的传输过程，能够支持一次写入，多次读取的功能，对于一对多的传输场景，相同的数据包只需要写入一次即可，成倍地提高了传输的效率。

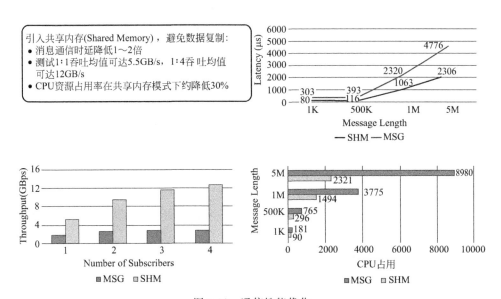

图 3-18　通信性能优化

② 去中心化的网络拓扑：使用 RTPS 服务发现协议。ROS 并非完全的分布式框架，每个 ROS 网络中需要有一个中心节点 ROS Master，各个节点在初始化时会向 Master 注册拓扑信息并获取其他节点的信息。这种方式有两个缺点：一是 Master 作为系统的单点，一旦崩溃整个网络将不可用；二是 Master 缺乏异常恢复机制，崩溃后无法通过监控重启等方式自动恢复。

为了解决这些问题，百度在 ROS 框架加入了基于 RTPS 协议的服务发现功能。如图 3-19 所示，整个网络拓扑不再以 Master 为中心构建，而是通过域的概念进行划分。当一个新的节点加入网络时，会通过 RTPS 协议向域内的所有其他节点发送广播信息，各个节点也会将自己的服务信息发送给新的节点，以代替 Master 的信息交换功能。

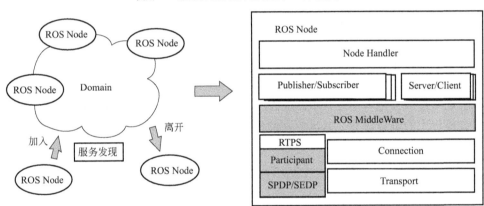

图 3-19 网络拓扑图

通过这种方式，能够使 ROS 网络的拓扑发现不再依赖 Master 单点，提高了系统的鲁棒性。同时该修改是完全基于 ROS 底层的修改，对上层应用程序完全透明，开发者也不需要对此功能进行任何的代码适配工作。

③ 数据兼容性扩展：用 Protobuf 替换 Message。ROS 系统为了保证收发双方的消息格式一致，会对 Message 定义做 MD5 校验，任何字段的增减或顺序调整都会使 MD5 变化，以保证系统的健壮性。然而这种严格的限制也引起了兼容性的问题，当接口升级后，不同的模块之间不再能够通信，大大降低了模块版本之间的耦合。

使用 Protobuf 替换 ROS 中的 Message 作为消息定义的格式。Protobuf 本身有良好的兼容性支持，只需要在使用中定义好 required 字段，后续新增 optional 字段并不会对消息的解析造成影响。

### 3.3.3　Apollo 框架使用

Apollo 框架的使用方法如下。

第一步：安装 docker 系统。用 install-docker 脚本安装和部署 docker 环境，包含下载、代码等一系列工作，安装完之后需要注销，并且用户重新登陆，这其中需要注意的是因为涉及用户权限的变更，需要当前用户注销之后才能完全生效。

第二步：编译 Apollo。编译代码 bash Apollo.sh build。

第三步：启动 Apollo。此步骤下需要对 Apollo 系统进行编译，编译完成之后启动 Apollo。百度提供了一键启动版本，可以将后台的应用和前端显示完整启动。

目前 Apollo 开源代码已上传至 GiThub 网站，具体链接为 github.com/apolloauto，可前往查阅相关的工具和文档。

### 3.3.4　Apollo 平台基于深度学习的方案选择

从车辆到传感器感知、World model，然后进行决策、控制，最后到车辆，形成了比较完整的闭环控制系统。不过，其在实际的应用上还是有比较明显的缺点：系统复杂（需要人工设计上千个模块），高精地图成本高（需要广铺以及实时更新），计算资源需求很高（一个车上可能需要运行几个、甚至十几个深度学习网络）。

Apollo 平台基于深度学习方案选择 End-to-End 的方式，该方法能够很好地解决这些问题。人类在驾驶的时候有两种行为：第一种是潜意识行为，人们不需要知道路面的每一个特点，不需要精确的位置和车距，多数时间是靠下意识完成；第二种是需要集中注意力和实时判断，比如变道时要考虑前后车辆的情况、盲区等，依靠充分的深入判断做出决策。而 End-to-End 系统对应的是第一种潜意识的行为，它更细化的是输入原始的传感器数据。

针对无人驾驶的闭环控制系统的深度学习方案，美国汽车工程师学会（SAE）也推荐了一个相同的架构 Rule based。表 3-1 为 Rule based 与 End-to-End 优劣对比。

表 3-1　Rule based 与 End-to-End 优劣对比

| 比较 | | Rule based | End-to-end |
|---|---|---|---|
| 功能 | Reactive control（边打电话） | √ | √ |
| | Proactive planning（思考判断） | √ | ×（research 阶段） |
| 系统工程复杂度 | | 极高 | 高 |

续表

| 比较 | Rule based | End-to-end |
|---|---|---|
| 算法要求 | 高 | 高 |
| 可解释性 | 高 | 较高 |
| 广辅成本 | 高（HD Map） | 低 |
| 传感器成本 | 极高 | 低 |
| 车载计算能力 | 极高 | 高 |
| 核心问题 | 研发、广辅成本极高 | 研发、广辅成本低 |

通过对比，可以看到 End-to-End 方案虽然解决了 Rule based 在应用上的部分缺点，但其在基本功能实现上需要进一步的探索和实践。这两种方案，均有各自的优劣势，在现阶段，无法完全依靠某一种深度学习方案实现自动驾驶功能，Rule based 和 End-to-End 在未来的趋势上必将是吸收对方的优点进行融合而绝非对立。

**（1）Apollo 实践：数据**

数据产生一般分两类，一类是真实数据，一类是模拟器数据。目前，关于真实数据较少，模拟器数据虽然能在一定的情况下起借鉴作用，但大多是通过游戏渲染出来的，其渲染的纹理与真实场景的纹理千差万别，几乎无法用到真实的道路上。

百度在这方面投入其高，每年都会使用大量数据车实地采集几百万公里的数据进行分析。开放的数据主要摘取了前向数据，包括 Image、RTK-GPS 以及 IMU 等，每一个开源的数据文件对应一次采集任务。百度没有直接开源出精准坐标，而是根据坐标参数繁衍出 1/R（转弯半径的倒数）和纵向指令。开发者可以利用它与车厂合作，直接上路行驶。

**（2）Apollo 的模型**

百度使用的是简单的横向模型 CNN 以及纵向控制模型 Convolutional-LSTM，百度将这二者融合到一起，采用横向＋纵向的模式：LRCN，该模型需要关注的点是时序处理、横纵向关联关系、因果关系、轨迹预测、Attention 机制、迁移等问题，即能够精准地预测出周围的环境。如图 3-20 所示。

自动驾驶的模型构建还在探索阶段。百度希望与开发者和合作伙伴一起，通过资源和能力的开放，开发出一套真正智能、完整、安全的自动驾驶解决方案。

在模型的开放内容上，Apollo 1.5 现阶段主要开放了 Vehicle 端，sensors、vehicle、data collection、online-system 等功能目前均已开放，但在云端的一些功能包括云端数据处理、model training 等暂时还未开放。Apollo 1.5 阶段虽然没有完全开放出 End-to-End 完整的闭环，但 Apollo 平台最终会把适配好的模型

➤ 物理含义：
　连续多帧→横向+纵向指令

➤ 关注点：
　视觉特征的提取
　时序规律的发现
　行为的映射

　......

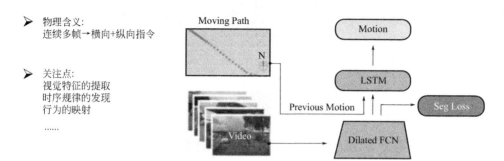

图 3-20　横向＋纵向的模型：LRCN

全部部署到在线系统，并将在 Apollo 2.0 的阶段完整开放。

# 第4章

# 无人驾驶的感知传感器

环境感知技术是无人驾驶汽车技术的一个重要组成部分，无人驾驶汽车没有环境感知技术，就像人没有视听感觉一样。环境感知技术的核心部件是感知传感器，无人驾驶汽车靠感知传感器以及 V2X 和 5G 网络等来识别环境信息，获取汽车所处的交通环境信息和汽车状态信息等多源信息，为无人驾驶汽车的决策规划进行服务。如依据感知传感器所获取的信息来进行决策判断，由适当的工作模型来制定相应的策略，预测本车与其他汽车、行人等在未来一段时间内的运动状态，并进行避碰路径规划。在规划好路径之后，控制汽车沿着期望的轨迹行驶。目前常用的感知传感器有摄像机、激光雷达、毫米波雷达等车载传感器。

## 4.1　摄像机

摄像机是利用时空坐标系（包括三维空间坐标系和一维时间坐标系），用解析的形式(坐标)把物体在空间和时间的位置、姿态表示出来。一般三维空间坐标系用三个正交轴 $X$、$Y$、$Z$ 表示物体的位置，用绕这三个正交轴的旋转角度（roll 横滚角，pitch 俯仰角，yaw 偏航角）表示物体的姿态。时间坐标系只有一个维度。为了表述方便，我们一般将空间坐标和时间坐标分开讨论。

摄像机/摄像头以其低廉的价格、丰富的图像信息，成为无人驾驶中最受人们关注的传感器之一。摄像头的作用是把三维世界中的形状、颜色信息，压缩到一张二维图像上。基于摄像头的感知算法则是从二维图像中提取并还原三维世界中的元素和信息，如车道线、汽车、行人等，并计算他们与自己的相对位置。

如图 4-1 所示，电脑上存储的照片或图像，一般以左上角为原点，向右为 $x$ 正方向，向下为 $y$ 正方向，单位以"像素"最为常用。图像坐标系为二维坐标系，坐标记为（$X_i$，$Y_i$）。

由于图像坐标系向右为 $x$，向下为 $y$，所以摄像机坐标系以镜头主光轴中心为原点，一般向右为 $x$ 正方向，向下为 $y$ 正方向，向前为 $z$ 正方向。这样，$x$、$y$ 方向与图像坐标系的方向吻合，$z$ 方向即为景深，同时符合右手坐标系的定义，便于算法中的向量计算。摄像机坐标记为（$X_c$，$Y_c$）。

为了能够定量描述三维空间到二维图像的映射关系，图形学里引入了像平面坐标系。它是摄像机坐标系的一个平移，中心仍在摄像机主光轴上，距离光轴中心的距离等于摄像机的焦距。

摄像机会在光轴中心后方的底片上成一个缩小的倒像，是真正的像平面（$X_f'$，$Y_f'$）。但是为了分析和计算方便，我们会在光轴中心前方设立一个虚拟像平面（$X_f$，$Y_f$）。虚拟像平面上的成像为正像，大小与真实倒像相同。

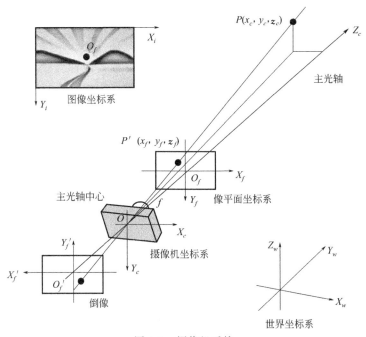

图 4-1　摄像机系统

简单来讲，从摄像机坐标系到像平面坐标系存在以下简单映射关系：

$$x_f = f\left(\frac{x_c}{z_c}\right), \quad y_f = f\left(\frac{y_c}{z_c}\right) \tag{4-1}$$

式中，$f$ 为摄像机焦距。

从以毫米为单位的像平面坐标系到以像素为单位的图像坐标系，存在线性转换关系：

$$\begin{bmatrix} x_i \\ y_i \\ 1 \end{bmatrix} = \begin{bmatrix} s_x & 0 & c_x \\ 0 & s_y & c_y \\ 0 & 0 & 1 \end{bmatrix} \begin{bmatrix} x_f \\ y_f \\ 1 \end{bmatrix} \qquad (4\text{-}2)$$

式中，$s_x$，$s_y$ 为图像上每个像素在像平面上所对应的物理尺寸，单位是像素/毫米；（$c_x$，$c_y$）为像平面中心在图像中的位置，单位是像素。

摄像机的焦距 $f$，像素尺寸 $s_x$、$s_y$，图像中成像中心的位置（$c_x$，$c_y$），在计算机图形学中被称为摄像机的内部参数，简称内参，用来确定摄像机从三维空间到二维图像的投影关系。实际应用中摄像机的内参会更为复杂，还包括图像的畸变率等参数。在无人驾驶应用中，摄像机的内参为常数，使用中不会发生变化，但需要在使用前做好标定工作。

摄像机的拍摄过程，可以抽象成从三维摄像机坐标系映射到二维像平面坐标系，再映射到图像坐标系的过程。图像感知算法则是这一过程的逆过程，通过二维图像推断物体在三维摄像机坐标系中的位置，例如获得距离（深度）信息。

如果需要获得物体在世界坐标系中的位置，则还需要知道摄像机在世界坐标系中的位姿。这一位姿表示被称为摄像机的外部参数，简称外参，用来确定摄像机坐标与世界坐标系之间相对位置关系。无人驾驶应用中，得到这一位置关系还需要一系列的标定和定位工作。

# 4.2　激光雷达

激光雷达是指以发射激光束来探测目标位置的雷达系统，其工作范围在红外和可见光波段。根据扫描机构的不同，激光雷达有二维和三维两种。它们中的大部分都是靠一个旋转的反射镜将激光发射出去，并通过测量发射光和物体表面反射光之间的时间差来测距。三维激光雷达的反射镜还附加一定范围内俯仰以达到面扫描的效果。

测量时漂性是指当激光雷达在开启固定时间后，数据趋于稳定的特性。激光雷达的测量稳定性在汽车环境感知系统中起着至关重要的作用。激光雷达的测量稳定性的确定，可用来提取有效检测范围内的最优数据，以确保算法的准确性，减小障碍物误识率。

激光雷达发出的是锥形光束，光束直径随传播距离的增加而变大。当光束遇到物体边缘时，部分光束会投射到前景物体边缘，另外一部分光束会投射到背景物体上，即会产生混合像素，如图 4-2 所示。此时返回的测量距离会位于前景物体边缘与背景物体之间。该距离值的大小与光斑打在每个障碍物上的面积及激光雷达到每个障碍物的距离有关。

设混合像素距离值为 $d$，激光雷达到障碍物一、障碍物二的距离分别为 $d_1$、

$d_2$，激光束打在障碍物一上的面积比为 $\alpha$，打在障碍物二上的面积比为 $\beta$，如图 4-3 所示，则混合像素距离值 $d$ 为：

$$d = \alpha \times d_1 + \beta \times d_2 \tag{4-3}$$

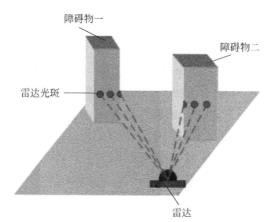

图 4-2 混合像素产生示意图

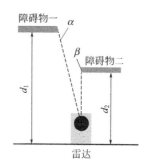

图 4-3 混合像素距离值计算示意图

在每帧从激光雷达获得的数据中，找出障碍物的边缘突变点，作为激光雷达到障碍物的距离，选取介于两个障碍物之间的"噪声点"作为混合像素点。

## 4.2.1 二维激光雷达

SICK LMS511 雷达是一种二维激光雷达，如图 4-4 所示。它可扫描某一区域，并根据区域内各个点与扫描仪的相对位置，返回测量值。SICK LMS511 的测量数据用极坐标表示，返回的是测量物体与扫描仪扫描中心之间的距离和相对角度。

SICK LMS511 激光雷达可以设置多种角度分辨率和扫描频率组合，它输出的每个光束的测量距离表达方式与所设置的角度分辨率及扫描频率有关。

**（1）数据接口**

SICK LMS511 激光雷达通过参数设置可以选择多种不同的数据传输方式，如通过网络接口传输、通过 USB 接口传输、通过串口传输等。为了能够实时地获取雷达的测量数据，通常采用网络接口传输的方式。

图 4-4 SICK LMS511 雷达

采用网络接口传输方式连接上位机与 SICK LMS511 激光雷达，首先需要在二者之间建立 TCP/IP 连接，由上位机向激光雷达发送扫描请求，然后激光雷达通过网络接口按设定频率发送数据包。

**（2）SICK LMS511 激光雷达报文分析**

对于网络接口的传输方式，SICK LMS511 激光雷达的报文采用 ASCII 码形式。数据处理时，首先需要把 ASCII 码表达的数值转化为对应的二进制数值进行初始化设置。

激光雷达将按照定义的报文格式输出。数据包以 STX（0x02）为包头，以 ETX（003）为数据包的结尾，包头后的 "SSN LMDscandata" 是对雷达设置指令连续测量的应答，接下来是一共为 11 个数据（数据与数据间由空格 0x20 间隔）的雷达版本信息、设备信息、状态信息以及保留字，然后是雷达扫描频率、测量频率、编码器个数、通道数，接着是输出数据的通道号、Scale factor、Scale factor offset，再然后是起始角度和角度分辨率、测量数据个数，最后是具体的数据值。

数据包处理流程如图 4-5 所示。先找包头，然后继续找通道号，找到通道号后将数据存储的指针指向对应通道的数据数组，并依此接收起始角度、角度分辨率、数据个数以及具体测量值等，接收的数值保存在数据存储指针指向的数组中，由此获得一帧激光雷达测量的障碍物距离值。常用的一个小技巧是通过检测空格来作为数据与数据间的区分，两个空格间的报文是一个完整数据，通过函数将其由 ASCII 码转换为相应的值。

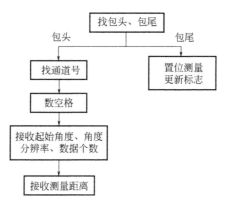

图 4-5  SICK LMS511 激光雷达数据包处理流程图

SICK LMS511 激光雷达传输的数据经过转换得到极坐标下的角度和距离，可以表示为 $L=(\rho,\theta)$，其中 $\rho$ 是距离值，$\theta$ 是对应角度。为方便使用，首先需要将测量结果从用极坐标系表示的参数转换到笛卡儿坐标系下的参数表示方法 $(x，y)$，其中 $x$ 为传感器笛卡儿坐标系下的横坐标值，$y$ 为纵坐标值。转换方法如式(4-4) 所示。

$$\begin{cases} x = \rho\cos\theta \\ y = \rho\sin\theta \end{cases} \tag{4-4}$$

### 4.2.2 三维激光雷达

二维激光雷达实际上是一种单层激光雷达，与之对应的是多层激光雷达，或称为多线激光雷达，如 LD_ML 四线激光雷达、Velodyne HDL-64ES2 激光雷达。由于它们可以构成垂直视野，其输出数据包含高度信息，通常也称为三维激光雷达。与二维激光雷达相比，三维激光雷达在无人驾驶汽车上的应用更多一些，但是三维激光雷达价格较贵。下面是对 Velodyne HDL-64ES2 激光雷达的一些介绍。

**（1）参数与指标**

Velodyne HDL-64ES2 激光雷达传感器是一款多光束三维成像激光扫描系统，广泛应用于无人驾驶、三维地图和无人机等领域。

Velodyne HDL-64ES2 激光雷达的总体设计如图 4-6 所示。该雷达共有 64 根激光扫描束，在其内部按垂直方向排列，垂直方向的可视范围为 26.8°。由于激光发射、接收装置安装在一个旋转马达上，故水平方向的可视范围可以达到全向 360°。

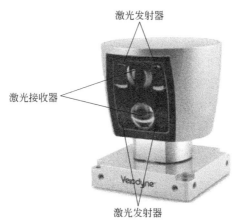

图 4-6　Velodyne HDL-64ES2 激光雷达

该雷达的各项关键性能指标如表 4-1 所示。

表 4-1　Velodyne HDL-64ES2 性能指标

| 性能指标 | 参数 |
| --- | --- |
| 激光发射器/接收器数目 | 64 |
| 最大平扫描角度 | 360° |
| 垂直扫描角度 | 26.8° |

续表

| 性能指标 | 参数 |
| --- | --- |
| 角度分辨率 | 0.09° |
| 扫描频率 | 5～20Hz |
| 最远检测距离 | 120m |
| 测量精度 | <2cm |
| 旋转转速 | 300～1200r/min |
| 输入电压 | 12V DC |
| 数据量 | 每秒133万个三维数据点 |

**（2）Velodyne HDL-64ES2 激光雷达的数据协议**

Velodyne HDL-64ES2 激光雷达通过 UDP 协议向上位机发送测量数据，它的输出为 UDP 数据包，每个数据包都包含每一激光束返回的距离信息和角度信息。Velodyne HDL-64ES2 激光雷达的激光发射器和激光接收器的分布如图 4-6 所示，64 对激光发射器和激光接收器分为上下两层，上、下层分别放置了 32 对激光发射器和激光接收器。在数据传输时，数据也是上、下层检测数据分开发送的，下面以一层检测数据作为例子详细说明。定义一个完整上层或者下层检测数据为一个子数据包，如图 4-7 所示。它包括 2 字节的 Laser block id，表征该子数据包是上层检测数据或下层检测数据，Laser block ll 的值为 0EEFF 时表示上层雷达检测数据，值为 0xDDFF 时表示下层雷达检测数据；另外包括 2 字节的 Rotation position，表示激光雷达马达旋转的角度位置；接下来是激光雷达检测的 32 组检测数据，每一组检测数据包括 2 字节的距离值以及 1 字节的回波强度值。在相同角度位置下的两个相邻子数据包构成 Velodyne HDL-64ES2 激光雷达在某一位置、同一时刻的一次测量，这 64 个测量点近似在垂直方向的同一个扇面上，

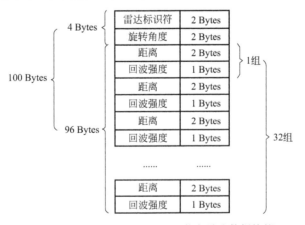

图 4-7    Velodyne HDL-64ES2 激光雷达数据协议

定义这两个子数据包组成的一个扇面上的测量为一扇数据包，定义激光雷达旋转一周（360°）的完整测量为一帧数据。

## 4.3  毫米波雷达

毫米波雷达是指工作频率通常选在 30～300GHz 频域的雷达，波长在 1～10mm 之间的电磁波，通过向障碍物发射电磁波并接收回波来精确探测目标的距离、速度和角度，其全天候全天时以及准确的测速测距深受开发者的喜爱。

凭借出色的测距测速能力，毫米波雷达被广泛地应用在自适应巡航控制（ACC）、前向碰撞预警（FCW）、盲点检测（BSD）、泊车辅助（PA）、变道辅助（LCA）等汽车 ADAS 中。图 4-8 为这些传感器的工作区域。

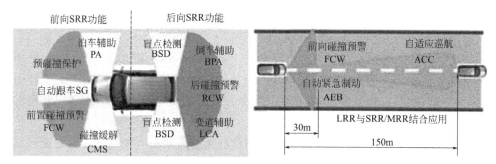

图 4-8  无人驾驶汽车传感器的工作区域

毫米波雷达波束窄、角分辨率高、频带宽、隐蔽性好、抗干扰能力强、体积小、重量轻，最大优点是可测距离远。与红外、激光设备相比较，具有对烟、尘、雨、雾良好的穿透传播特性，不受雨雪等恶劣天气的影响，抗环境变化能力强。目前车载毫米波雷达根据测量原理不同，一般分为脉冲方式和调频连续波方式两种。采用脉冲方式的毫米波雷达需要在短时间内发射大功率脉冲信号，通过脉冲信号控制雷达的压控振荡器从低频瞬时跳变到高频；同时，在对回波信号进行放大处理之前，需将其与发射信号进行严格的隔离。因此这种雷达在硬件结构上比较复杂，成本高，在车用领域应用较少。目前绝大多数车载毫米波雷达采用调频连续波方式，其测量原理如图 4-9 所示。

调频连续波测距方式的雷达结构简单、体积小，最大的优势是可以同时得到目标的相对距离和相对速度。它的基本原理是当发射连续的调频信号遇到前方目标时，会产生与发射信号有一定延时的回波，再通过雷达的混频器进行混频处理，混频后的结果与目标的相对距离和相对速度有关，通过相应的计算公式可以获得目标的相对距离和速度信息。雷达测距和测速的计算公式如式（4-5）所示：

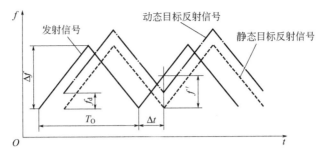

图 4-9　调频连续波雷达测量原理

$$
\begin{cases}
s = \dfrac{c\,\Delta t}{2} \\[2mm]
\Delta t = \dfrac{T_{\mathrm{O}} f}{2\Delta f} \\[2mm]
V_{\mathrm{r}} = \dfrac{c f_{\mathrm{d}}}{2 f_{\mathrm{O}}}
\end{cases}
\tag{4-5}
$$

式中，$s$ 为相对距离，m；$c$ 为光速，m/s；$f$ 为发射信号与反射信号的频率差，Hz；$\Delta f$ 为调频带宽，Hz；$\Delta t$ 为时间间隔，s；$T_{\mathrm{O}}$ 为信号发射周期，s；$f_{\mathrm{d}}$ 为多普勒频率，Hz；$f_{\mathrm{O}}$ 为发射信号的中心频率，Hz；$V_{\mathrm{r}}$ 为相对速度，m/s。

毫米波雷达一方面可以连续地同时测量目标的纵向相对距离、相对速度和横向位置信息，且前后时刻的测量信息相互独立；另一方面还可以有效跟踪多个目标。这些优良性能为前方有效目标的检测奠定了基础。

毫米波雷达有很多种类，以 ESR（electronically scanning radar）高频电子扫描毫米波雷达为例介绍毫米波雷达的性能参数。

ESR 高频电子扫描毫米波雷达在其视域内可同时检测到 64 个目标。该雷达发射波段为 76～77GHz，同时具有中距离和远距离的扫描能力，且具有硬件体积小、不易受恶劣天气影响等优点。

德尔福 ESR 技术参数如表 4-2 所示。

表 4-2　德尔福 ESR 技术参数

| 性能参数 | | 长距离 | 中距离 |
|---|---|---|---|
| 频率 | | 76GHz | 76GHz |
| 更新率 | | 50ms | 50ms |
| 覆盖范围 | 最大探测距离 | 100m | 50m |
| | 距离 | 1～175m | 0.5～60m |
| | 速度 | −100～+25m/s | −100～+25m/s |
| | 方位角 | ±10° | ±45° |

续表

| 性能参数 | | 长距离 | 中距离 |
|---|---|---|---|
| 精度 | 距离 | ±0.5m | ±0.25m |
| | 速度 | ±0.12m/s | ±0.12m/s |
| | 角度 | ±0.5° | ±1° |
| 多目标区分能力 | 距离 | 2.5m | 1.3m |
| | 速度 | 0.25m/s | 0.25m/s |
| | 角度 | 3.5° | 12° |
| | 波速宽度 | 3.5°Az | 12°Az |
| | | 4.5°EI | 4.5°EI |

# 4.4　车体坐标系

车体坐标系用来描述汽车周围的物体和本车之间的相对位置关系。目前学术界和工业界有几种比较常用的车体坐标系定义方式。分别是 ISO 国际标准定义，SAE 定义和基于惯性测量单元 IMU 的坐标定义。如图 4-10 和表 4-3 所示。

表 4-3　车体坐标系不同定义方式

| 比较 | ISO 定义 | SAE 定义 | IMU 定义 |
|---|---|---|---|
| X 正方向 | 前 | 前 | 右 |
| Y 正方向 | 左 | 右 | 前 |
| Z 正方向 | 上 | 下 | 上 |
| 横摆正方向 | 向右 | 向右 | 向右 |
| 俯仰正方向 | 向下 | 向上 | 向下 |
| 偏航正方向 | 逆时针 | 顺时针 | 逆时针 |
| 中心 | 车辆重心 | 车辆重心 | IMU 位置 |
| 右手坐标系 | 是 | 是 | 是 |

在汽车动力学分析中，ISO 定义的车体坐标系较为常见。SAE 定义的车体坐标系与航空航天领域常用的机体坐标系相一致。基于 IMU 定义的车体坐标系，则在 IMU 的相关应用中较为常见。无论使用哪一种坐标系定义，只要使用正确，都可以完成对车身位姿的描述，以及确定周围物体和本车间的相对位置关系。研发人员可以根据应用需求和使用习惯来选择车体坐标系。

车体坐标系以及基于大地坐标的世界坐标系，供在实际应用中通过不同传感器确定障碍物与无人驾驶汽车间的相对位置，同时确定本车在世界坐标系和地图

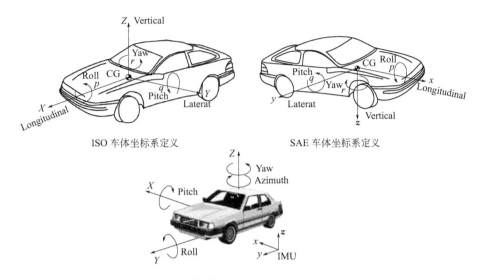

ISO 车体坐标系定义　　　　　　　SAE 车体坐标系定义

IMU车体坐标系定义

图 4-10　车体坐标系不同定义方式

中的位置与姿态，如图 4-11 所示。这就需要将不同的坐标系关联起来，并建立它们之间的转换关系。

图 4-11　无人驾驶系统中的多个坐标系

### 4.4.1　单目视觉标定

**（1）摄像机模型的建立**

摄像机模型的建立，主要是建立世界坐标系（即系统坐标系中的车体坐标系）、摄像机坐标系和图像坐标系之间的关系。图像坐标系分为图像物理坐标系和图像像素坐标系两种，如图 4-12 所示。图像物理坐标系 $o_u x_u y_u$，其原点为透镜光轴与成像平面的交点 $o_u$，$x_u$ 轴与 $y_u$ 轴分别平行于摄像机坐标系的 $x_c$ 轴与 $y_c$ 轴，是平面直角坐标系，单位为 mm。图像像素坐标系 $o_O uv$，是固定在图像上的以像素为单位的平面直角坐标系，其原点位于图像左上角，$u$ 轴与 $v$ 轴分别平行于图像物理坐标系的 $x_u$ 轴与 $y_u$ 轴，对于数字图像，分别为行、列方向。

三维空间上的物体从车体坐标系转换至图像坐标系，即使用针孔摄像机模型，通过将三维空间中的点透视变换投影到图像平面上，图 4-13 为摄像机透视变换投影模型。下面以物点 $P$ 为对象，对该模型进行分析。

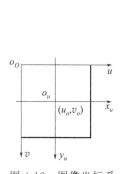

图 4-12　图像坐标系

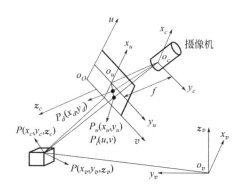

图 4-13　摄像机透视变换投影模型

车体与摄像机为刚性连接，因此车体坐标系中物点 $P(x_v, y_v, z_v)$ 到摄像机坐标系 $P(x_c, y_c, z_c)$ 的转换方程如下：

$$\begin{bmatrix} x_c \\ y_c \\ z_c \end{bmatrix} = \boldsymbol{R}_c \begin{bmatrix} x_v \\ y_v \\ z_v \end{bmatrix} + \boldsymbol{T}_c \tag{4-6}$$

式中，方程 $\boldsymbol{R}_c$ 为 $3 \times 3$ 旋转矩阵。

$$\boldsymbol{R}_c = \begin{bmatrix} r_1 & r_2 & r_3 \\ r_4 & r_5 & r_6 \\ r_7 & r_8 & r_9 \end{bmatrix} \tag{4-7}$$

实际上 $\boldsymbol{R}_c$ 和 $\boldsymbol{T}_c$ 表示摄像机相对于车体坐标系的安装角度和安装位置参数，因此把 $\boldsymbol{R}_c$ 和 $\boldsymbol{T}_c$ 定义为摄像机外部参数。

利用理想针孔摄像机模型，通过透视变换投影将摄像机坐标系中物点 $P_u(x_u, y_u)$ 转换至理想非畸变的图像物理坐标系像点 $P_i(u,v)$，方程如下：

$$u = \frac{x_u}{\mathrm{d}x} + u_O$$

$$v = \frac{y_u}{\mathrm{d}y} + v_O \tag{4-8}$$

式中，$(u_O, v_O)$ 为图像像素中心的坐标，即摄像机光轴与图像平面的交点；$\mathrm{d}x$ 为摄像机传感器 $x$ 方向的像素单元距离；$\mathrm{d}y$ 为摄像机传感器 $y$ 方向的像素单元距离，$\mathrm{d}x$ 与 $\mathrm{d}y$ 由摄像机厂家提供，可以在摄像机说明书上查找到，即为已知量。由此摄像机坐标系中物点 $P(x_c, y_c, z_c)$ 与图像像素坐标系中像点 $p_i(u,v)$ 的变换关系如下：

$$\begin{bmatrix} u \\ v \\ 1 \end{bmatrix} = \begin{bmatrix} f_x & 0 & u_O \\ 0 & f_y & v_O \\ 0 & 0 & 1 \end{bmatrix} \begin{bmatrix} x_c/z_c \\ y_c/z_c \\ 1 \end{bmatrix} \tag{4-9}$$

式中，$f_x = f/\mathrm{d}x$，$f_y = f/\mathrm{d}y$，分别定义为 $x$ 和 $y$ 方向的等效焦距，$f_x$，$f_y$，$u_O$，$v_O$ 等参数只与摄像机和镜头的内部结构有关系，因此把 $f_x$，$f_y$，$u_O$，$v_O$ 定义为摄像机内部参数。

通过上述定义的摄像机内部参数和外部参数，可以建立车体坐标系中物点 $P(x_v, y_v, z_v)$ 与图像像素坐标系中像点 $p_i(u,v)$ 之间的转换关系，方程如下：

$$z_c \begin{bmatrix} u \\ v \\ 1 \end{bmatrix} = \begin{bmatrix} f_x & 0 & u_O \\ 0 & f_y & v_O \\ 0 & 0 & 1 \end{bmatrix} \left( \boldsymbol{R}_c \begin{bmatrix} x_v \\ y_v \\ z_y \end{bmatrix} \right) + \boldsymbol{T}_c \tag{4-10}$$

式(4-10) 为理想的针孔摄像机模型，因此物点 $P(x_v, y_v, z_v)$、光心、像点 $p_i(u,v)$ 三点在同一直线上，即其数学表达式为共线方程。根据这一特点，在摄像机内部参数确定的情况下，可以利用三维空间上的若干个特征点在车体坐标系中的坐标和图像像素坐标系中的坐标建立约束方程，从而求解出摄像机的六个外部参数，即摄像机相对于车体的相对姿态和相对位置。实际上摄像机并不能完全精确地按照理想的针孔摄像机模型进行透视投影，通常会存在透镜畸变，物点在实际的摄像机成像平面上生成的像与理想成像之间存在一定光学畸变误差，其畸变误差主要是径向畸变误差和切向畸变误差。理想状态下的像点 $P_u(x_u, y_u)$ 与考虑镜头畸变的像点 $P_d(x_d, y_d)$ 存在一定的位置偏差，像点 $P_d(x_d, y_d)$ 表示如下：

$$x_d = f\left( \frac{x_u}{f}(1 + k_1 r^2 + k_2 r^4) + 2p_1 \frac{x_u}{f} \times \frac{y_u}{f} + p_2\left(r^2 + 2\left(\frac{x_u}{f}\right)^2\right) \right)$$

$$y_d = f\left( \frac{x_u}{f}(1 + k_1 r^2 + k_2 r^4) + 2p_1\left(r^2 + 2\left(\frac{x_u}{f}\right)^2\right) + 2p_2 \frac{x_u}{f} \times \frac{y_u}{f} \right) \tag{4-11}$$

其中，
$$r^2 = \left(\frac{x_u}{f}\right)^2 + \left(\frac{y_u}{f}\right)^2 \tag{4-12}$$

上述方程中 $k_1$ 和 $k_2$ 为径向畸变系数，$p_1$ 和 $p_2$ 为切向畸变系数，该模型没有考虑高阶项的畸变系数，畸变系数为摄像机内部参数的一部分。

**（2）车载摄像机的参数标定**

在实际的车载摄像机应用中，往往忽略摄像机镜头的畸变或者只考虑径向畸变。在车载应用中，摄像机的成像误差要求相对宽松，而且待处理目标通常会在图像中心附近出现，因此其位置误差对于车载摄像机可以满足应用要求。另外，不考虑摄像机镜头畸变可以提高系统的实时性，考虑镜头畸变的摄像机模型比理想的摄像机模型复杂，物点和像点之间的转换计算量会大大增加。根据上述的摄像机模型可以把摄像机参数分为内部参数和外部参数，其中内部参数为 $p_{in}(u_n, v_n)$（不考虑摄像机镜头畸变系数的情况），外部参数为 $\boldsymbol{R}_c$ 和 $\boldsymbol{T}_c$，实际上 $\boldsymbol{R}_c$ 由偏航角 $\gamma$、俯仰角 $\phi$、翻滚角 $\psi$ 确定，其表达式如下：

$$\boldsymbol{R}_c = \begin{bmatrix} \cos\psi\cos\gamma & \sin\psi\cos\gamma & -\sin\gamma \\ -\sin\psi\cos\phi+\cos\psi\sin\gamma\cos\phi & \cos\psi\cos\phi+\sin\psi\sin\gamma\sin\phi & \cos\gamma\sin\phi \\ \sin\psi\sin\phi+\cos\psi\sin\gamma\cos\phi & -\cos\psi\sin\phi+\sin\psi\sin\gamma\cos\phi & \cos\gamma\cos\phi \end{bmatrix}$$
$$\tag{4-13}$$

摄像机的内部参数可以通过各种摄像机标定工具箱完成，外部参数可以通过摄像机模型建立约束方程求解，通过提取多个标定物特征点来求解约束方程的外部参数，在图像像素坐标系中，提取到图像特征点为 $p_n(u_n, v_n)$，其中 $n$ 为标定物的特征点个数，利用这些特征点序列即可建立多个约束方程。特征点尽可能地均匀分布在图像分辨率范围内的各个位置，可以利用线性最小二乘法求出其外部参数的最优解。

### 4.4.2　双目视觉标定

双目视觉的标定主要包括双目视觉模型的建立、双目图像去畸变处理、双目图像校正、双目图像裁切 4 个步骤。

**（1）双目视觉模型的建立**

为简化模型，选用型号、配置完全一样且位置固定的两台摄像机 1、2。$O_1$、$O_2$ 分别为左、右摄像机光心和成像中心。$O_1O_1'$ 和 $O_2O_2'$ 长度相同，均为 $f$。摄像机的基准线平行于 $X$ 轴，且基准线长为 $L$。空间点 $P$ 在左、右摄像机坐标系下的坐标分别为 $P(X_{c1}, Y_{c1}, Z_{c1})$、$P(X_{c2}, Y_{c2}, Z_{c2})$。点 $P$ 通过透镜成像在像平面上的点分别为 $P_1$、$P_2$，$P_1$ 在左图像坐标系下的坐标为 $P_1(x_1, y_1)$，$P_2$ 在右图像坐标系下的坐标为 $P_2(x_2, y_2)$。图 4-14 为双目立体视觉系统测量示意图。

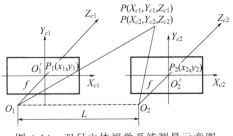

图 4-14　双目立体视觉系统测量示意图

推导可得出左、右摄像机的矩阵变换式：

$$\boldsymbol{T}_{e1}\begin{bmatrix} u_1 \\ v_1 \\ 1 \end{bmatrix}=\boldsymbol{T}_1\begin{bmatrix} X_w \\ Y_w \\ Z_w \\ 1 \end{bmatrix} \tag{4-14}$$

$$\boldsymbol{T}_{e2}\begin{bmatrix} u_2 \\ v_2 \\ 1 \end{bmatrix}=\boldsymbol{T}_2\begin{bmatrix} X_w \\ Y_w \\ Z_w \\ 1 \end{bmatrix} \tag{4-15}$$

于是，利用双目立体视觉系统的三角交汇原理，已知某一空间点 $P$ 在左、右摄像机透视变换下的计算机图像坐标 $(u_1, v_1)$、$(u_2, v_2)$，再通过摄像机标定确定左、右摄像机内、外参数值，确定变换矩阵 $\boldsymbol{T}_1$、$\boldsymbol{T}_2$，即可确定点 $P$ 的环境坐标。假设左摄像机相对于环境坐标系的旋转矩阵为 $R_1^*$，平移向量为 $T_1^*$；右摄像机相对于环境坐标系的旋转矩阵为 $R_2^*$，平移向量为 $T_2^*$，则两摄像机之间的相对旋转矩阵 $R_r^*$ 和相对平移向量 $T_r^*$ 可表示为：

$$\boldsymbol{R}_r^*=\boldsymbol{R}_2^*\,\boldsymbol{R}_1^{*-1} \tag{4-16}$$

$$\boldsymbol{T}_r^*=\boldsymbol{T}_2^*-\boldsymbol{R}_2^*\,\boldsymbol{R}_1^{*-1}\boldsymbol{T}_1^* \tag{4-17}$$

由以上分析可知，双目立体视觉系统摄像机内部参数标定可以通过分别对左、右摄像机进行标定得到，外部参数可以通过式(4-16)、式(4-17) 得到。

**（2）双目图像去畸变处理**

透镜在制造和安装时不可避免会出现误差。因无法制造数学上理想的"球形"透镜而产生的径向畸变如图 4-15(a) 所示，因无法保证透镜和图像采集器面平行而产生的切向畸变如图 4-15(b) 所示。

对于径向畸变，由于透镜形状无法达到理想"球形"，在图像平面的边缘将会出现弯曲，且越远离透镜中心的地方弯曲越严重。假设光学中心（成像仪中心）的畸变为 0，越靠近边缘（半径 $r$ 越大）畸变越大，常用泰勒级数的前三项

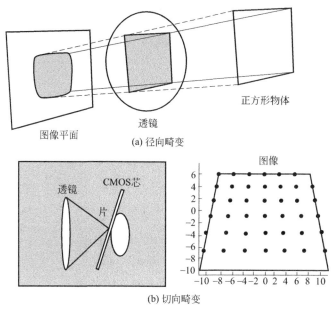

(a) 径向畸变

(b) 切向畸变

图 4-15 径向和切向畸变示意图

$k_1$、$k_2$、$k_3$ 来表示畸变，这样图像就可通过式(4-18) 进行调节。

$$\begin{cases} x_{\text{corrected}} = x(1+k_1r^2+k_2r^4+k_3r^6) \\ y_{\text{corrected}} = y(1+k_1r^2+k_2r^4+k_3r^6) \end{cases} \tag{4-18}$$

其中，$(x，y)$ 是畸变点在图像平面上的原始位置，$(x_{\text{corrected}}，y_{\text{corrected}})$ 是校正后的新位置。

对于切向畸变，由于它是透镜制造上的缺陷或摄像机安装的位置精度问题使得透镜本身与图像平面不平行而产生的，则可用两个参数 $p_1$、$p_2$ 来表示，这样就可根据式(4-18) 得到去畸变后的图像。

$$\begin{cases} x_{\text{corrected}} = x+[2p_1y+p_2(r^2+2x^2)] \\ y_{\text{corrected}} = y+[p_1(r^2+2y^3)+2p_2x] \end{cases} \tag{4-19}$$

**(3) 双目图像校正**

图像去畸变后只是相当于将图像展平了，图像的边缘处不会出现弯曲现象。但对于双目摄像机来说，还涉及两个摄像机拍摄位置和角度的关系，如图 4-16 所示，两台摄像机的光轴不是平行的，同时两台摄像机间的极线也没有对准，这时必须要对两台摄像机的图像进行相应的平移和翻转才能达到理想的效果。

图像翻转是三维上的翻转，设依次绕 $x$，$y$，$z$ 轴的旋转角度为 $\alpha$、$\beta$、$\theta$，那么总的旋转矩阵 $\boldsymbol{R}^*$ 是三个矩阵 $\boldsymbol{R}_x^*(\alpha)$，$\boldsymbol{R}_y^*(\beta)$，$\boldsymbol{R}_z^*(\theta)$ 的乘积，其中

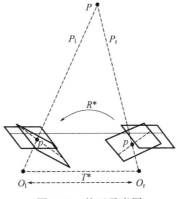

图 4-16　校正示意图

$$\boldsymbol{R}_x^*(\alpha)=\begin{bmatrix}1 & 0 & 0\\0 & \cos\alpha & \sin\alpha\\0 & -\sin\alpha & \cos\alpha\end{bmatrix} \tag{4-20}$$

$$\boldsymbol{R}_y^*(\beta)=\begin{bmatrix}\cos\beta & 0 & -\sin\beta\\0 & 1 & 0\\\sin\beta & 0 & \cos\beta\end{bmatrix} \tag{4-21}$$

$$\boldsymbol{R}_z^*(\theta)=\begin{bmatrix}\cos\theta & \sin\theta & 0\\-\sin\theta & \cos\theta & 0\\0 & 0 & 1\end{bmatrix} \tag{4-22}$$

这样就能通过旋转矩阵 $\boldsymbol{R}^*$ 来实现图像平面的翻转。根据 Bouguet 算法，将右摄像机图像平面旋转到左摄像机图像平面的旋转矩阵 $\boldsymbol{R}^*$ 应被平分成两部分，左、右摄像机各旋转一半。

平移主要通过平移矩阵 $\boldsymbol{T}^*$ 来实现，它表示将一个图像平面坐标系的原点平移到另一个图像平面坐标系原点的平移向量。以左侧摄像头图像平面原点为基准，将右侧摄像头图像原点 $P_r$ 平移到左侧图像原点 $P_l$ 上，则平移向量 $\boldsymbol{T}^*=P_l-P_r$。这样，两图像平面按式(4-23) 进行平移和旋转，就能使两摄像机平面的光轴互相平行，同时也能保证两摄像机间的行对准。

$$P_{\text{corrected}}=\boldsymbol{R}^*(\boldsymbol{P}-\boldsymbol{T}^*) \tag{4-23}$$

**（4）双目图像裁切**

校正后的图像有效信息范围边缘是曲线，不便于后续工作的执行，需要对边缘进行裁切。同时，为保证两图像在校正后是对准的，即同一物体的像素点在两图像上的行数是相同的，左右两图像裁切后的图像尺寸大小应保持相同。

双目图像裁切之后，左右图像行是对准的（即同一物体的像素在不同图像中的行数是相同的），同时能保留最大限度的重叠区域。因为在实际中，由于两摄像机拍摄角度和位置的不同，两摄像机图像中可能会出现一些无法匹配的区域。

## 4.5 从传感器坐标系到车体坐标系

无人驾驶汽车一般都装有多个传感器，每个传感器安装的位置、方向都不一样。同一个目标（如汽车、行人）在各个传感器视野中出现的位置也都不同。为了将不同传感器间彼此独立的结果关联起来，建立统一的环境模型，我们需要找到各个传感器与车体间的位置关系，这也是无人驾驶中感知融合算法的最基本步骤。传感器在车体上的安装位置一旦确定，在运行中就会保持固定，所以可以采用离线标定的方法确定各传感器相对车体的精确位置。

传感器离线标定的方法有很多。算法的总体思想是通过调整各坐标系之间的转换关系，使同一个物体通过多个传感器感知得到的独立结果，经过坐标系转换后，可以在车体坐标系下精确吻合，形成统一结果，如图 4-17 中的棋盘格标定板。

图 4-17 传感器标定及标定板示例

### (1) 从车体坐标系到世界坐标系

车体坐标系和世界坐标系之间的关系是由汽车本身的位置和姿态决定的，这一转换关系可以从汽车的定位结果中直接得到。通过车体和世界坐标系的转换关系，可以确定车体在高精地图中的位置和方向，进而可以计算出车体和其他道路元素，例如车道线、红绿灯、停止线之间的相对关系。

### (2) 时间坐标系统

无人驾驶应用所应对的是一个随时间变化的环境，所以时间坐标系的设立与统一也是至关重要的一环。无人驾驶中一般使用多种不同类型的传感器，彼此独立地对环境进行感知。这样会造成各传感器收集的环境数据并不在同一个时间点上。即便空间坐标系已经建立了完美的转换关系，在时间上也无法将环境数据进行统一。所以除了空间坐标系需要进行精确标定外，各个设备之间的时间坐标系也需要进行同步标定。

**（3）统一的时间系统**

无人驾驶系统中含有多个主机、传感器和控制器，一般都具有自己独立的时钟。为了建立统一的时间坐标系，让各个设备使用相同的时间基准，一个高精度授时系统是必不可少的。

无人驾驶中一般采用 GPS 的时钟系统作为各个系统的时间基准。GPS 时间系统规定 1980 年 1 月 6 日零时为时间坐标系的原点，时间向上累加，系统授时精度可以达到纳秒量级。同时无人驾驶中所使用的大部分设备都具备接受外部授时的功能。以 Velodyne 激光雷达为例，设备可以接收标准的秒脉冲（pulse per second，PPS）和 NMEA 报文（一种串口通信格式）的授时方法。

**（4）硬件同步触发**

一些设备的数据采集可以通过外部触发的方式进行激活，于是可以使用同一个外部信号，同时激活多个传感器，从而得到同一个时间点上的环境信息。

例如摄像机的曝光可以通过外部开关信号进行触发，于是无人驾驶汽车上的多个摄像机可以使用同一个开关信号进行曝光和采样的硬同步。进而，这一开关信号还可以与激光雷达等其他传感器进行协同，完成不同种类传感器间的同步触发操作。

**（5）软件时间对齐**

另一些传感器的采样不支持外部触发，同时有些设备的工作频率也不一致，无法做到严格的硬时间同步，这就需要在软件中进行处理。

有了前面提到的统一的时间系统，通过不同传感器获得的环境信息即便不在同一个时间点上，也有着统一的时间标记。这样通过软件计算，对非同步采样结果进行差值或外推，就可以近似得到同一个时间点上的环境信息，成为决策控制系统进行判断的依据。

# 第5章

# 无人驾驶环境感知技术

无人驾驶汽车的环境感知技术通常用来提取路面信息、检测障碍物，并计算障碍物相对于汽车的位置。一般将道路分为结构化道路和非结构化道路，其中结构化道路是指具有清晰车道标志线和道路边界等的标准化道路，非结构化道路是指由于缺少车道线等道路标志而无法采用检测车道线的方法进行识别的道路。目标检测包括行驶环境中行人和汽车的检测、交通信号灯和交通标志的检测等。

## 5.1 结构化道路车道线检测

在现实交通环境中最常见的是结构化道路，在结构化道路检测中常对结构化道路进行一些基本假设。

### 5.1.1 结构化道路常用基本假设

由于现实生活中的道路千差万别，道路检测又是个非常复杂的模式识别问题，目前尚不存在通用的视觉道路检测系统。因此在满足一般应用的情况下，适当地简化道路场景，有助于解决实际问题。对于结构化道路，提出以下假设。

① 道路形状假设：简化道路模型的一种有效方法就是使用道路形状假设，如回旋曲线、抛物线、直线或其他特殊形状等。由于高速公路的曲率变化缓慢，而回旋曲线有很好的光滑特性，可以解决道路直线部分与道路转弯的接口问题。除上述模型以外，还有更一般化的道路形状假设，将具有明显梯度特征的像素组成道路轮廓，使用道路模型跟踪道路轮廓；采用矩阵矢量道路模型，用一组点坐标表示道路标志线所在的区域，通过不断迭代，逐渐逼近实际道路标志线。

② 道路宽度和道路平坦假设：假设道路宽度固定或变化比较缓慢，在道路检测中可认为道路的两个边缘是平行的。在视觉检测系统获得图像的特征后，为精确地控制汽车，需要将坐标从图像平面坐标系转换到汽车行驶的世界坐标系。

假设汽车前方的道路是平坦的就可以利用已知的摄像机标定信息进行逆透视变换。一般以上两个假设条件同时出现，根据道路平坦假设，利用逆透视变换去除图像中的透视效果，然后利用当前车道两个边缘平行的约束，在转换后的道路俯视图上进行道路检测和障碍物检测。除此之外，可使用道路上任意的平行特征如车道线、道路边界、车辙等来检测道路，并采用道路宽度假设，使系统对阴影和汽车遮挡的影响比较有鲁棒性，但这种假设不适用于宽度变化比较频繁的道路。

③ 道路特征一致假设：通常，图像中的路面区域具有一致的特征，如灰度特征、颜色特征、纹理特征等，非道路区域则没有这样的特征，因而可以采用聚类的方法检测道路区域。

④ 感兴趣区域假设：道路跟踪实时处理的运算量非常大，根据物理约束和连续性约束，可以利用相邻帧之间的时间相关性加以简化，即在感兴趣的区域进行分析并寻找期望特征，而不需要对整幅图像进行分析，但前提是已经在前一帧图像中将道路区域检测出来。感兴趣区域假设可以显著加快道路检测的速度，降低对硬件的要求，满足道路检测的实时性。如何选择感兴趣区域是比较关键的，选择不当会导致检测失效。

除了上述假设，也可以对采集的原始图像进行窗口选择，按照已经标定好的摄像机信息，将包含整个道路区域的窗口作为道路检测的初始图像，如美国卡内基梅隆大学的 RALPH 视觉系统选取了一个随车速变化的梯形窗口，该梯形窗口图像中每一行所对应的实际水平宽度为 7m 左右，约为典型车道宽度的两倍，然后对梯形窗口的内容进行几何变换，建立一个 30 像素×32 像素的低分辨率图像。法国的 Peugeot 系统则抽取一帧图像中的大约 10 行，再从这 10 行中选取位于车道白线附近的一个局部区域进行处理，该区域的宽度仅为图像中车道总宽度的 30%左右。

## 5.1.2　车道线检测

结构化道路的设计和建设都严格执行行业标准，轮廓比较规则，道路区域和非道路区域有明显画有车道线的道路边缘，而且规定车速为 120km/h 时的极限转弯半径为 650m，一般的最小转弯半径为 1000m，因此，近视野内车道线完全可以近似为直线。在视觉导航系统中，利用距摄像机不远处的车道线方向变化不大，即曲率变化很小的假设，近似用直线来拟合车道线。

在结构化道路车道线检测过程中，车道线通常指在颜色较深的路面上具有一定宽度的白色四边形区域。在装有摄像机的汽车正前方的一段距离内，一般能够看到两组不被遮挡的车道线，系统只在此区域初始化一块检测区域以用作车道线检测。为了减少计算量，同时防止道路上如阴影或裂缝等环境干扰，减少其他汽车对车道线遮挡的可能性，需要采用一些序列图像的动态处理措施：

① 在图像序列的每一帧，将车道线的搜索区域限制在包括车道线的动态框架里；

② 将车道线边界点定义为每行搜索区域中边界灰度值跳变最大且超过预设阈值的点；

③ 如果检测的车道线边界点数超过一定数量，就启用直线拟合算法来求取近似车道线，否则利用历史帧和当前帧的结果进行推导。

对于车道线检测，其过程主要分为两步：车道线边缘点搜索和车道线边缘线拟合。

**（1）车道线边缘点搜索**

基于结构化道路的一些假设，采用的车道线边缘点搜索算法流程如图 5-1 所示。摄像机采集的原始图像为 RGB 模型的彩色图像，因此首先需要将 RGB 图像转换为灰度图像，即进行图像灰度化，根据灰度特征在初始化得到的检测区域中检测满足条件的特征点，然后对这些特征点进行图像预处理，包括图像滤波、图像增强、图像二值化。

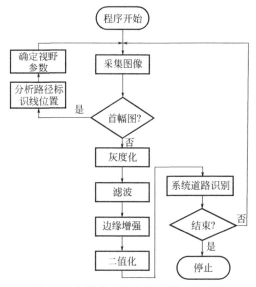

图 5-1 车道线边缘点搜索算法流程图

对于车道线的检测，如果所采集的图像是首幅图（第一帧），需要先根据摄像机的安装位置和图像视野，分析路径标识线的位置，确定视野参数，利用这些先验信息，缩小图像的感兴趣区域，能够缩短车道线的检测时间。然后，可以进行车道线的边缘点搜索。

车道线边缘点搜索算法具体实现如下。

① 图像灰度化。由于人的视觉对颜色的敏感度不同，等量的红（Red，R）、

蓝（Blue，B）、绿（Green，G）混合得不到对应亮度相同的灰度值。大量的实验数据表明，当采用 0.3 份红色、0.59 份绿色、0.11 份蓝色混合后可以得到比较符合人类视觉的灰度值，即如式(5-1) 所示。

$$灰度值＝0.3R＋0.59G＋0.11B \tag{5-1}$$

根据式(5-1) 可以计算出当前像素对应的灰度值，将其作为 RGB 图像中彩色像素对应的灰度值。

② 图像滤波。摄像机获取的图像不可避免地存在一定程度的噪声干扰。噪声使图像质量恶化，使图像模糊，特征淹没，给分析带来了困难。因此，需要对图像进行滤波处理，以改善图像质量、凸显对象特征。在空间域进行平滑滤波的算法，一般可以分为线性平滑、非线性平滑、自适应平滑三种，这三种算法有各自的优缺点，需要针对具体情况，根据具体要求选择其中的一种滤波算法。

a.线性平滑是对每个像素点的灰度值用它的邻域平均值来代替，其邻域大小一般取奇数，如 3×3、5×5 均值滤波器等。虽然是降低了噪声，但同时也模糊了图像的边缘和细节，这是这类滤波器存在的通病。

b.非线性平滑相当于是对线性平滑的一种改进，不是对所有的像素都能用它的邻域平均值来代替，而是通过取一个阈值，当像素灰度值与其邻域平均值之间的差值大于阈值时以均值代替，当这个差值不大于阈值时，取其本身的灰度值。非线性平滑可以消除一些孤立点，且对图像的细节影响不大，但会给图像的边缘点带来一定的失真。

c.自适应平滑有一个适应的目标，根据目标不同，可以有各种各样的自适应图像处理方法。考虑到图像中的目标物体和背景一般都具有不同的统计特性，即不同的均值和方差，为保留一定的边缘信息，可采用自适应平滑。该算法还比较好地保留了图像的细节，其主要目的是尽量不模糊边缘轮廓。

由于图像噪声千差万别，因此对于车道线图像的滤波方式，可以采用自适应维纳滤波，其根据图像的局部方差调整滤波器的输出。

③ 图像边缘增强。相对于目标的纹理、色彩等其他图像特征，边缘信息能很好地反映物体的形状特征。图像边缘中蕴含了丰富的内在信息（如方向、阶跃性质、形状等），因此，图像边缘是图像局部特征不连续性（灰度突变、颜色突变、纹理结构突变等）的反映，它标志着一个区域的终结和另一个区域的开始。图像边缘对图像识别和图像分析具有很重要的作用，利用图像的边缘可以勾画出目标物体，看到物体清晰的轮廓。在无人驾驶汽车的视觉导航系统中，图像的边缘增强是为了增强图像中道路边缘信息，以便下一步的道路检测。

对于图像边缘检测，边缘模糊是图像常出现的质量问题，由此造成图像的轮廓不清晰，给图像特征提取、识别都带来了不小的难度。图像边缘增强算法可以分为在空间域和频率域中的处理，考虑到算法实时性的问题，暂不考虑频率域内图像边缘增强算法。

梯度法是图像边缘增强中常用的方法，设图像函数为 $f(x,y)$，它的梯度可以定义为式(5-2) 所示。

$$G[f(x,y)]=|f(x,y)-f(x+1,y)|+|f(x,y)-f(x,y+1)| \quad (5-2)$$

在点 $(x,y)$ 处的梯度，其方向是函数 $f(x,y)$ 在点 $(x,y)$ 的最大变化率的方向，对于数字图像来说，常用差分来近似微分，为了减少计算量，可采用绝对差算法。从梯度公式可以看出，梯度值与相邻像素的灰度值成正比，在图像轮廓上，像素灰度值会发生突变，相对应的梯度值就很大。一旦梯度算法正确后，就可以采取适当方法使图像的轮廓突出。

常用的有 Sobel、Laplacian、Prewitt 等梯度算子，其中 Sobel 算子计算量比较小，容易实现，可以抑制图像中的噪声，并且可以得到图像边缘轮廓的梯度方向信息，尤其对于实时性要求比较高的系统，Sobel 算子有很大的优势。虽然它对图像边界处理的效果不是最好的，但该算法的计算量相对较少，而且利用该算法不仅可以得到图像边界点的位置信息，还可以得到梯度方向的梯度强度，可为道路边界检测提供更多的信息。

④ 图像二值化。图像边缘增强后，图像就被分割成几个有意义的部分，为了进一步对图像做分析和识别，必须通过对图像中的物体做定性或定量的分析来做出正确的结论，这些结论建立在图像中物体的某些特征基础之上。图像的特征可以是像素的灰度值、颜色或多谱特性和纹理特性等。对于车道线检测主要用像素的灰度值，通过图像的二值化处理。

对图像进行二值化处理，首先需要选择确定一个灰度值阈值，然后将图像中像素的灰度值依次与该阈值进行比较，如果小于该阈值，则将该像素的灰度值设置为 0，否则设置为 255。用 $f(x,y)$ 表示灰度图像，$(x,y)$ 为数字图像像素的空间坐标，$Z^*$ 为阈值，用式(5-3)对整幅图像进行二值化。

$$f(x,y)=\begin{cases} 0 & f(x,y)<Z^* \\ 255 & f(x,y)\geqslant Z^* \end{cases} \quad (5-3)$$

若阈值偏大，则可能出现有些边缘点未能被检测出来的情况；相反，则会有部分非边缘点也被检测出的情况，出现太多冗余信息，因此，对图像进行二值化处理的关键便是阈值的选择和确定。目前，阈值 $Z^*$ 的选择方法主要有：固定阈值法、迭代式阈值选取法、自适应阈值法、变量阈值化法、双阈值法等。为了使分割更加鲁棒，固定阈值法显然是不能满足要求的，而其他的几种都属于自动阈值化法，基于概率的阈值选取方法为了划分背景与目标，一般选择阈值为背景灰度分布中心之间的中间值。选取阈值的依据是图像灰度分布的直方图，图像的直方图可以视为亮度分布的概率密度函数的估计。假设图像中只含有两种主要的亮度区域，则整个密度函数可以看作是两个具有单峰的密度函数的总和或混合，一个对应白色区域，另一个对应黑色区域。反映混合程度的参数与每种亮度在图中所占面积的大小成比例。若密度函数已知，则可以找到一个门限值来划分两个不同亮度的区域。即分割出现错误的概率为最小的条件下求出的门限值。

**（2）车道线边缘线拟合**

车道边缘线主要考虑直线情况，可以采用 Hough 变换进行直线拟合。

① Hough 变换原理。Hough 变换是利用图像的全局特性，在二维像素中寻找直线及其他简单形状曲线的一种方法。它将表决原理运用于参数估计，利用曲线上的点表决产生目标参数组，使分割过程具有较强的鲁棒性。其基本思想是建立图像空间与参数空间的映射关系，将研究对象从图像空间中的目标物体转化为参数空间中对应的参考点。其主要优点是受噪声和曲线间断的影响较小。

设有直线 $y = mx + b$，它在极坐标中可表示为 $l = x\cos\dfrac{1}{12} + y\sin\dfrac{1}{12}$，式中，$l$ 表示直线离原点的法线距离，$\dfrac{1}{12}$ 是该法线对 $x$ 轴的角度。由此可见，图像空间中的一条直线经 Hough 变换映射到参数空间中是一个点，图像空间中的一个点经 Hough 变换映射到参数空间则为一条正弦曲线，分别如图 5-2 和图 5-3 所示。

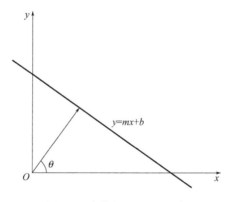

图 5-2　直线的 Hough 变换

② 车道线边缘线拟合算法。道路图像经边缘增强后强化了包括树木、行人、建筑、道路等各种边界信息，而道路边界信息则淹没在大量的边界信息之中，因此必须从诸多的边界信息中识别出道路边界。

传统的车道线识别算法是基于车道标志线为直线，且道路为平面的假设以对车道标志线进行识别的。以图像左上角为坐标原点，水平方向为 $x$ 轴方向，垂直方向为 $y$ 轴方向，建立图像平面坐标系。采用的左、右道路标志线模型为：

$$y_{left} = k_{left} x + b_{left} \tag{5-4}$$

$$y_{right} = k_{right} x + b_{right} \tag{5-5}$$

式中，$x$，$y$ 分别表示道路的横、纵坐标；$k_{\text{left}}$，$k_{\text{right}}$ 分别表示左、右道路标志线的斜率；$b_{\text{left}}$，$b_{\text{right}}$ 分别表示左、右道路标志线的截距。具体过程为：采用沿 $x$ 轴扫描的方式，找出每行中灰度跳变最大的点，记录其坐标。基于行驶路面灰度均匀分布的特征，采用预设阈值的方法对寻找出的每行中最大灰度跳变的特征点进行预处理，同时去除道路区域上灰度跳变小于预设阈值的特征点。当预处理后剩余特征点的个数超过一定值时，启动车道线直线拟合算法。

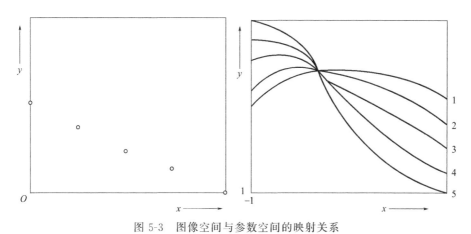

图 5-3　图像空间与参数空间的映射关系

式(5-4) 通过 Hough 变换可表示为 $l = x \cos \dfrac{1}{12} + y \sin \dfrac{1}{12}$，对式(5-5) 同理，从而使 $x\text{-}y$ 平面的任意一条直线变换对应 $l\dfrac{1}{12}$ 空间中的一个点。为了找出分割图像中车道边缘点所构成的直线，将 $l\dfrac{1}{12}$ 空间量化为许多小方格，由每一个 $(x,y)$ 点代入 $\theta$ 的量化值，求出各个 $l$ 值（经量化），落在相应的小方格内，该方格计数加 1。当统计所有点后，计数值大的小方格对应于共线点，其 $(l, \dfrac{1}{12})$ 作为直线拟合参数。

直线检测后，还需要根据结构化道路常用基本假设，如道路宽度和道路平坦假设等约束条件，以及摄像机安装标定参数、灭点信息等进一步加以处理，最终检测出车道线。对于直线拟合，除了上述的 Hough 变换，还有最小二乘法、插值法、Catmull-Rom 样条函数法、B 样条函数法和分段归类拟合法等。

## 5.2　越野环境可通行区域检测

在结构化道路的城市环境中影响无人驾驶汽车通过安全性的主要是地面以上

的障碍物不同，越野环境中感知系统需要考虑地面起伏、凸起正障碍物、凸起负障碍物、水体等多种环境要素。为了使无人驾驶汽车能够完成越野环境下的安全行驶，感知系统必须具备局部感知这些环境要素的能力，或者具备感知综合环境信息要素以获得可通行区域的通行能力。下面介绍一种利用 32 线激光雷达的越野环境多要素合成可通行区域检测方法，该方法主要包含地面分割、越野环境要素检测、可通行区域提取三个步骤。

## 5.2.1  地面分割

地面分割的主要任务就是从激光雷达获取的 3D 点云中区分地面点以及地面以上的正障碍物点，可以进一步进行障碍物类型的识别，将分割以后的正障碍物点集合识别为行人、汽车、树木等。地面分割应用在越野环境，作为环境建模的基础，先提取出地面区域以及地面以上障碍区域，然后再进行越野环境要素的检测与识别，最终提取可通行区域。

这里采用融合直线拟合及高度差的方法进行地面分割。对于极坐标栅格地图沿同一扇形块的狭长区域，只考虑激光点在极坐标栅格内到原点的距离和高度。扇形块地面的平面模型可以简化为直线模型，通过直线拟合可以获得扇形块内每个栅格地面的参考高度值，然后计算栅格最大高度和拟合地面高度之间的差。若大于预先设定值 $T$，则栅格不可通行并且栅格内测量点为正障碍物点；否则栅格可通行并且栅格内测量点为地面点。如果没有任何测量点投射到栅格内，则栅格为未知状态。

对于某一扇形块，以极坐标栅格地图中心为起点，从近到远遍历扇形块中的每一个栅格，首先将栅格的状态设为未知。如果当前栅格内存在激光测量点，选取高度值最小的测量点作为地面候选种子点，并利用式(5-6)将其简化为二维数据点以便进行直线拟合。然后将地面候选种子点 $P'_{b^i_j}$ 并入前一次直线拟合所含的点 $P_l$，再次进行直线拟合，如果拟合的直线满足条件，则利用该拟合直线方程计算当前栅格的拟合平面的参考高度值；否则以上一次拟合的直线方程计算当前栅格的拟合平面的参考高度值，并将集合 $P_l$ 清空，把 $P'_{b^i_j}$ 并入 $P_l$。如果并入 $P'_{b^i_j}$ 后用于直线拟合的种子点数量少于 3 个，则计算当前地面候选种子点和上一次拟合的直线方程的距离，若满足条件，以该直线计算参考高度值，否则以种子点的高度值作为拟合平面参考高度值。直线拟合的方法可以是 Hough 变换法、最小二乘法等。最后，计算栅格最大高度和拟合地面参考高度值之间的差，如果小于预定值 $T$，则将栅格状态设为地面，否则将栅格状态设为正障碍物。

$$P'_{b^i_j} = \left\{ P'_k = [r_k = \sqrt{x_k^2 + y_k^2} \ z_k]^{\mathrm{T}} \mid P_k \in P_{b^i_j}, z_k = z_{\min} \right\} \quad (5\text{-}6)$$

式中，$P'_{b^i_j}$ 为第 $i$ 行 $j$ 列的栅格；$P_k$ 为该栅格内第 $k$ 个激光点；$r_k$ 为该点到坐标原点的平面距离；$z_k$ 为该点所在栅格内的最小高度值；$\boldsymbol{P}'_k$ 为包含第 $k$ 个激光点 $P_k$ 位置信息的向量。扇形块内拟合的直线可以用方程 $x=a+b$ 表示，拟合直线应该满足以下约束：

a. 因为地面的坡度有一定的范围，直线模型的斜率 $a$ 不能超过某一个阈值 $T_a$；

b. 为了剔除高于地面的平面特征，对于坡度较小的模型，即直线的斜率 $a<T\,\text{asmall}$，直线的截距 $b$ 的绝对值不能超过某一个阈值 $T_b$；

c. 拟合的直线的均方根误差不能超过某个阈值 $T_{rmes}$；

d. 为了保证路面的平滑性，拟合直线的第一个点到该扇形块前一段拟合直线的距离不能超过阈值 $T_{dprev}$。

在如图 5-4 所示的越野土路上对 32 线激光雷达数据进行地面分割方法检测，其具体效果如图 5-5 所示。其中，图中心空白部分为汽车分割得到的地面，其余点均为分割后的正障碍物。从图中可以看出，该方法能够较好地分割地面和正障碍物，远处激光点稀少区基本能够检测正障碍物。

图 5-4　越野土路

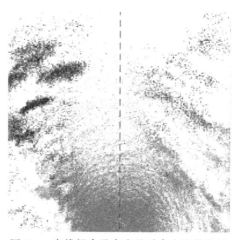

图 5-5　直线拟合及高度差融合方法效果图

## 5.2.2　越野环境要素检测

为了使无人驾驶汽车能够完成越野环境下的安全行驶，在对 32 线激光雷达数据进行地面分割，提取出局部环境下的地面和正障碍物以后，还需要对负障碍物、水体障碍、越野道路边缘等越野环境要素进行检测。

**(1) 负障碍物检测**

负障碍物是指环境中高度值低于地面一定距离的危害无人驾驶汽车安全行驶

的一种地形特征，包括沟、洞、河谷等。负障碍物可以分为两类，简单负障碍物
和复杂负障碍物。简单负障碍物存在于平坦地面上，与地面存在较为明显的垂直
边缘；复杂负障碍物存在于起伏地面上，与地面不存在明显的边缘。负障碍物最
明显的特点是高度值低于周围地形，然而由于观测角度限制，安装于无人驾驶汽
车平台的传感器往往难以详尽地观测其全貌，负障碍物地面以下地形难以直接
测量。

考虑到人对于负障碍物判别的直观感受，负障碍物与周围地形存在明显边
界。在激光雷达 3D 点云中，激光扫描线在负障碍物区域存在间隔的突变，通过
检测间隔的突变可实现负碍物的检测。如图 5-6 所示，无人驾驶汽车前方遇到一
负障碍物，某一层激光束终点落在负障碍物前的地面点 $C$，下一层激光束终点落
在负障碍物内壁点 $E$ 并与虚拟地平面交于点 $D$。若不存在负障碍物，两激光束
终点落在地面点 $C$、点 $D$，则该相邻层激光束在极坐标栅格地图中理想径向间隔
为 $\Delta d_{ideal}$，由于负障碍物的存在，两激光束终点分别落在地面点 $C$ 和负障碍物
点 $E$，则该相邻层激光束在极坐标栅格地图中实际径向间隔为 $\Delta d_{true}$。基于该模
型比较相邻层激光实际径向间隔 $\Delta d_{true}$ 与理想径向间隔 $\Delta d_{ideal}$ 可以检测负障碍
物的存在。考虑传感器测量误差以及地面不平度因素，基于角度间隔因子得到虚
拟激光层与虚拟地平面交于点 $F$，以点 $C$ 和点 $F$ 之间的径向间隔 $\Delta d$ 代替理想
径向间隔 $\Delta d_{ideal}$ 进行比较。

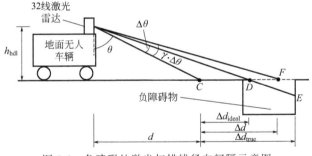

图 5-6　负障碍处激光扫描线径向间隔示意图

根据雷达各层激光的垂直角度及 32 线激光雷达安装高度可计算参考径向间
隔 $\Delta d$。点 $C$ 距离雷达中心的径向距离为 $d$，设该相邻激光垂直角度间隔为 $\Delta \theta$，
根据几何关系，相邻层激光束参考径向间隔 $\Delta d$ 计算如式(5-7)、式(5-8)所示。

$$\theta = \tan^{-1}(d/h_{hdl}) \tag{5-7}$$
$$\Delta d = h_{hdl} \times \tan(\theta + \gamma \Delta \theta) - d \tag{5-8}$$

在极坐标栅格地图中，在每一扇形块中沿径向从近到远依次计算相邻激光束
之间实际径向间隔 $\Delta d_{true}$，若 $\Delta d_{true}$ 大于参考径向间隔 $\Delta d$，则该两相邻激光束
终点所落栅格之间存在负障碍物。

**（2）越野道路边缘检测**

越野环境中，道路边缘主要是道路两旁的植被、土堆等。因此可通过建立极坐标 $M_{\text{lidar}}$ 并计算其圆周方向相邻栅格间高度差实现道路边缘的检测。如图 5-7 所示，图 5-7(a) 为极坐标栅格地图 $M$，黑色点表示栅格内激光测量点集合，空白栅格表示该栅格内没有测量点。以图 5-7(a) 栅格地图 $M$ 最左侧相同角度方向栅格为例，图 5-7(b) 为建立雷达图 $M_{\text{lidar}}$ 的过程，根据栅格距离以及相邻两个有测量栅格 $m_{s,b}$ 和 $m_{s,b+4}$ 的高度信息，对中间没有测量点栅格的最大、最小高度进行线性插值，如式(5-9) 所示。

$$\begin{cases} h_{s,b+j}^{\max}=h_{s,b}^{\max}\dfrac{d_{s,b+j}-d_{s,b+4}}{d_{s,b}-d_{s,b+4}}+h_{s,b+4}^{\max}\dfrac{d_{s,b+j}-d_{s,b}}{d_{s,b+4}-d_{s,b}} \\[3mm] h_{s,b+j}^{\min}=h_{s,b}^{\min}\dfrac{d_{s,b+j}-d_{s,b+4}}{d_{s,b}-d_{s,b+4}}+h_{s,b+4}^{\min}\dfrac{d_{s,b+j}-d_{s,b}}{d_{s,b+4}-d_{s,b}} \end{cases},j=1,2,3 \qquad (5\text{-}9)$$

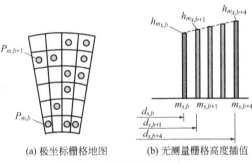

(a) 极坐标栅格地图　　(b) 无测量栅格高度插值

图 5-7　极坐标雷达图建立

通过对没有激光测量点的栅格最大、最小高度值进行插值，可得到极坐标雷达图 $M_{\text{radar}}$ 所有栅格的最大、最小高度。以极坐标雷达图 $M_{\text{radar}}$ 中心方向（即汽车航向）栅格为基准，向两侧沿雷达图周向搜索，比较相邻栅格的高度差。如图 5-8 所示，若相邻栅格高度差小于给定道路边缘高度差阈值 $\delta_{\text{curb}}$，继

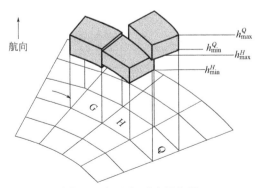

图 5-8　极坐标雷达栅格图

续沿周向搜索；若相邻栅格高度差大于给定道路边缘高度差阈值 $\delta_{\text{curb}}$，则出现高度差的相邻栅格为道路边缘。以图 5-8 栅格 $H$ 和栅格 $Q$ 为例，栅格高度差计算如式(5-10) 所示。

$$\Delta h_{HQ} = \max(\mid h_{\max}^{H} - h_{\min}^{H} \mid, \mid h_{\max}^{Q} - h_{\min}^{Q} \mid) \tag{5-10}$$

**(3) 水体障碍检测**

在越野环境中，另一种不可忽略的环境要素是水体区域。水底地形的不可预知性给无人驾驶汽车的安全行驶带来巨大挑战。因此，正确检测出环境中的水体区域显得极其重要。为能够实现对水体区域的检测，可采用回波强度检测法。由于激光被水吸收，从水体区域处返回的激光回波强度低于其他区域，如图 5-9 所示为 32 线激光雷达，其中 3 条有扫描到水体区域的激光扫描线单帧扫描结果的回波强度图，图中扫描角度 $0°\sim60°$、$110°\sim190°$ 及 $320°\sim360°$ 范围为越野路面区域，且 $320°\sim345°$ 所在角度范围为水体区域，其余扫描角度范围为植被覆盖区域。由图中可看出，回波强度在植被覆盖区域变化较为剧烈，在越野路面区域相对平稳，且在水体区域回波强度非常低。因此，通过设定一个回波强度阈值，利用回波强度滤波可以实现水体区域的检测。回波强度阈值的选择对于水体区域的检测非常关键，需要根据实际情况确定。

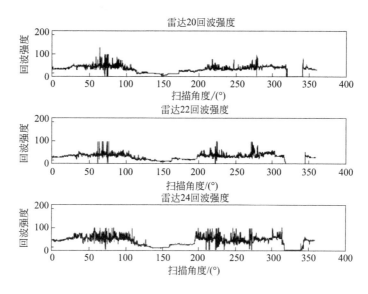

图 5-9　HDL-32E 雷达 20、雷达 22 以及雷达 24 回波强度图

## 5.2.3　可通行区域提取

可通行区域提取主要针对局部环境，为局部路径规划算法提供可通行通道信息。可通行区域提取可以分为两类：一类是采用激光雷达感知数据，基于障碍物

检测及地面分割方法实现可通行区域的提取；另一类是利用视觉图像信息，提取道路或车道标记（如车道线、路沿等），产生道路可通行区域。以下将就第一种方法展开介绍。

由于 32 线激光雷达获取的各激光扫描线之间的距离较大，可以利用极坐标提取出环境中地面栅格，可通行的地面栅格间往往存在着因没有激光测量点而状态未知的栅格。在基于二维单线激光雷达的地图创建应用中，通常基于雷达反式传感器模型和光线追踪的方法对地图中各栅格的状态进行更新。激光束终点投影对应的栅格被认为是障碍栅格并考虑传感器测量误差赋予一个较高的占据概率值。激光雷达与激光束终点之间的栅格则经过光线追踪采样得到，以激光测量距离为最大值，以一定距离为步长沿激光束方向进行采样，计算每一个采样点所在的栅格位置。这些栅格由于可以被激光束击穿并通过被认为是没有障碍物的自由区域，同时考虑传感器测量误差赋予一个较低的占据概率值。对于激光束方向上与激光源距离超过激光测量距离或者激光雷达最大测量距离的栅格，由于激光束并未对这些栅格进行探索，因此被认为是未知的状态。为了无人驾驶汽车行驶安全，通常把这些未知区域也认为是危险而不可通行的。

32 线激光雷达的激光束在三维空间与水平面倾斜一定角度从激光雷达射出并以障碍物或者地面为测量终点，考虑两相邻激光束在某一旋转角度下的测量情况，如图 5-10 所示。图 5-10(a) 为激光束之间为负障碍的情况，靠近无人驾驶汽车的激光束终点所在栅格检测为地面，远离无人驾驶汽车的激光束终点在负障碍物内壁，因此终点所在栅格检测为障碍，则激光束之间的未知状态栅格应当被判定为危险区域并不可通行。图 5-10(b) 为激光束之间为正障碍物的情况，靠近无人驾驶汽车的激光束终点所在栅格检测为地面，远离无人驾驶汽车的激光束终点在正障碍物上，因此终点所在栅格检测为障碍，则激光束之间的未知状态栅格应当被判定为危险区域并不可通行。图 5-10(c) 为激光束之间为地面的情况，靠近无人驾驶汽车的激光束终点所在栅格检测为地面，远离无人驾驶汽车的激光束终点所在栅格也检测为地面，为了增加无人驾驶汽车在环境中的通过性，则激光束之间的未知状态栅格可以判定为可通行栅格。

综上所述，可通行区域扩展的准则为：

① 在地面栅格与未知状态栅格之间进行可通行区域的扩展只适用于同一角度方向栅格；

② 以极坐标原点为起点，沿径向方向遍历同一扇形块内的栅格，如果当前栅格 $m$ 为地面栅格，前一个地面栅格为 $m'$，则把栅格 $m$ 与栅格 $m'$ 之间的未知状态栅格扩展为地面栅格，如果当前栅格 $m$ 为障碍栅格，则不扩展栅格 $m$ 与栅格 $m'$ 之间的未知状态栅格，继续搜索该扇形块其他栅格，直到扇形块最远处栅格；

③ 汽车邻域栅格，即距极坐标原点距离为 $d$ 的栅格扩展为地面栅格；

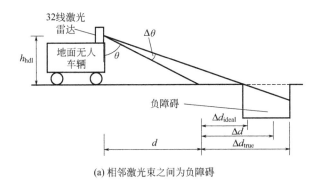

(a) 相邻激光束之间为负障碍

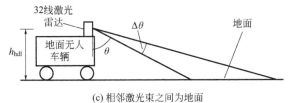

(b) 相邻激光束之间为正障碍

(c) 相邻激光束之间为地面

图 5-10  相邻激光束同一旋转角度测量情况

④ 将极坐标栅格地图中地面栅格标记为可通行状态。

# 5.3  交通信号灯与交通标志检测

### 5.3.1  交通信号灯检测

目前，不同国家不同地区所采用的交通信号灯的样式都不尽相同，但国内现行的交通信号灯都遵循国家标准——《道路交通信号灯》（GB 14887—2011）和《道路交通信号灯设置与安装规范》（GB 14886—2016）。通过标准可知，交通信号灯按发光单元透光面尺寸可分为：$\phi$200mm、$\phi$300mm 和 $\phi$400mm。

基于色彩特征的识别方法在背景环境相对简单的情况下能够有效地检测和识别出交通信号灯，如背景为天空。但对于背景环境相对复杂的情况，如城市道路环境，存在汽车、行人或广告牌等影响，基于色彩特征的识别方法很容易出现虚警现象。基于形状特征的识别方法可有效地减少基于色彩特征识别出现的虚警，但需要建立形状特征规则。对不同样式的交通信号灯来说，需要建立不同的形状特征规则，这无疑限制了算法的灵活性。基于模板匹配的识别方法同样需要建立不同样式的交通信号灯模板或者建立多级的交通信号灯模板来实现对不同样式的交通信号灯的识别。单一的方法都不能很好地完成交通信号灯的识别，因此需要算法和特征的综合才能很好地适应环境的变化和不同样式交通信号灯的识别。

　　交通信号灯识别所采用的系统结构可分为图像采集模块、图像预处理模块、识别模块和跟踪模块，其系统结构图如图 5-11 所示。

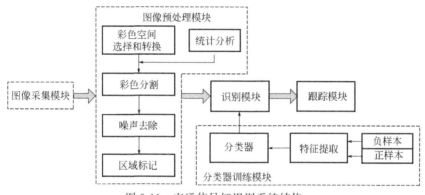

图 5-11　交通信号灯识别系统结构

　　① 图像采集模块。摄像机成像质量的好坏影响后续识别和跟踪的效果，摄像机的镜头焦距、曝光时间、增益、白平衡等参数的选择都对摄像机成像效果和后续处理有重要影响。

　　② 图像预处理模块。包括彩色空间选择和转换、彩色空间各分量的统计分析、基于统计分析的彩色图像分割、噪声去除、基于区域生长和聚类的区域标记，通过图像预处理得到交通信号灯的候选区域。

　　③ 识别模块。包括离线训练和在线识别两部分。离线训练是通过交通信号灯的样本和背景样本得到分类器，利用得到的分类器完成交通信号灯的检测，结合图像预处理得出的结果完成其识别功能。

　　④ 跟踪模块。通过识别模块得到的结果可以得到跟踪目标，利用基于彩色的跟踪算法可以对目标进行跟踪，有效提高目标识别的实时性和稳定性。

　　根据图 5-11 所示的交通信号灯识别系统结构，交通信号灯识别算法具体实现如下。

**（1）彩色空间转换**

　　摄像头采集的图像是一幅 RGB 图像，并没有经过彩色空间的转换，但由于 R、G、B 各个彩色分量之间存在着相关性，并不利于目标识别的彩色分割处理。而 HSV 是一种比较直观的颜色模型，适合用于指定颜色的分割，因此，需要将

RGB 图像转换成 HSV 图像。

**（2）彩色分割**

交通信号灯的颜色要求需要满足国家标准，交通信号灯的色调、饱和度和亮度均需满足相应的范围要求，因此，对于交通信号灯识别系统，基于 HSV 空间的阈值分割方法具有很好的实用性和实时性。阈值分割法是在 HSV 彩色空间中设成阈值，并与图像像素实际的 HSV 各个分量值进行比较，从而从图像背景中提取出交通信号灯。因摄像机的硬件不同成像质量存在一些差别，物体本身色彩的还原性也存在一定的差别，因此，阈值的确定需要对采集回来的交通信号灯进行数据统计分析，从而找出合适的色调、饱和度和亮度的相关阈值。

对交通信号灯的识别将采用 HSV 彩色空间的三个分量组成阈值对彩色图像进行分割，阈值的选取可以通过大量数据统计获得，同时，考虑到不同气候环境、光线对交通信号灯 HSV 各个分量会有一定的影响，将各个分量的阈值进行适当的扩大，并通过后续的校验进行一定程度的微调。然后，根据获得的阈值，对转换后的 HSV 图像进行彩色分割，原图及分割后的图像分别如图 5-12、图 5-13 所示。

图 5-12　原图像

图 5-13　色彩空间阈值分割后图像

**（3）形态学处理**

经过分割后，可以得到二值图像，而由于彩色分割中，背景环境的变化会存在一些与交通信号灯色调、饱和度、亮度或明度相类似的点或区域。在彩色分割处理中，它们会导致二值图像中产生一些噪声或者干扰，噪声会使系统产生感兴趣区域 ROI，会增加后续的处理时间，因此为了让感兴趣区域更准确，需要将这些噪声点去除而保留真正的交通信号灯区域。而形态学能够很好地解决二值图像的噪声去除问题，并且可以给连通区域进行区域标记，方便感兴趣区域的建立和识别后的目标校验。

在交通灯图像中，形态学处理采用腐蚀和膨胀运算，能够快速完成噪声去除的预处理工作，由于交通信号灯在图像上的成像相对较小，其腐蚀和膨胀的次数需要根据原始图像的分辨率和摄像机镜头焦距大小进行决定。当选择高分辨率的图像采集，其交通信号灯在图像中的成像会比较大，可以通过二次腐蚀和膨胀操作进行噪声处理而不会导致目标在腐蚀阶段被当作噪声去除，而分辨率较小的图像，则采用一次腐蚀和膨胀操作即可，否则二次腐蚀膨胀会将信号灯当作噪声去除。

根据上述的彩色分割和形态学运算，可以初步完成交通信号灯候选区域的提取，但在很多实际应用中会出现两个或两个以上的候选区域，则需要利用连通域进行区域标记来完成后续的校验。图 5-12 为原图像，图 5-14 为形态学处理后的图像。

图 5-14　形态学处理后的图像

**（4）基于几何形状的检测**

通过阈值分割图像后，将不满足阈值要求的像素设为 0。然后，对像素变换后的图像进行轮廓查找，并计算轮廓点集最外面的矩形框。

由于交通信号灯灯泡的形状、长宽比以及面积均需要满足国家标准要求，根据这一特性，可以对矩形框进行进一步的筛选，排除部分外界干扰。对于形状的排除，主要采用矩形的面积、矩形框的长宽比进行现状排除。

为了获得交通信号灯灯泡的矩形框轮廓的面积阈值和长宽比阈值，统计大量不同位置的交通信号灯灯泡矩形框的数据，部分样本如图 5-15 所示。

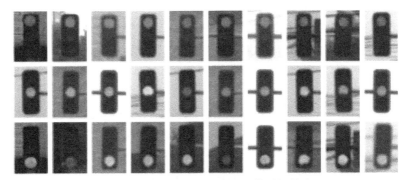

图 5-15　部分竖式机动车交通信号灯样本

依据国家标准《道路交通信号设置与安装标准规范》（GB 14886—2016），通过对交通信号灯面积长宽比的统计，获得交通信号灯灯泡面积值的上限为 $0.15\text{m}^2$，下限为 $0.05\text{m}^2$。将阈值分别载入程序中，用交通信号灯灯泡的面积作为第一步筛选，圆形度用于第二步筛选，并将符合阈值要求的交通信号灯区域采用矩形框形式画出来。

以上步骤为交通信号灯检测的一种简单方式，只适用于交通信号灯环境较为简单的场景，对于复杂的汽车行驶环境，可以进一步扩展交通信号灯的检测算法，如采用方向梯度直方图（histogram of oriented gradient，HOG）等特征或采用 Camshift 跟踪等算法，提高交通信号灯检测的准确性。

### 5.3.2　交通标志检测

对于交通标志检测来说，其实是如何建立交通标志和对应类别之间的关系。而交通标志信息（每一个像素）就是神经网络的输入，类别标签就是对应输出。而神经网络的中间层会自动提取特征，即给定方程 $Y=F(X)$ 中的 $X$ 与 $Y$，如何求出泛函 $F$。而且泛函一般不是线性的，往往也不是一个确定的方程就可以表达的。神经网络是从大量的样本中拟合出分布规律，由于神经网络相邻层神经元之间以权重相连，如果某一部分的输入对输出影响巨大或者输出直接依赖于该部分，那么神经元和这部分相关，之间的权重就会很大，而和其他部分连接的权重就会很小。

对于交通标志的识别问题来说，普通的神经网络还远远不够，需要一种更深的网络来提高网络的表达能力。因此，交通标志的检测和识别采用卷积神经网络（CNN）的方法，通过构建具有很多隐层的机器学习模型和训练数据，自发地学习更高层次的特征，从而最终提升分类或预测的准确性。

采用 CNN 进行图像识别的流程包括数据预处理、建立模型、训练模型、测试等。下面以检查标志为例进行介绍。

**(1) 数据预处理**

数据预处理包括数据获取、数据增强以及数据标记工作。

数据来源于真实交通场景，包含图 5-16 所示 9 种限速标志，另外还有背景图片作为另一个类别。因为训练一个深度模型需要大量的数据，而在真实场景下采集这么多的数据往往不现实，所以用数据增强可以提高样本数量。数据增强就是对原图像进行裁剪、放大、变形、翻转，调整色调、饱和度、对比度、亮度等，这样一张图片经过这些操作后可以得到很多图片，大大增加了样本来源。另外通过数据增强可以提高模型的泛化能力，以及避免过拟合。数据标记就是给出每个样本的标签值（神经网络的输出）。最后将所有的数据分为训练集和测试集。本例中训练集 90000 张，测试集 1500 张。

图 5-16　交通限速标志

**(2) 建立模型**

由于神经网络的输入为原始图像的像素值，如果原始图像尺寸过大，则导致神经网络层数变多，并且参数也会增多，从而导致内存不足或者影响训练速度。因此将原始图像大小调整为 $60 \times 60$，设计的网络结构如图 5-17 所示。

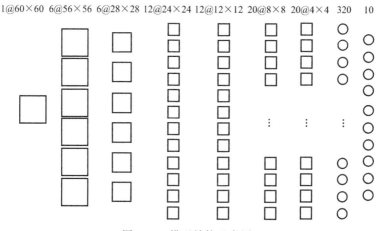

图 5-17　模型结构示意图

首先从输入到卷积 1 层，为了增加提取到的特征的丰富性，采用 6 种不同的卷积核进行卷积。这里凭经验选取卷积核的数目，一般选取原则是随着层数的增多，卷积核的数量也会增多。不过第一层卷积核的数目不能过大，选取适中即可。选取卷积核的大小为 5×5，步长参数为 1。卷积过程如图 5-18 所示，卷积核相当于一个滑动窗，在原图上进行卷积操作。因此卷积之后的尺寸大小为 56×56，即 60−5+1。

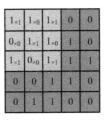

图 5-18　卷积核进行卷积操作

接着一层是下采样层，也称为池化层。该层进一步减小图像尺寸，同时进行特征提取。下采样层一般采用 2×2 的卷积核对输入进行卷积，一般步长参数为 2。所以下采样后的图像尺寸变为 28×28，即 56/2。同理，之后再进行 2 次卷积过程和 2 次池化过程，最后得到的特征图的大小为 4×4，不过有 20 个这样的特征图。接着进行拉伸操作，每张图上有 16 个特征值，对应 16 个神经元，20 张总共有 320 个神经元。最后一层是输出层，因为包含 10 个类别（10～90 限速标志对应 9 个类别，背景对应第 10 个类别），所以输出 10 个神经元。

**(3) 训练模型**

训练模型的流程：初始化所有的参数（卷积核的参数和偏置，全连接层的权重和偏置）以及手动设置超参数（学习率，迭代次数，迭代轮数）。

前向传播：用训练数据库进行训练（每次取 50 张图片），通过前向传播得到输出 $y_{\text{predict}}$，$y_{\text{predict}}$ 与真值 $y$ 之间有一定的误差。定义损失函数如式（5-11）所示。

$$J(W,b) = \frac{1}{2} \sum_{n=1}^{50} (y_{\text{predict}} - y)^2 \tag{5-11}$$

反向传播：采用 BP（back propagation）算法对所有的参数进行更新，更新公式为式（5-12）、式（5-13）。

$$W_{ij}^{(l)} = W_{ij}^{(l)} - \alpha \frac{\partial}{\partial W_{ij}^{(l)}} J(W,b) \tag{5-12}$$

$$b_i^{(l)} = b_i^{(l)} - \alpha \frac{\partial}{\partial b_i^{(l)}} J(W,b) \tag{5-13}$$

式中，$W_{ij}^{(l)}$ 为节点 $i$ 到节点 $j$ 对应的权值；$b_i^{(l)}$ 为输出层 $i$ 神经元的阈值；

$\alpha$ 为学习率，训练过程中手动设置。

**（4）用测试集进行测试**

在所有的训练数据库训练完毕之后，模型收敛到一个稳定的值，最后在测试数据库上验证模型的准确度。

# 5.4　前方汽车检测

检测前方汽车的方法有很多种，下面介绍两种车载视觉与其他传感器融合的方法。

## 5.4.1　视觉与二维激光雷达融合检测

二维激光雷达能够快速地获取扫描平面中的距离信息，并且可以获得障碍物在扫描平面中的外部轮廓，同时不受光照条件的影响，但障碍物的形状、纹理信息等特征都无法直接获得。而机器视觉能够提供更为丰富的平面信息，但容易受光照条件的影响。这两种环境感知传感器可以很好地实现功能上的互补。

**（1）摄像机和激光雷达联合标定**

针对单线激光雷达与可见光摄像机数据融合的空间对准方法，通过提取标定物在单线激光雷达和图像上的对应特征点来进行摄像机外部参数的标定，从而完成单线激光雷达坐标、摄像机坐标、图像像素坐标等多个传感器坐标的统一，实现激光雷达与摄像机的空间对准。再结合信息同步的原则，利用多线程技术有效解决多传感器间的数据同步问题。

① 空间上的数据融合。在实际应用中，激光雷达与无人驾驶汽车为刚性连接，两者间的相对姿态和位移固定不变，因此由激光雷达扫描获得的数据点，在环境坐标系中有唯一的位置坐标与之对应。同理，摄像机与无人驾驶汽车也为刚性连接，两者间的相对姿态与位移同样固定不变，针对三维空间的每一个点，同样只存在唯一的一个图像像素与之对应。故而，在同一空间内，每个激光雷达的扫描数据点都在图像空间中存在唯一的一个对应点。

因此，通过建立合理的激光雷达坐标系与摄像机坐标系，利用激光雷达扫描点与摄像机图像的空间约束关系，即可求解两坐标系的空间变换关系。从而完成激光雷达与摄像机的空间对准，实现激光雷达数据与可见光图像的关联。在此，激光雷达与摄像机的空间对准问题就转变为在给定雷达图像对应点的情况下的函数拟合问题。

摄像机的外部参数通过约束方程求解后，激光雷达、摄像机、图像和相对环境坐标系的相对关系就完全确定，因此激光雷达扫描点可以通过摄像机模型投影至图像像素坐标系上，其像素级数据融合可由式(5-14)完成。

$$(u \quad v \quad 1)^{\mathrm{T}} = \mathbf{K}_c (\mathbf{R}_c^* (x_{vc}, y_{vc}, z_{vc})) + \mathbf{T}_c^* \tag{5-14}$$

其中 $\mathbf{K}_c = \begin{bmatrix} v_x & 0 & u_0 \\ 0 & v_y & v_0 \\ 0 & 0 & 1 \end{bmatrix}$ 为摄像机的内部参数矩阵。

当摄像机与激光雷达同时观测点 $P$ 时，其在摄像机自身环境坐标系中的坐标为 $P_{vc}(x_{vc}, y_{vc}, z_{vc})$，在可见光图像中投影点的坐标为 $\mathbf{U} = (u\ v\ 1)^{\mathrm{T}}$，在雷达自身世界坐标系中的坐标为 $P_{lv}(x_{lv}, y_{lh}, z_{lv})$。由于摄像机与激光雷达使用了同一个环境坐标系，则有

$$\mathbf{X}_{vc} = \begin{bmatrix} x_{vc} \\ y_{vc} \\ z_{vc} \end{bmatrix} = \mathbf{X}_W = \begin{bmatrix} x_W \\ y_W \\ z_W \end{bmatrix} = \begin{bmatrix} x_{lv} \\ y_{lv} \\ z_{lv} \end{bmatrix} = \mathbf{X}_{lv} = \begin{bmatrix} \rho_1 \cos\theta_1 \cos\alpha \\ \rho_1 \sin\theta_1 \\ H - \rho_1 \cos\theta_1 \sin\alpha \end{bmatrix} \tag{5-15}$$

由式(5-14) 和式(5-15) 联立，可得：

$$\mathbf{U} = \mathbf{K}_c (\mathbf{R}_c^* \mathbf{X}_{lv} + \mathbf{T}_c^*) \tag{5-16}$$

对式(5-16) 进行变换，有

$$\mathbf{R}_c^* \mathbf{X}_{lv} + \mathbf{T}_c^* = \mathbf{K}_c^{-1} \mathbf{U} \tag{5-17}$$

其中，$K_c^{-1} = \{k_{ij}\}_{3 \times 3}$，由激光雷达的外参标定和摄像机的内参标定可获得 $X_{lv}$ 与 $K_c^{-1}$。将式(5-17) 展开，如式(5-18) 所示。

$$\begin{bmatrix} r_1 x + r_2 y + r_3 z + t_1 \\ r_4 x + r_5 y + r_6 z + t_2 \\ r_7 x + r_8 y + r_9 z + t_3 \end{bmatrix} = \begin{bmatrix} k_{11} u + k_{12} v + k_{13} \\ k_{21} u + k_{22} v + k_{23} \\ k_{31} u + k_{32} v + k_{33} \end{bmatrix} \tag{5-18}$$

由式(5-18) 知，该方程中有 12 个未知量。因此，只要特征点不在激光扫描面的同一直线上，方程要得到唯一解，理论上至少需要 4 组雷达图像对应点对才能得到结果。为了提高精度，使对应点对的数量 $n > 4$，此时问题转变为过约束问题，可以利用线性最小二乘法得到最优解。

综上所述，只需要提取足够多的雷达图像对应点对，通过求解线性方程组即可获得相关的坐标旋转矩阵 $\mathbf{R}_c^*$ 和坐标平移矩阵 $\mathbf{T}_c^*$，进而可得到激光雷达数据和其对应图像像素间的变换关系。

② 时间上的数据融合。由于激光雷达、摄像机、里程计等传感器的数据采集通道不尽相同，其采样频率也各有差异，这导致了传感器的信息采集在时间上存在着差异，继而引出了需要对各传感器数据在时间上进行同步的问题，这就是传感器在时间上的数据融合。常采用 GPS 授时的方法实现传感器间的时间同步，通过给不同的传感器授予不同的 GPS 时间，将时间变量作为一个同步参数处理。该方法可以获得高精度的融合结果，但实时性受到一定的限制。当然也可以使用多线程技术和数据双缓存技术对激光雷达数据、摄像机数据等进行时间上的同

步。创建激光雷达数据采集线程和摄像机数据采集线程，并利用双缓存当前数据的方法可以解决传感器因自身接收机制引起的数据滞后问题，保证程序中待处理的数据是当前时刻的最新数据。

**（2）路面汽车检测跟踪系统结构**

路面汽车检测跟踪系统主要可分为数据融合模块、激光雷达模块、分类器训练模块、视觉模块、跟踪与输出模块，具体系统结构图如图 5-19 所示。

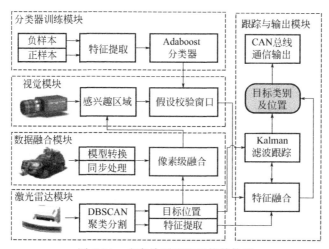

图 5-19  汽车检测跟踪系统结构图

① 数据融合模块。根据各传感器之间的坐标转换模型实现各传感器数据之间在空间上的统一，完成传感器的标定问题且解决了传感器之间的时间同步问题。

② 激光雷达模块。该传感器具有快速准确的距离测量功能，可以对障碍物点进行聚类分割和目标位置提取，从而可以作为目标检测级联分类器的第一个节点，另外其目标特征与视觉处理结果共同构建特征融合的决策问题。

③ 分类器训练模块。包括训练数据采集（汽车样本库的建立）、特征提取和分类器训练，训练数据包括正样本和负样本，其中正样本在采集图片中通过手工标定方法得到，负样本可以在不包含目标的相关背景图片样本中随机抽取或者利用已经完成学习的分类器通过 Bootstrapping 的方法得到，然后通过正样本和负样本的特征提取与遍历统计计算，最终得到统计后的特征分类器。

④ 视觉模块。利用图像丰富的信息与激光雷达提取的目标位置产生感兴趣区域，形成候选目标假设校验子窗口，在子窗口中运用学习后的分类器进行金字塔式的穷尽搜索，完成目标检测后将结果送至特征融合层与激光雷达提取的特征融合得到目标的位置参数。

⑤ 跟踪与输出模块。对目标的位置参数进行跟踪与预估，为下一帧处理提

供更多的参数信息，缩短检测时间和增加检测的稳定性，并且通过输出模块将跟踪后的目标参数最终传输至 CAN 总线网络中。

**（3）基于激光雷达和机器视觉的路面汽车检测**

利用激光雷达对障碍物数据点实现聚类分割后，不同的障碍物类成为候选区域，通过对图片样本的统计学习生成由多个不同的弱分类特征组成的分类器，并利用该分类器完成候选区域的检验，最终与激光雷达聚类分割后提取到的障碍物特征参数进行特征融合，输出目标属性参数。

① Haar 特征。基于统计的模式识别理论对目标的检测和识别方法往往需要遍历搜索图像的各个位置和尺度，从而判断图像中是否存在目标的候选区域，其运算复杂度非常大。因此为了提高统计和目标检测的速度，Viola 和 Jones 提出了以类似 Haar 小波的结构来提取检测目标的特征，并且将积分图应用到特征值的计算之中。积分图的引用，只需对图像进行一次遍历计算，就能够在固定时间里完成每个特征值的计算，这使得训练和检测的速度得到大大的提升。Viola 系统中用到的 Haar-like 矩形特征库由 Papageorgiou 提出，该特征库中包括了 4 种形式的特征。

扩展的 Haar-like 矩形特征是由 Rainer Lienhart 等提出的矩形特征，是对最早提出的 Haar-like 矩形特征进行的扩展。其中加入了旋转 45°角的矩形特征，与此同时，Rainer Lienhart 等还提出了一种针对扩展 Haar-like 矩形特征的快速计算方法。

② Adaboost 算法。Adaboost 算法通过重新分配样本权重的方法，将多个弱分类器组成一个强分类器。给定一个样本集合 $\{(x_1,y_1),(x_2,y_2),\cdots,(x_n,y_n)\}$，其中 $x$ 为输入样本向量，$y$ 为输出结果，取 $y\in(0,1)$，$y_1=0$ 为负样本（非检测目标），$y_1=1$ 为正样本（检测目标）。在具体实现上，最初每个样本的权重都相等，对于第 $k$ 次迭代操作，就根据这些权重来选取样本，进而训练分类器 $C_k$，然后根据这个分类器来提高被它错分的样本的权重，并降低可以被正确分类的样本权重，之后权重更新过的样本集被用来训练下一个分类器 $C_{k+1}$。就按这种方式对训练样本集合进行 $T$ 轮训练，随着级次的增加，弱分类器数量也随之增加，用于在制定的正确检测率下达到期望的正确率。

③ 级联分类器。利用 Adaboost 算法对样本集进行训练后得到一个包含很多弱分类器的集成分类器，若对所有弱分类器进行计算，其计算速度会变得很慢。因此为了加快目标检测的速度，目标检测器采用了级联分类器结构。该结构将一系列单级分类器级联起来，当被判断为非检测目标时，该目标窗口立即被排除。每级分类器在进行训练的时候都会被设成较高的检测率和中等的虚警率，将这些分类器级联起来后可以达到极低的虚警率和较高的检测率。级联分类器的结构如图 5-20 所示。

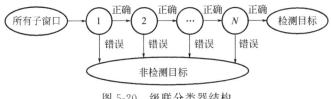

图 5-20　级联分类器结构

通过级联分类器结构可以得出级联分类器的最终检测率为：

$$D = \prod_{i=1}^{k} d_i \tag{5-19}$$

式中，$d_i$ 为每级分类器的检测率；$k$ 为级联分类器的级数。

级联分类器的最终虚警率为：

$$F = \prod_{i=1}^{k} f_i \tag{5-20}$$

式中，$f_i$ 为每级分类器的虚警率；$k$ 为级联分类器的级数。

若采用 $d_i = 0.995$，$f_i = 0.5$，$k = 10$，那么整个级联分类器的检测率为 0.95，虚警率为 $9.76 \times 10^{-4}$，随着级数的增大，级联分类器的检测率下降，虚警率也会下降。

级联分类器结构有两个比较重要的优点：

① 在目标检测的时候，目标一般不大，其他为背景图片，因此可以通过级联结构前面几级简单的分类器进行排除，大大提高了后续的检测速度；

② 在每次训练新的单级分类器时，用前面训练得到的分类器进行图片虚警的检测，并将这些虚警作为下一级的负样本，这样有利于进一步调整分类器的阈值，从而提高分类器的精度。

另外，级联分类器结构对每级分类器的形式没有限制，可以采用支持向量机（SVM）分类器或者其他分类器，只要每级分类器训练结束后能够满足预先指定的检测率和虚警率即可。由于 Adaboost 算法在满足一定检测率的前提下可以通过逐步增加弱分类器的方式，逐步降低虚警率，所以目前的实际系统一般采用 Adaboost 算法来训练单级分类器。

**(4) 目标检测**

基于统计学习方法的目标检测，需要采集大量的样本，而且要求样本多样化，同时也要能够从所有样本中找到共同特征。利用机器学习的方法则可以通过计算机统计样本特征提取出一个优化的分类器，然后利用该分类器在图像中进行搜索从而检测出目标。基于统计学习的方法其性能取决于机器的学习能力以及训练样本对其实际特征值概率分布的表达能力。如图 5-21 所示为基于统计学习的目标检测方法系统结构。

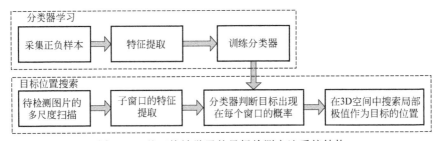

图 5-21　基于统计学习的目标检测方法系统结构

基于统计学习的目标检测方法主要包括两个模块：分类器学习和目标位置搜索。其中分类器学习主要包括三个模块：采集正负样本、特征提取和训练分类器。目标位置的搜索方法有很多种，通常采用对待检测图片进行多尺度扫描，对其子窗口进行特征提取，通过学习后的分类器检测每个搜索窗口而获得目标的具体位置。训练数据包括正样本（positive sample）和负样本（negative sample）。采集正样本在采集样本中通过手工标定的方式获得，并通过归一化处理，图 5-22 所示为部分汽车正样本。对采集到的样本需要进行分类，按照不同的车型，如三厢小车、两厢小车、客车、卡车、SUV、微型客车（面包车）等类别进行样本的存放，训练样本库需要对不同车型样本进行综合，从不同的汽车成像角度、不同的汽车姿态进行训练样本集建立。图 5-22 的前三行样本为本车道左方行驶的汽车，在图像中存在一定的向右旋转角度；中间三行样本为本车道正前方行驶的汽车，在图像中基本不存在或存在很微小的旋转角度；后三行样本为本车道右方行驶的汽车，在图像中存在一定的向左旋转角度。负样本可以通过在采集样本中随机抽取（不能包含检测目标）或 Bootstrapping 方法获取。

图 5-22　部分汽车正样本

　　Bootstrapping 方法首先通过正样本与随机抽取负样本完成第一次训练后，获得一个分类器，再通过该分类器对图像进行检测，提取检测中产生的虚警目标，然后将虚警目标作为负样本，再一次完成样本训练。

　　特征提取的目的是将训练样本映射到某个特征空间，缩小同类的特征距离，增大不同类间的特征距离，方便通过简单的分类器进行分类。特征提取后可以用监督学习的方法，学习得到两类问题的分类器，用来判断目标出现在某一位置的概率。在待测图像中，目标可能出现在图像的任意位置，而且大小随机，因此在检测过程中一般采用金字塔式的穷尽搜索法进行搜索窗口的特征计算，最终完成目标的检测。图 5-23 所示为原始图像按照预定尺度步长逐步缩小，直到达到预先设定的尺度或者小于模板为止。

图 5-23　目标检测的金字塔搜索方法

　　完成样本归一化后，可以对正负样本进行训练，其基本训练流程是通过对特征的选择，设置训练参数，载入正负样本，穷尽搜索样本矩形特征，统计出具有统计特性的矩形特征组成一个强分类器，其训练流程图如图 5-24(a) 所示，其检测流程图如图 5-24(b) 所示。

　　该算法只对行驶车道上前方汽车进行检测，图 5-25 所示为部分帧的检测结果。从图 5-25(a) 激光雷达视图可以看出不同类别的候选矩形框，将候选汽车尾部数据投影至图像，获得候选汽车与地面相接触的交界线。通过对交界线进行扩展而形成感兴趣区域，如图 5-25(b) 所示。检测结果如图 5-25(c) 所示。

## 5.4.2　视觉与毫米波雷达融合检测

### (1) 摄像机和毫米波雷达联合标定

　　联合标定涉及的平面坐标系包括毫米波局部坐标系、摄像机局部坐标系、车体局部坐标系，在联合标定之前需要定义其各自的坐标系。多传感器数据融合涉及毫米波局部坐标系与摄像机局部坐标系的相互转换，数据处理结果需要统一转换到车体局部坐标系，提供给避障控制模块作为决策分析的依据。

　　毫米波雷达安装于车头正中间位置，水平居中，雷达下边缘距离地面高度 55cm。毫米波局部坐标系和车体局部坐标系都属于笛卡儿坐标系且单位一致，

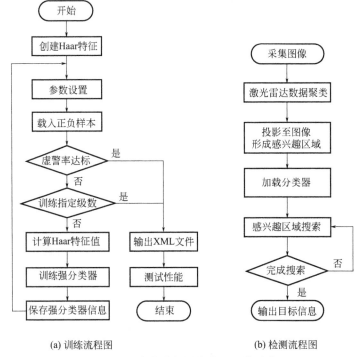

(a) 训练流程图　　　　　　(b) 检测流程图

图 5-24　强分类器的训练流程和检测流程

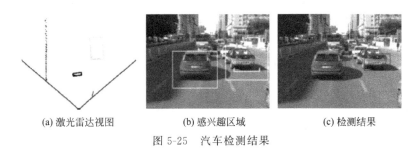

(a) 激光雷达视图　　　(b) 感兴趣区域　　　(c) 检测结果

图 5-25　汽车检测结果

因而，在实际标定过程中，只需考虑这两个坐标系之间的平移变换。

　　在标定时，通过多次测量得到毫米波局部坐标系与车体局部坐标系的相对位置关系。试验采用的摄像机为广角摄像机，图像分辨率为 $780 \times 580$ 像素，安装于汽车平台顶部向前前视视角。摄像机局部坐标系与车体局部坐标系标定所需器材包括：锥桶 4 个、卷尺 1 把等。摄像机局部坐标系与车体局部坐标系标定采用透视变换。透视变换亦称为投影映射，是将摄像机视角投影到一个新的视角平面，即车体局部坐标系平面，该平面亦称为鸟瞰图。透视变换公式如式（5-21）所示。

$$\begin{bmatrix} x' & y' & z' \end{bmatrix} = \begin{bmatrix} u & v & w \end{bmatrix} \begin{bmatrix} a_{11} & a_{12} & a_{13} \\ a_{21} & a_{22} & a_{23} \\ a_{31} & a_{32} & a_{33} \end{bmatrix} \tag{5-21}$$

其中，$(u, v)$ 对应摄像机采集的摄像机局部坐标系平面，$v=1$ 用于矩阵计算。变换后的车体局部坐标系平面定义为 $(x, y)$，满足 $x=x'/w'$，$y=y'/w'$。

矩阵 $\begin{bmatrix} a_{11} & a_{12} & a_{13} \\ a_{21} & a_{22} & a_{23} \\ a_{31} & a_{32} & a_{33} \end{bmatrix}$ 称为变换矩阵，可以拆分成 4 部分，$\begin{bmatrix} a_{11} & a_{12} \\ a_{21} & a_{22} \end{bmatrix}$ 表示线性变换，如尺度变换、剪切、旋转变换等；$\begin{bmatrix} a_{31} & a_{32} \end{bmatrix}$ 表示平移变换；$\begin{bmatrix} a_{13} & a_{23} \end{bmatrix}$ 表示透视变换；$a_{33}=1$。

将式(5-21)展开，得到对应的车体局部坐标系下的位置关系，如式(5-22)所示。

$$\begin{cases} x = \dfrac{x'}{w'} = \dfrac{a_{11}u + a_{21}v + a_{31}}{a_{13}u + a_{23}v + a_{33}} \\ y = \dfrac{y'}{w'} = \dfrac{a_{12}u + a_{22}v + a_{32}}{a_{13}u + a_{23}v + a_{33}} \end{cases} \tag{5-22}$$

变换矩阵中共有 8 个未知数（$a_{33}=1$ 已知），根据式(5-22)，利用 4 组对应点就可以求得变换矩阵。

试验过程中，将试验汽车沿道路延伸方向打正后停正，以汽车宽度为横向基准，在距离车体后轴中心 15m 和 30m 处分别摆放两只锥桶，使 4 只锥桶在车体局部坐标系下为矩形分布，如图 5-26(a) 所示。

(a) 摄像机平面　　　　　　　　(b) 车体局部坐标系平面

图 5-26　透视变换标定图

以车体后轴中心为参考原点，通过实际测量得到 4 只锥桶在车体局部坐标系下的位置，并在图像局部坐标系中找到对应锥桶所在的位置，如表 5-1 所示。

表 5-1  透视变换标定数据

| 锥桶序号 | 车体局部坐标系位置/m | 摄像机局部坐标系位置/像素 |
| --- | --- | --- |
| 1 | (－0.86,15.00) | (323,246) |
| 2 | (0.86,15.00) | (284,246) |
| 3 | (－0.86,30.00) | (287,311) |
| 4 | (0.86,30.00) | (415,311) |

注：试验汽车平台宽度（左右轮距）为1.72m。

依据4只锥桶在两个坐标平面下对应的位置关系，求出车体局部坐标系与摄像机局部坐标系的透视变换矩阵及逆透视变换矩阵，即可完成数据在两种坐标系下的相互转换。进而，根据毫米波局部坐标系与车体局部坐标系的关系，可实现数据在三个坐标平面之间的相互转换，供后续的数据融合处理使用，图 5-26(b)所示为摄像机坐标平面经透视变换得到的鸟瞰图。

**（2）汽车检测算法设计**

基于汽车在摄像机图像中的特点，在检测过程中，考虑到汽车特征稳定，不会发生形变，整体对称特征和边缘梯度特征明显，一开始利用毫米波雷达检测汽车的大体位置，将检测到的汽车坐标投影变换到图像上，确定汽车感兴趣区域。再选用 Adaboost 分类算法对汽车模型的类 Haar 特征进行训练，快速得到汽车的粗分类结果，即获取汽车感兴趣区域内疑似汽车候选块。然后利用支持向量机对 HOG 特征进行训练，实现汽车的有效检测，算法流程如图 5-27 所示。

(a) 汽车感兴趣区域          (b) 类Haar+Adaboost粗检测          (c) HOG+SVM判别

图 5-27  汽车检测算法流程

# 第6章

# 无人驾驶的定位导航

无人驾驶汽车定位导航技术用来提供汽车的位置、姿态等信息，它是无人驾驶汽车行驶的基础。定位的目的是让无人驾驶汽车找到自身确切位置，定位导航技术是整个无人驾驶技术的核心。在日常生活中，我们一直使用谷歌、百度、高德以及其他地图来确定自己的位置，其实质就是使用了卫星导航技术，手机终端接收卫星导航电文进行解算，计算出你此刻的位置。但卫星导航定位精度误差在 10m 左右，这对于无人驾驶是致命的，完全不能满足无人驾驶的需求。如果驾驶的周围环境复杂，过桥洞，接收不了导航信号，遮蔽严重，如高楼、山脉，会产生多径效应，导航的精度可能会更差。所以无人驾驶系统不能完全依赖卫星导航系统，需要借助其他方式方法来提高汽车在地图上的位置精度，这就要配合高精地图，融合惯导和视觉等技术。

无人驾驶汽车定位导航技术包括卫星导航定位技术、航迹推算定位技术、卫星导航航迹推算组合定位技术，以及近两年得到广泛应用的网络差分定位技术和视觉定位技术。

## 6.1 全球卫星导航定位

需要说明的是卫星导航技术依然是无人驾驶导航定位的主要手段。具有全球导航定位功能的卫星定位导航系统称为全球卫星导航系统（global navigation satellite system，GNSS），它是一个能在地球表面或近地空间的任何地点为适当装备的用户提供 24 小时、三维坐标和速度以及时间信息的空间无线电定位系统。目前，世界上知名的全球卫星导航系统包括美国的全球定位系统（global positioning system，GPS）、俄罗斯的 GLONASS、欧盟的伽利略定位系统和中国的北斗卫星导航系统。下面以应用广泛的 GPS 系统为例介绍。

### 6.1.1 GPS 定位的基本原理

GPS 系统主要有三大组成部分：空间部分、地面监控系统和用户设备部分。GPS 的空间部分由 24 颗卫星组成（21 颗工作卫星、3 颗备用卫星），它位于距地表 20200km 的上空，均匀分布在 6 个轨道面上（每个轨道面 4 颗），轨道倾角为 55°。卫星的分布使得在全球任何地方、任何时间都可观测到 4 颗以上的卫星，并能在卫星中预存导航信息。GPS 的卫星因为大气摩擦等问题，随着时间的推移，导航精度会逐渐降低。地面监控系统由监测站、主制站、地面天线所组成。地面监控系统负责收集由卫星传回的信息，并计算卫星星历、相对距离、大气校正等数据。用户设备部分即 GPS 信号接收机，其主要功能是通过跟踪捕获到的卫星的截止角选择待测卫星，并跟踪这些卫星的运行。当接收机捕获到跟踪的卫星信号后，就可测量出接收天线至卫星的伪距离和距离的变化率，解调出卫星轨道参数等数据。根据这些数据，接收机中的微处理计算机就可按定位解算方法进行定位计算，计算出用户所在地理位置的经纬度、高度、速度、时间等信息。接收机硬件和机内软件以及 GPS 数据的后处理软件包构成完整的 GPS 用户设备。GPS 接收机的结构分为天线单元和接收单元两部分。

卫星导航原理极其简单，就是"三球交汇原理"，用户测量出已知位置的卫星到用户接收机之间的距离，在时间高精度同步的前提下，理论上接收机观测到三颗以上卫星即可实现定位。如图 6-1 所示。

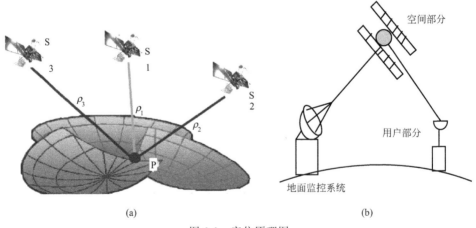

(a)　　　　　　　　　　　　　　　　(b)

图 6-1　定位原理图

GPS 定位的基本原理是以高速运动的卫星瞬间位置作为已知的起算数据，并基于到达时间（time of arrival，TOA）原理或者载波相位原理测量观测点与 GPS 卫星之间的距离，最后采用空间距离后方交会的方法，估计观测点的位置。

假设卫星 j 发射信号时的 GPS 时刻和卫星钟时刻分别用 $t_G^j$ 和 $t^j$ 表示，而接收机收到该卫星信号时的 GPS 时刻和接收机钟时刻分别用 $T_G$ 和 $T$ 表示，那么卫星信号的传播时间就可由 $\tau^j = T_G - t_G^j$ 给出。然而，由于实际上测得的量只有 $T - t^j$，因此，卫星时钟偏差 $\Delta t^j$ 和接收机的时钟偏差 $\Delta t$ 就可以分别由式(6-1)、式(6-2) 得到，即

$$\Delta t^j = t^j - t_G^j \tag{6-1}$$

$$\Delta t = T - T_G \tag{6-2}$$

则有

$$T^j = (T_G - t_G^j) + \Delta t - \Delta t^j \tag{6-3}$$

由于实际的信号传播过程中存在电离层时间误差 $\Delta t_{ion}^j$、对流层时间误差 $\Delta t_{tro}^j$ 和多路径延迟时间误差 $\Delta t_{mp}^j$ 等，因此，式(6-3) 可重写为：

$$T^j = (T_G - t_G^j) + \Delta t - \Delta t^j + \Delta t_{ion}^j + \Delta t_{tro}^j + \Delta t_{mp}^j \tag{6-4}$$

在式(6-4) 的基础上，两边同乘以光速 $c$，可以得到 GPS 定位的基本观测方程：

$$\rho^j = R^j + c\Delta t - c\Delta t^j + c\Delta t_{ion}^j + c\Delta t_{tro}^j + c\Delta t_{mp}^j \tag{6-5}$$

式中，$R^j = \sqrt{(x-x^j)^2 + (y-y^j)^2 + (z-z^j)^2}$，为接收机与观测卫星 j 之间的几何距离；$(x,y,z)$、$(x^j,y^j,z^j)$ 分别为接收机和卫星 j 在地心空间直角坐标系中的三维坐标；$\rho^j$ 为测量得到的 $R^j$ 的观测量，其与真实距离 $R^j$ 往往不同，所以常称为"伪距"。由于可以通过地面监控系统对卫星钟差 $\Delta t^j$ 进行测定，同时通过卫星播发导航电文的方式可以将卫星钟差、电离层和对流层传播延迟等信息提供给用户，因此式(6-5) 仅有 $x$、$y$、$z$、$\Delta t$ 4 个未知量需要求解。由此可以知道，至少需要同时拥有 4 颗卫星的观测数据，才能解算出定位信息。

## 6.1.2 GPS 定位特性分析

### (1) GPS 定位系统的连续性

由于 GPS 定位系统是基于两点测距原理，至少需要 4 颗卫星和接收机处于通视状态，同时过低的卫星仰角也会加大大气传播误差而明显降低定位精度。因此，可观测到的卫星数目能够在一定程度上反映出 GPS 定位系统的连续性。

为了清晰地认识 GPS 定位系统的连续性，以环境因素作为依据选择了几处具有代表性的区域采集 GPS 信号，如建筑密集区和建筑稀疏区。通过以 GPS 接收机可观测到的 GPS 卫星数目作为指标来分析 GPS 定位系统的连续性。

**（2）GPS 定位系统的实时性**

GPS 定位系统的实时性主要体现在 GPS 接收机更新有效定位数据的频率。卫星广播星历频率、GPS 接收机完整捕获至少 4 颗卫星星历信号的时间跨度和 GPS 接收机解算定位数据所需时间等都会制约 GPS 接收机更新有效定位数据的频率。同时 GPS 接收机需要输出大量的完整定位数据，并且这些数据往往都是通过串行形式输出，因此这也在一定程度上限制了 GPS 接收机的更新频率。

**（3）GPS 定位系统的误差特性**

由 GPS 的定位原理可知，其准确的解算定位数据需要满足三个前提假设：准确的测量卫星信号的传输时间、卫星信号的传输速度已知且恒定和卫星信号沿直线传输。实际中任何不满足上述假设的因素都将产生测距误差，从而影响 GPS 的定位精确性。下面介绍影响 GPS 定位精度的主要因素。

① 接收机噪声。接收机噪声一般可以认为是白噪声，主要指在处理伪码和载波测量信号时产生的误差。接收机噪声的大小为波长的 $0.5\%$。

② 多路径误差。多路径误差主要由 GPS 接收机周围的地形、地物和各种建筑物等反射体引起，从而造成许多反射波叠加到接收机通道中，引起测距误差，如图 6-2 所示。

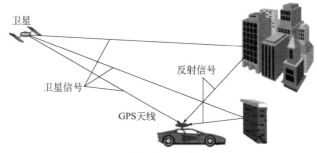

图 6-2  接收机多路径误差

③ 电离层和对流层延迟误差。电离层中大量自由离子的存在，影响 GPS 信号在电离层中的传播，导致传播速度不一致，这种不一致就会产生测距误差。对流层是一个中性的区域，GPS 在对流层中传播时会受到压力、温度和湿度等因素的影响，产生传播延迟。由于在相近的区域，对流层内的状态一致，因此采用特殊的技术可以补偿对流层导致的定位误差。

④ 接收机时钟差。接收机时钟差是指接收机钟时相对于 GPS 参考时之间的偏差。其误差取决于钟漂的大小。由于钟差与接收机大小有关，同一接收机观测的全部卫星对应于相同的钟差参数，所以在解算位置参数时可以一并估计此项误差。另外，通过采用差分定位（differential global positioning system，DGPS）等方法对观测量进行求差处理，也可以消除此项误差的影响。

⑤ 星历误差。只有准确地获得卫星的位置，GPS 接收机才能计算用户位置。然而，一旦星历在传播过程中出现错误，就会产生星历误差。这种星历误差将会引起用户位置随着时间而产生误差累积。

GPS 定位系统的定位效果是上述 GPS 的连续性、实时性和误差特性等三种定位特性综合作用的结果。

### 6.1.3　差分 GPS

**（1）差分 GPS 定位技术**

为了提高定位的精度，通常采用差分 GPS 技术进行汽车的定位。由于差分 GPS 定位方法能够完全消除多台接收机共有的误差，如卫星钟误差、星历误差，还能够消除大部分诸如电离层和对流层传播的延迟误差，因而能够比单点定位显著地提高定位精度。差分 GPS 系统由基准站、数据传输和移动站组成。其工作过程是：在用户 GPS 接收机附近设置一个已知精度坐标的差分基准站，基准站的 GPS 接收机连续接收 GPS 卫星信号，将测得的位置与该固定位置的真实位置的差值作为公共误差校正量，然后通过无线数据传输将该校正量传送给移动站的接收机，移动站的接收机用该校正量对本地位置进行校正，最后得到厘米级的定位精度。根据差分 GPS 基准站发送信息方式的不同可以将 GPS 差分定位分为三类：位置差分、伪距差分和载波相位差分。这三种差分的工作原理是一样的，都是基准站给移动站发改正数，移动站用此改正数来修正自己的测量结果，从而获取精确的定位结果。不同的是，所发送改正数的具体内容不一样，其差分定位精度也不同。

① 位置差分：是最简单的差分方法，适用于所有 GPS 接收机。位置差分要求基准站与移动站观测完全相同的一组卫星，其改正数为位置改正数，即基准站上的接收机对 GPS 卫星进行观测，确定出测站的观测坐标，测站的已知坐标与观测坐标之差就是位置改正数。

② 伪距差分：是目前用途最广的一种定位方法，它利用基准接收机的已知坐标解算基准接收机至各导航卫星间的距离（伪距），并将其与含有误差的伪距测量值进行比较，然后通过算法、数据处理等解算出各卫星的伪距误差，再将所有卫星的伪距误差发送给用户接收机。用户接收机利用此伪距误差来改正伪距观测结果，进而利用改正后的伪距求解自身的三维坐标。

③ 载波相位差分：又称为实时动态（real-time kinematic，RTK）定位技术，是建立在实时处理两个测站的载波相位基础上的。实现载波相位差分 GPS 的方法分为两类：修正法和差分法。前者与伪距差分相同，基准站将载波相位修正量发送给移动站，以改正其载波相位，然后求解坐标。后者将基准站采集的载波相位发送给移动站进行求差解算坐标。前者为准 RTK 技术，后者为真正的

RTK 技术。

差分定位原理图如图 6-3 所示。RTK 是实时处理两个测站载波相位观测量的差分方法，将基准站采集的载波相位发送给用户接收机，进行求差解算坐标。RTK 能够提高卫星导航的定位精度，达到厘米级。基本原理十分简单，在一定的区域范围内，两个卫星导航终端接收机都距离不远，那么两者的信号将具有几乎相同的误差，如果能精确地计算出第一个接收机的误差，我们就可以对第二个接收机的结果进行修正。这样做大大提高了导航定位的精度。目前，也是无人驾驶的通用技术之一。

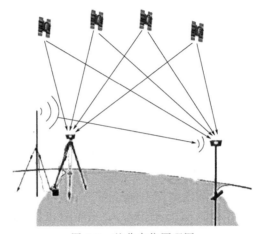

图 6-3   差分定位原理图

RTK 技术是一种将 GPS 与数传技术相结合，实时解算进行数据处理，在短时间内得到高精度位置信息的技术。但是 RTK 技术有一定局限性，使得其在应用中受到限制，主要表现为：

① 用户需要架设本地的参考站（基准站）；

② 误差随距离增加而增长；

③ 误差增长使流动站和参考站距离受到限制；

④ 可靠性和可行性随距离增加而降低。

**（2）网络差分定位技术**

网络差分定位技术采用虚拟参考站技术（virtual reference station，VRS），VRS 最大意义在于它能克服 RTK 的局限性，扩展 RTK 的作业距离。

VRS 是集 Internet 技术、无线通信技术、计算机网络管理和 GPS 定位技术于一身的系统。VRS 系统包括三部分：控制中心、固定参考站和用户部分。

① 控制中心。控制中心是整个系统的核心。既是通信控制中心，也是数据处理中心。它通过通信线与所有的固定站通信，通过无线网络与移动用户通信。

由计算机实时系统控制整个系统的运行，所以控制中心的软件既是数据处理软件，也是系统管理软件。

② 固定参考站。固定参考站是固定的 GPS 接收系统，分布在整个网络中，一个 VRS 网络可包括无数个站，但最少要 3 个站，站与站之间的距离可达 70km（传统高精度 GPS 网络，站间距离一般为 10～20km）。固定参考站与控制中心之间有通信线相连，数据实时传送到控制中心。

③ 用户部分。用户部分就是用户的接收机，加上无线通信的调制解调器。根据自己的不同需求，放置在不同的载体上。接收机通过无线网络将自己初始位置发给控制中心，并接收控制中心的差分信号，生成厘米级的位置信息。

与常规 RTK 不同，VRS 网络中，各固定参考站不直接向移动用户发送任何改正信息，而是将所有的原始数据通过数据通信线发给控制中心。同时，移动用户在工作前，先向控制中心发送一个概略坐标，控制中心收到这个位置信息后，根据用户位置，由计算机自动选择最佳的一组固定基准站，根据这些站发来的信息，整体地改正 GPS 的轨道误差，电离层、对流层和大气折射引起的误差，将高精度的差分信号发给移动站。这个差分信号的效果相当于在移动站旁边，生成一个虚拟的参考基站，从而解决了 RTK 作业距离上的限制问题，并保证了用户的精度。图 6-4 为一种网络差分定位解决方法示意图。

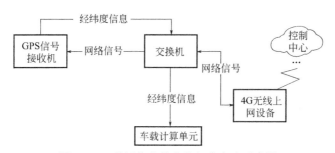

图 6-4　一种网络差分定位解决方法示意图

# 6.2　GPS/DR 组合定位

基于低成本的单点 GPS 定位方法在汽车定位与导航中应用日趋广泛，其不仅能够提供汽车的绝对坐标，而且数据误差不随时间而累积。但其应用于无人驾驶汽车导航定位的主要缺点是数据输出频率低、动态环境中可靠性差、易受到外界环境的干扰等，尤其是在高楼林立的城市，或者汽车通过隧道及立交桥时，GPS 卫星信号将很差甚至中断而无法满足定位要求。为保证汽车定位的连续性和可靠性，就需要其他的辅助手段。

航迹推算（dead reckoning，DR）技术利用汽车航向、速度和里程计等传感器的信息自主地推算出汽车相对于起始点的位置，它依靠载体自身设备独立进行定位。在短时间内能够保持较高的精度，且有较好的抗干扰性。但是由于传感器本身存在随机漂移和随机误差，在推算过程中定位误差将随时间而累积。

GPS 和 DR 定位技术有着很好的互补性，一方面，GPS 输出的绝对位置信息不仅能够为 DR 提供初始的位置信息，同时也可以周期性地纠正 DR 的累积误差；另一方面，DR 输出的高频定位结果可用于补偿 GPS 的定位盲区，从而平滑定位轨迹。因此，将两种定位方法进行合理的组合，充分利用二者定位信息的互补性，就能够获得比单独使用一种方法时高的定位精度和可靠性。

GPS/DR 组合导航综合了两者的优势，将 GPS 的全局位置信息和航迹推算的连续定位信息融合在一起，得到更好的定位结果。在汽车中常用的 DR 方式包括汽车的轮式里程计和惯性导航系统（inertial navigation system，INS）。轮式里程计靠测算车轮的速度来估计行驶距离，而惯性导航系统通过内部的陀螺仪和加速度计来估算载体的位置和速度。当前无人驾驶汽车中最常用的导航定位方式即是 GPS/INS 组合导航系统。然而上述组合导航仍然存在一些问题，首先，GPS/DR 的组合导航方式并没有从根本上解决当 GPS 信号被长时间遮挡时定位不准的问题。当汽车行驶在有较高遮挡物的环境中时，卫星发射的信号可能会被阻断，这时组合导航只能依靠航迹推算的方式进行导航定位，由于 DR 固有的累积误差，在长期定位时必然会导致定位严重偏离，即使 GPS 信号再次出现，也会造成定位的大幅度跳动。其次，一套组合导航系统需要十几万元甚至几十万元，这对于一辆汽车的成本来说太过昂贵，不利于无人驾驶技术的普及。

## 6.2.1 航迹推算（DR）定位

航迹推算作为一种经典的定位算法之一，已广泛应用到汽车定位系统中。通常情况下，汽车的运动空间可以近似看作二维空间 $(e, n)$（$e$ 为局部平面坐标系的东向位置坐标，$n$ 为局部平面坐标系的北向位置坐标）。因此，已知汽车的起始点 $(e_0, n_0)$ 和初始航向角 $\theta$，根据实时获取的汽车行驶距离和航向角的变化，可以推算出汽车的位置。航迹推算的原理如图 6-5 所示。

由图 6-5 可知：

$$e_1 = e_0 + d_0 \sin\theta_0 \tag{6-6}$$

$$n_1 = n_0 + d_0 \cos\theta_0 \tag{6-7}$$

$$e_2 = e_1 + d_1 \sin\theta_1 = e_0 + d_0 \sin\theta_0 + d_1 \sin\theta_1 \tag{6-8}$$

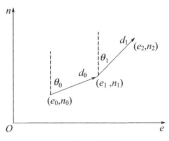

图 6-5　航迹推算原理

$$n_2 = n_1 + d_1\cos\theta_1 = n_0 + d_0\cos\theta_0 + d_1\cos\theta_1 \tag{6-9}$$

可得：

$$e_k = e_0 + \sum_{i=0}^{k-1} d_i\sin\theta_i \tag{6-10}$$

$$n_k = n_0 + \sum_{i=0}^{k-1} d_i\cos\theta_i \tag{6-11}$$

$$\theta_k = \sum_{i=0}^{k-1} \theta_i \tag{6-12}$$

式(6-6)~式(6-12) 中，$d$ 为汽车行驶距离；$i$ 为航迹变量；$k$ 为航迹变化次数。

当采样周期恒定且采样频率足够高时，可以近似认为在采样周期内汽车的加速度接近于 0，以上公式可记为：

$$e_k = e_0 + \sum_{i=0}^{k-1} v_i T\sin\theta_i \tag{6-13}$$

$$n_k = n_0 + \sum_{i=0}^{k-1} v_i T\cos\theta_i \tag{6-14}$$

$$\theta_k = \theta_0 + \sum_{i=0}^{k-1} \theta_i \tag{6-15}$$

式中，$v_i$ 为在第 $i$ 个采样周期时刻测量的汽车纵向速度，在每一个采样周期内，$v_i$ 基本上是常量；$T$ 为采样周期时长；$k$，$i$ 为采样周期数。

## 6.2.2　GPS/DR 组合方式

设计 GPS 和 DR 两种定位系统的信息组合方案是实现二者组合定位以获得最优组合定位结果的核心问题。在汽车定位中有两种常用的组合方案：切换式组合和数据滤波融合组合。

**（1）切换式 GPS/DR 组合定位**

切换式组合定位的原理如图 6-6 所示。定位系统首先根据 GPS 观测到的卫星数和卫星几何分布结构（GDOP），确定 GPS 信号是否有效。当 GPS 信号有效时，系统工作于 GPS 定位模式。同时利用 GPS 输出的定位信息对 DR 定位系统的初始推算位置进行更新。当 GPS 信号无效时，系统就切换到 DR 定位模式。基于切换式的 GPS/DR 组合定位方法具有结构简单、易于实现、计算量小，同时当卫星信号失效时其能够短时间内提供有效定位等优点。但是由于该方法并没有将 GPS 和 DR 两种系统的信息融合在一起，两者的优点不能得到充分发挥。其次，DR 所需要的初始信息由前时刻的有效 GPS 数据提供，这使得 GPS 数据中的误差被直接传播到了 DR 推算过程中，造成 DR 系统的定位精度下降，缩短了其能够满足定位精度要求的有效工作时间。另外，该方法只能解决卫星遮挡问题，而对于其他原因如多路径效应等造成的 GPS 定位误差则无能为力。

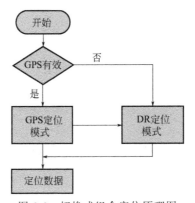

图 6-6　切换式组合定位原理图

**（2）GPS/DR 数据融合组合定位**

GPS/DR 组合的数据融合方法有很多，卡尔曼（Kalman）滤波方法是其中应用最多，也是最为经典的一种。GPS/DR 组合定位中应用 Kalman 滤波方法，就是将 GPS 和 DR 的信息同时用于定位解的推算过程中，使 DR 系统状态在滤波过程中不断得到修正。组合定位的输出又可以提供较为准确的初始位置和方向信息，从而使得在 GPS 失效后，DR 推算的时间和空间的有效性得到提高。

① 松耦合和紧耦合组合定位。根据系统利用 GPS 信息方式的不同，基于 Kalman 滤波器的 GPS/DR 组合可分为松耦合组合定位和紧耦合组合定位两种。松耦合和紧耦合组合定位的原理框图，如图 6-7 所示。松耦合直接利用 GPS 接收机输出的位置 $p$（伪距）和速度 $v$ 信息，与 DR 输出的航向角 $\theta$ 和速度 $v$ 进行数据融合（图 6-7 实线）。紧耦合则利用 GPS 接收机输出的原始信息（如伪距 $\rho$、

伪距率 $\dot{\rho}$ 和星历数据等）和 DR 输出的信息（如速度变化 $\Delta v$ 和航向角变化 $\Delta\theta$）
进行数据融合（图 6-7 虚线）。

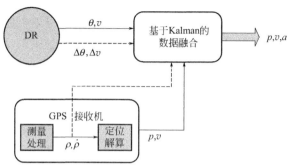

图 6-7　松耦合和紧耦合组合定位原理图

松耦合模式的优点是组合结构简单，系统开发者不需要处理 GPS 原始的观
测信息，两个系统能够独立工作，使得定位系统有一定的冗余度，然而这种简化
也付出了性能上的代价，由于 GPS 输出的位置和速度误差具有时间相关性，将
会对采用 Kalman 滤波器带来一定的难度。紧耦合模式的优点是用伪距、伪距率
等作为观测量，其观测误差可以建模扩充为状态进行估计和矫正，因而可提高组
合精度；同时 DR 输出的信息也可以辅助 GPS 信号的接收和锁相过程，以提高
GPS 的接收精度和动态性能。由于 GPS 只提供伪距、伪距率和星历数据，可省
去导航计算部分，便于和惯导器件进行一体化设计。然而大的计算量和复杂的软
硬件设计将阻碍它的广泛应用。从工程实际的角度，松耦合模式简单易于实现；
紧耦合模式需要 GPS 接收机能够输出原始的伪距等观测信息，而常见的接收机
只能提供解算后的定位信息。

② 互补式组合定位。利用 Kalman 滤波器实现多个传感器的信息融合有两
种途径（图 6-8）：一种是标准的集中式 Kalman 滤波器，另一种是分散式 Kal-
man 滤波器。

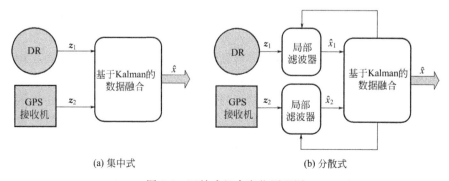

(a) 集中式　　　　　　　　　　　(b) 分散式

图 6-8　互补式组合定位原理图

集中式 Kalman 滤波器就是将各传感器的观测量输入一个单独的数据融合模型中，进行集中处理，理论上可以获得系统的最优估计，但是在实际应用中存在以下缺陷。

a. 集中式 Kalman 滤波器需要系统对所有观测量进行集中处理，导致系统状态维数较高，系统承载的计算量较大，这将严重影响滤波器的动态性能以及实时性能。

b. 对传感器数据进行集中处理也会导致滤波器的容错性能下降。如果其中一个传感器出现较大的数据偏差时，滤波器中的其他状态也可能因为误差的传播而造成污染，使滤波器整体的估计精度和工作稳定性严重下降。

采用分散式滤波技术，可以部分避免或者削弱上述集中式 Kalman 滤波器的缺陷。分散式滤波技术采用一个主滤波器和一组局部滤波器来取代原有的单独的集中滤波器，同时相应的数据处理过程也由两个阶段组成。首先，局部滤波器接收来自对应传感器的信息并进行局部滤波处理，产生局部最优的状态估计；然后，各局部滤波器输出的局部状态估计送入主滤波器进行集中融合处理，产生最终的全局状态最优估计。在分散滤波过程中，由于不同传感器的数据被单独和并行处理，因而减少了计算量，计算效率大大提高。与此同时，局部滤波器的存在也使整个多传感器融合系统的容错能力有所提高。

互补式 Kalman 滤波器实际上是一种特殊的分散式 Kalman 滤波器，它的特殊之处在于其主滤波器是基于误差状态建立的最优估计模块。多个局部滤波器估计的状态差值作为主滤波器的观测量；基于这些观测量，主滤波器输出状态误差的最优估计值，最终确定状态误差估计值。

# 6.3  视觉定位技术

随着计算机视觉技术的发展，人们开始关注视觉技术在定位导航领域中的应用。在视觉定位技术当中，最常见的为视觉里程计（visual odometry，VO）和即时定位与地图构建 SLAM（simultaneous iocalization and mapping）技术。

视觉定位技术简单说来就是对无人驾驶汽车周边的环境进行光学处理，先用摄像机进行图像信息采集，将采集的信息进行压缩，然后将它反馈到一个由神经网络和统计学方法构成的学习子系统，再由学习子系统将采集到的图像信息和机器人的实际位置联系起来，完成机器人的自主导航定位功能。如图 6-9 所示。

视觉里程计 VO 是通过车载摄像机或移动机器人的运动所引起的图像的变化，以逐步估计车辆姿态的过程。视觉里程计 VO 的目标是根据拍摄的图像估计摄像机的运动。它的主要方式分为特征点方法和直接方法。其中，特征点方法目前占据主流，能够在噪声较大、相机运动较快时工作，但地图则是稀疏特征点；

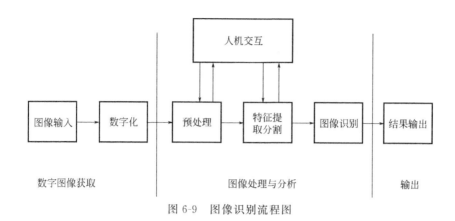

图 6-9　图像识别流程图

直接方法不需要提取特征，能够建立稠密地图，但存在计算量大、鲁棒性不好的缺陷。

　　SLAM 技术可以描述为：机器人在未知环境中从一个未知位置开始移动，在移动过程中根据位置估计和地图进行自身定位，同时在自身定位的基础上建造增量式地图，实现机器人的自主定位和导航。

　　VO 和 SLAM 均是首先通过计算相邻两个时刻摄像机的相对位置变化然后结果累计，得到全局的运动姿态和轨迹。视觉定位技术与 DR 类似，都属于累积推算的局部定位方法，然而与 DR 不同的是，视觉定位技术通过直接累计计算两帧图像间的运动来计算当前载体位置，而 DR 一般是通过已知速度或者加速度来对载体的位置进行推算。因此通过视觉来定位的方法更加直接，相对于 DR 来说漂移也会显著减少，定位也更加准确。从成本的角度来讲，相机的成本要显著低于惯性导航系统。因此，视觉定位技术对于推动自动驾驶汽车的普及和发展具有非同一般的意义。

## 6.3.1　即时定位与地图构建 SLAM

　　在先验地图已知的情况下，无人驾驶汽车可以根据已知地图不断进行自身位置的校正实现精确定位。但在未知环境中，无人驾驶汽车完全没有或只有很少、很不完善的环境知识，无人驾驶汽车对环境的认识就只能通过自身所携带的传感器来获取，并经过信号处理抽取有效信息构建环境地图，环境地图的创建还必须知道无人驾驶汽车在各个观测点的位置。所以，当无人驾驶汽车在一个未知的环境中导航时，就面临着一个两难的问题：为了创建环境地图模型，就需要知道各个时刻的位置；为了定位，需要知道环境的地图模型。两者间相互影响，其各自的性能都会对对方的表现产生作用。因此，需要对两个模型同时进行维护，进行即时定位与地图构建（SLAM）。

**(1) 视觉 SLAM 特性**

SLAM 自 1988 年被提出以来，主要用于研究机器人移动的智能化。对于完全未知的室内环境，配备激光雷达等核心传感器后，SLAM 技术可以帮助机器人构建室内环境地图，助力机器人的自主行走。

SLAM 技术的实现途径主要包括 VSLAM、Wifi-SLAM 与 Lidar SLAM。

① VSLAM（视觉 SLAM）指在室内环境下，用摄像机、Kinect 等深度相机来做导航和探索。简单来说，VSLAM 是一个集合了视觉里程计、构图和重新定位的算法系统。但是，室内的 VSLAM 仍处于研究阶段，远未到实际应用的程度。一方面，计算量太大，对机器人系统的性能要求较高；另一方面，VSLAM 生成的地图（多数是点云）还不能用来做机器人的路径规划，需要进一步探索和研究。

② Wifi-SLAM 指利用智能手机中的多种传感设备进行定位，包括 Wifi、GPS、陀螺仪、加速计和磁力计，并通过机器学习和模式识别等算法利用获得的数据绘制出准确的室内地图。该技术的提供商已于 2013 年被苹果公司收购，苹果公司是否已经把 Wifi-SLAM 的科技用到 iPhone 上，使所有 iPhone 用户相当于携带了一个绘图小机器人，这一切暂未可知。毋庸置疑的是，更精准的定位不仅有利于地图，它也会让所有依赖地理位置的应用（LBS）更加精准。

③ Lidar SLAM 指利用激光雷达作为传感器，获取地图数据，使机器人实现同步定位与地图构建。就技术本身而言，经过多年验证，已相当成熟，但 Lidar 成本昂贵这一瓶颈问题亟待解决。

Google 无人驾驶汽车正是采用该项技术，车顶安装的激光雷达来自美国 Velodyne 公司，售价高达 7 万美元。这款激光雷达可以在高速旋转时向周围发射 64 束激光，激光碰到周围物体并返回，便可计算出车体与周边物体的距离。计算机系统再根据这些数据描绘出精细的 3D 地形图，然后与高分辨率地图相结合，生成不同的数据模型供车载计算机系统使用。激光雷达占去了整车成本的一半，这可能也是 Google 无人驾驶汽车迟迟无法量产的原因之一。

对于 SLAM 最终的定位和构图效果来说，影响算法效果的因素有很多，包括不同的平台、环境和任务需求。不同的平台包括平台运动的类型（是考虑动力性还是最大速度）、可用的传感器（传感器的分辨率和采样频率），以及可用的计算资源。环境因素包括平面环境或是三维环境，自然环境或是城市环境。对于不同的环境来说不同传感器的表现也不一样。不同的任务需求包括对定位准确性的需求、对环境表示类型和准确性的需求、对最大运行时间以及地图最大尺寸的需求。对于现阶段的 SLAM 来说，缓慢运动下的视觉 SLAM 问题基本上已经得到了解决，如月球车、火星探测器等。然而对于快速运动的汽车以及较为复杂的环境，现在的 SLAM 算法还需要进一步改善。

**（2） 即时定位与地图构建 SLAM 关键技术**

即时定位与地图构建 SLAM 从概念上可以划分为前端和后端、建图以及回环检测四个部分。前端的主要作用是计算图像帧与帧间对应的相机姿态的相对位置关系。包括特征提取、特征关联匹配、利用匹配的特征计算位姿。后端的作用主要是对前端的输出结果进行优化，得到最优的位姿估计。前端与后端的关系如图 6-10 所示。

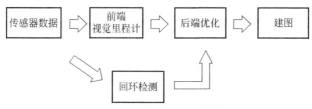

图 6-10　前端和后端示意图

① 特征提取。基于特征的 SLAM 算法是通过两帧间相关联的特征来计算两帧间相机的相对位姿关系的，因此特征提取的好坏会直接影响到 SLAM 算法的表现。一个好的特征应该具有良好的光照不变性和几何不变性，即无论在何种光照条件下和几何投影下同一个特征不能有较大的变化，否则不同帧图像间的特征无法匹配会导致 SLAM 运动估计失败。常用特征包括点特征、直线特征、边缘特征等。由于直线容易被遮挡，而边缘直线的起始点可能不存在，因此绝大多数研究者使用点特征，而将直线特征在结构化环境中作为补充特征。在常用的特征点中，主要可以分为两类：一类叫作角点特征，其定义为两个或者多个区域的交点；另一类叫作图像特征，通过颜色、强度、纹理等信息来划分邻域。

SLAM 算法基本思想是使用一个固定窗口在图像上进行任意方向上的滑动，比较滑动前与滑动后两种情况窗口中的像素灰度变化程度，如果存在任意方向上的滑动，都有着较大灰度变化，那么我们可以认为该窗口中存在角点。

② 特征关联匹配。对于特征关联匹配来说，常用的方法有两种：一种方法是在一张图像上提取特征点，在其他的图像中使用局部搜索的方法来寻找对应的关联特征点；另一种方法是分别在两个图像上检测特征点，然后通过某种相似性度量来对特征点进行匹配。第一种方法比较适用于相邻两帧图像间相机运动较小、像变化不大的情况，这种方法在早期的室内 SLAM 应用场景中使用得较多，随着近年来在室外大规模场景的应用，这种方法已经逐渐无法满足要求。两张图像匹配最简单的方法是遍历图像中所有的特征点计算距离，距离最小的作为匹配点。为了防止出现一对多的匹配结果，使用双向匹配的方法来确定最终的结果。这种方法的缺点是，当特征点数量较多时计算量会显著增大，实用性差。通过建立多维搜索树和哈希表的方法可以提高这种匹配方法的效率。另外一个更快的方

法是可以在第二张图像上期望的区域中来搜索可能的匹配点。期望区域可以通过三维点和建立运动模型的方式得到。汽车的运动可以通过加装额外的传感器获取，如 IMU、轮式里程计和 GPS，也可以通过建立速度连续运动模型，在该模型中假设相邻的两个间隔时间中，相机的运动变化不会发生突变，以此为基础来预测当前时刻的汽车初始位姿。在运动模型已知、三维点未知的情况下，也可以通过极限约束来寻找对应特征点。特征关联匹配如图 6-11 所示。

图 6-11　特征关联匹配示意图

③ 运动估计（计算位姿）。SLAM 问题的一项核心任务就是对相邻两帧图像的运动变化做出估计，从而得到整体的运动轨迹以及当前的运动状态。在得到对应的特征后，就可以计算帧间的相对运动。根据使用的匹配特征点维度的不同，大体上有三种估计方法。第一种，在待计算的两帧图像间的特征点都用二维图像坐标进行表示。这种情况下通过极线约束来建模求解。第二种，待计算的两帧图像中的特征点都使用三维坐标表示。第三种，待计算的两帧图像间，前一张用三维坐标表示，后一张用二维坐标表示。这种情况下通过计算特征点重投影位置的最小误差来得到满足优化函数的解。这个问题被称为 PnP（perspective from n point）问题。在图像算法中，特征点最初被提取的形式就是二维坐标的形式，要得到三维坐标则要进行两帧或多帧之间的匹配来对特征点进行三角化，在这个计算过程中就会带来误差，再利用存在误差的坐标进行计算会进一步带来误差。

④ 后端优化。笼统地讲，后端优化主要指处理 SLAM 过程中噪声的问题。在一个实际的 SLAM 系统中，能够造成噪声的因素有很多，包括传感器的测量误差、传感器的标定误差、特征点位置误差等。为了尽量消除这些误差的影响，必须对前端得到的位置姿态和地图路标位置进行优化。在对 SLAM 问题早期的研究中，优化方式主要采用滤波的方式，将从所有图像中获得的信息按照某种概率分布融合。在后来的研究中，主要采用非滤波的方法，也叫作关键帧法。通过采取全局光束法平差（bundle adjustment，BA）的方法来调整关键帧的位置，使其达到最优。

⑤ 回环检测。回环检测主要解决位置漂移的问题。如果去掉回环检测，则 SLAM 问题就简化成了视觉里程计。在前端对相机的位姿进行估计的过程中，会不可避免地产生漂移，通过回环检测的方式，使得汽车在回到曾经走过的道路

上时可以给汽车位置添加额外的约束，由此来对之前的漂移进行校正。回环检测还有一个作用就是，通过检测到回环可以让计算机理解环境的拓扑结构。这在以获取环境拓扑结构为任务之一的 SLAM 应用场景中具有重要意义。

## 6.3.2　视觉里程计

随着计算机视觉技术的发展，基于视觉技术的里程计技术开始得到人们的广泛关注。这一类方法仅仅依赖于车载摄像机采集到的图像信息，基于摄像机模型与几何学模型等来计算恢复车体本身的 6 自由度运动，包括 3 自由度的旋转和 3 自由度的平移。由于类似于里程计的航迹推算，这种基于图像信息的自运动估计方法称为视觉里程计技术。

**（1）视觉里程计技术**

近年来，车载视觉里程计技术已经获得了许多研究成果。接下来从系统构成的角度，包括所利用的视觉信息类型、摄像机数量、摄像机类型、计算框架、是否与其他传感器融合等 5 个方面对其进行分类，并介绍现有视觉里程计系统的研究进展。

① 离散方法与连续方法。从所利用视觉信息的角度分类，视觉里程计技术主要有基于特征的离散处理方法和基于光流的连续处理方法。早期研究主要是基于光流，利用摄像机拍摄的时间序列图像来估计光流。但它需要对图像亮度恒定性做出严格假设，即认为连续帧图像亮度基本不发生改变。而在实际应用中，由于遮挡性、多光源、透明性和噪声等原因，无法满足光流场的灰度守恒假设条件，不能求解出正确的光流场，同时大多数的光流方法相当复杂，计算量巨大。因此，近年来的研究主要集中在基于特征的离散处理方法。

② 单目视觉与双目视觉。从使用摄像机的个数看，视觉里程计可以分为单目视觉系统和立体视觉系统，其中立体视觉里程计绝大多数指的是双目视觉。在大部分情况下立体视觉的效果要优于单目视觉，最主要原因在于，使用单目视觉会碰到尺度歧义问题，采用立体视觉便不存在。采用双目摄像机在尺度估计方面的优势，能避免复杂的相对姿态求解步骤，以及对运动退化良好的抵抗能力。

根据现在的研究情况，采用单目视觉和立体视觉的方案各有其应用场合。但也有分析认为单纯依靠视觉来进行摄像机姿态估计与运动复原，双目立体视觉才是发展趋势。

③ 普通摄像机与全方位摄像机。从所使用的摄像机类型来看，视觉里程计又可分为普通摄像机系统与全方位摄像机系统。当前大部分算法采用的依然是提供有限视角范围的普通摄像机。对普通摄像机来说，由于全局信息的缺乏，当摄像机姿态变化的幅度超出视野范围时，很容易出现估计的断档和失效。倘若需要对较大幅度的位姿变换进行估计，采用全方位摄像机的优点便凸显出来。对于接

近球面视野的全方位摄像机来说，特征可以在视野中存在更多时间，空间上的扩大也使得特征匹配的正确程度大大提高。

然而，全方位摄像机视野的扩大是以牺牲分辨率为前提的，在需要精度非常高的应用场合采用全方位摄像机的算法仍需改进。

④ 两帧方案与多帧方案。从恢复姿态所需要的图像的帧数来看，视觉里程计系统可以分为两帧方案和多帧方案。其中多帧方案又可以依据计算方式分为"批处理"方式和递归方式两种。视觉里程计中的两帧方案典型地来自 SFM 算法，也就是利用连续两帧图像的特征信息，来求解位姿变换。经典的视觉里程计系统大多基于这种计算框架。

在多帧方案"批处理"算法中应用最广泛的是光束法平差。全局的光束法平差算法是种非常耗时的计算过程，其基本原理是迭代优化摄像机姿态以及点的三维坐标，从而获得最小化所有帧的重投影误差的最优最小二乘解，包括 Levenberg-Marquardt 最小化来求非线性解、高斯牛顿法加梯度下降等都常常采用。光束法平差的计算结果精度非常高，但是计算效率非常低以致无法在实时系统中使用，最初只用于离线仿真和参数优化等。直到关键帧概念被提出，该方法才开始在实时系统中应用。但是关键帧的选择，却又成为该算法中又一个难题，因为：如果两个连续关键帧之间没有足够的相对运动，对极几何约束计算便会成为一个病态问题；如果两关键帧之间间距过长，插值又不能产生精度足够高的计算结果。采用分层算法可以将一个大的图像序列递归地进行分裂直至每个部分都只含有 3 帧图像，然后对每个 3 元组用光束法平差进行计算，从而避免关键帧的选择问题。

另外，光束法平差在众多的两帧算法系统中也得到了应用。这是由于两帧算法是增量式计算姿态的方法，不可避免地会存在累积误差，于是结合多帧方法来作精细化以减小累积误差、增强鲁棒性是一种很好的选择。

多帧方案的递归算法，也就是采用非线性滤波器来对系统进行递归估计。与两帧算法或光束法平差不同，多帧递归算法将非线性问题交给滤波器来作线性化逼近，其中最常用的是扩展 Kalman 滤波（EKF）和无迹 Kalman 滤波（UKF），前者利用高斯分布的特性进行精确的线性化，后者则通过考虑高斯分布的无迹变换获得更好的估计。有研究者认为 UKF 在处理非线性问题中虽然计算效率较低但效果要优于 EKF，因为对高斯分布 UKF 接近于三阶精度而 EKF 仅接近一阶。采用迭代 Sigma 点 Kalman 滤波器，与采用一阶泰勒展开的传统 EKF 相比，基于 Sigma 点均值和方差传播的迭代优化能够获得更佳的估计结果，且收敛速度要快 60 倍。

在多帧递归方案中，一般基于 Kalman 滤波计算框架的系统都在特征匹配时作较强的约束，如极线限制等牺牲特征的数量来降低误匹配的程度，从而跳过异常值的问题。但是递归方案的另一个难题是，特征会消失，也会有新的特征进入。如何为此来改变状态量？针对这个问题，可以相应地采用变状态维数的滤波器或者采用并行的"子滤波器"来应对新进入的特征。

⑤ 纯视觉系统与混合系统。仅仅依靠视觉信息输入的里程计系统称为纯视觉系统。前述的绝大部分视觉里程计系统都属于纯视觉系统。但是对于增量式的两帧视觉里程计的累积误差，除了采用光束法平差外，也可以采用能提供全局定位信息的全球定位系统（GPS），或采用能够提供短期精度高的高频数据的惯性导航元件（IMU）等来改进系统性能。这种依靠其他传感器的辅助视觉进行定位导航的系统称为混合系统，它们大都是基于非线性滤波器，如 EKF、UKF 等的数据融合机制。其中又以摄像机和 IMU 的融合系统应用最为广泛。然而引入附加传感器的做法可能会带来新的问题，如多传感器间位置关系的精确标定、正确的数据融合等。

**（2）关键问题**

经典视觉里程计系统大多基于两帧计算框架。两帧视觉里程计算法的核心算法模块一般包括特征选择与匹配以及基于所选择特征集合的鲁棒运动估计。其中鲁棒运动估计又由从噪声数据中选择内数据和依据理想数据求解方位两个部分组成。

① 特征的选择与匹配。视觉里程计的关键工作之一，就是得到一些稳定鲁棒的特征。用于恢复摄像机位姿的特征应当具有良好的光度不变性和几何不变性。前者是指当两个视角有较大的光线变化时，从对应两帧图像所检测到的特征依然对应相同的三维世界坐标系点。后者则表示特征在任何投影变换后性质不发生改变，如投影变换后的点还是点，直线还是直线。这种几何不变性可以说是基于特征的位姿恢复算法的重要基础。

点特征、线特征、曲线（轮廓）特征都可以用于解算两个视角之间的几何变换关系。其中 Harris 角点和尺度不变特征变换（SIFT）特征点得到了最为广泛的应用。Harris 角点在较大范围的光度变化和几何变换中能够保持良好的不变性，并且在信息丰富度方面的表现非常优秀。许多基于视觉的位姿估计系统都采用了 Harris 角点或其改进版本（FAST 角点等）作为其特征检测的对象。

不过，倘若场景中存在成簇的或是重复的纹理特征时，角点可能会失效，并不是因为它们不具备良好的判别能力，而是在匹配时容易产生误匹配。由于 Harris 角点的这一缺陷，SIFT 特征点更适合应用在视觉姿态恢复系统中。SIFT 特征点对图像的平移变换、尺度变换、旋转变换，一定程度的光照变化、仿射变换或三维投影变换都具有良好的不变性，近来也有许多研究者在他们的系统中采用了 SIFT 特征点。但是 SIFT 特征点的缺点主要在于计算复杂，效率低下。所以，SIFT 特征点更适合于应用在那些对系统频率要求不高的场合。

除了 Harris 角点和 SIFT 特征点之外，应用较多的特征还有 Shi-Tomasi 特征点、加速鲁棒特征（SURF）等。特征检测完成之后，需要对连续帧的特征进行匹配生成可以用于估计姿态的特征集。最简单常用的匹配方案是绝对误差（SAD）和零均值归一化互相关（ZMNCC）。在大部分情况下，前者的效率更高而后者的鲁棒性更佳。当然，不同的特征检测对应不同的特征匹配方法，对 SIFT 特征点来说最合适的匹配方法是最邻近算法。考虑到特征数量一般都非常多，直接搜索最邻近匹配需要大量的计算时间，而用一种基于 k-d 树搜索的 Best-Bin-First 算法来为所有的特征点寻找最佳匹配，比直接搜索节省大量时间。

② 基于噪声数据的内数据提取。在实际中，由特征检测与匹配得到的特征数量远大于求解的需要。并且由于不可避免的误差，得到的特征集合实际是一个噪声数据库。传统的方法是利用所有点做全局直接最小二乘或是更鲁棒的加权最小二乘来求解此超定方程，没有任何抛弃误匹配数据的机制。基于统计学的假设-验证结构算法能够从这样的噪声数据中寻找正确的内数据，正逐渐成为解决该问题的通用方法，其中最常用的就是随机采样一致性（RANSAC）算法。

RANSAC 算法首先从全部的观测数据中选择一定数量的随机集合，然后用每一个随机小特征集进行求解，此前的步骤称为假设生成；最后在全部的观测数据上验证，通过某种函数形式计分，分最高者作为最终结果。与剔除异常值相对应的另一种获得理想特征集的思路是直接用基于最大团的方法检测内数据。

③ 从理想数据库中求解方位。从特征点集计算姿态的问题根据两个视角的数据坐标性质来说包括两类：第一，绝对定向问题，即两个数据点集分别是一个视角的二维图像坐标和另一个视角的三维世界坐标；第二，相对定向问题，即两个数据点集分别是两个视角的二维图像坐标。绝对定向问题和相对定向问题都有最小集直接方法和非最小集方法。其中最小集直接方法，即用能解算约束方程所需的最少特征来求解，一般包括求解相对定向问题的 $N$（$N \geqslant 5$）点算法和求解绝对定向问题的 3 点算法。

# 第7章

# 无人驾驶汽车路径规划

路径规划是根据给定的环境模型，在一定的约束条件下，规划出一条连接汽车当前位置和目标位置的无碰撞路径。

## 7.1 路径规划概述

### (1) 路径规划的作用

路径规划从功能上可分为全局路径规划和局部路径规划。全局路径规划根据已知电子地图和起点、终点信息，采用路径搜索算法搜索出一条最优化的（时间最短、路径长度最短等）全局期望路径。这种规划可以在行驶前离线进行，也可以在行驶中不停地重规划。

在全局路径规划中规划路径均是以全局的大地坐标系为准，因此全局期望路径也是以全局坐标的形式给出。全局规划的作用在于产生一条全局路径指引汽车的前进方向，避免汽车盲目地探索环境。在规划全局路径时，不同的环境下常常会选择不同的择优标准。在平面环境中，通常以路径长度最短或时间最短为最优标准。在越野环境的全局路径规划中，经常以"安全性"为最优标准，该标准同时考虑路径可行宽度和路面不平度来充分保证汽车的运行安全。

局部路径规划中均是以汽车所在局部坐标系为准，这时就需要将全局期望路径根据汽车定位信息转化到汽车坐标中表示，以此作为局部参考路径，为局部路径规划提供导向信息。局部期望路径是无人驾驶汽车未来一段时间内期望行驶路线，因此要求路径上每一点都可以表示汽车状态的信息。局部期望路径可以理解为无人驾驶汽车未来行驶状态的集合，每个路径点的坐标和切向方向就是汽车位置和航向，路径点的曲率半径就是汽车转弯半径。汽车在实际行驶中，位置、航向和转弯半径是连续变化的，那么生成的路径也要满足位置、切向方向和曲率的连续变化。局部路径规划的作用是基于一定的环境地图，寻找一条满足汽车运动学约束和舒适性指标的无碰撞路径。规划出来的局部路径必须具备对全局路径的跟踪能力与避障能力，如基于路径生成与路径选择的局部路径规划方法，路径生成中完成了对全局路径的跟踪，路径选择完成了避障分析。

**（2）路径规划算法分类**

常用的路径规划算法可分为基于采样的路径规划算法以及基于地图的搜索算法两大类。每类路径规划算法又都包含一系列算法。基于采样的路径规划算法很早便开始用于汽车路径规划，比较常见的基于采样的路径规划算法有概率图算法（probabilistic road map，PRM）和快速扩展随机树（rapidly-exploring random tree，RRT）算法。概率图算法使用局部规划算法建立随机状态之间的连接关系，从而抽象出概率图。当给定规划的起始状态和目标状态后，它只需要快速地搜索概率图便可获得路径。然而，这种算法很难在不增加运动空间维数的情形下引进运动约束。快速扩展随机树算法由 Lavalle 和 Kuffner 提出，它最初主要用于解决含有运动学约束的路径规划问题。由于 RRT 算法在状态空间采用随机采样确定扩展的节点，不需要预处理，搜索速度快，尤其在高维规划空间中搜索速度优势尤为明显。因此，这种算法作为一种快速搜索方法在路径规划领域获得了广泛应用。早期主要采用单棵 RRT 进行搜索，之后，为了进一步提高搜索速度及保证算法的完备性，提出了双向 RRT 算法和偏向 RRT 算法。

基于地图的搜索算法通常采用单元分解法或者道路图法建立环境模型，它通过搜索表示环境信息的环境地图获得最终路径。在这类搜索算法中，比较有代表性的有深度优先搜索（depth-first search，DFS）算法、广度优先搜索（breadth-first search，BFS）算法、迭代加深搜索（iterative-deepening search，IDS）算法、等代价搜索（uniform-cost search，UCS）算法和启发式搜索（heuristic search，HS）算法等。深度优先搜索、广度优先搜索、迭代加深搜索和等代价搜索算法使用了回溯技术实施搜索，从起始状态出发沿着树的深度遍历树的节点，尽可能深地搜索树的分支，直至到达目标状态，或者到达一个"死端"。如果发现了目标状态，退出搜索并返回解路径；如果到达的是一个死端，那么便回溯到路径上含有未搜索过的节点的临近节点，并沿着这个分支继续搜索下去。因此，这类算法比较适合于解决环境中节点数目较少情况下的路径搜索问题，当节点数目比较多时，算法搜索速度慢、效率低。而启发式搜索算法在决定节点扩展顺序的估价函数中引入了启发值，即当前节点状态到目标状态之间的估计消耗，从而引导搜索朝向目标状态的方向，避免了盲目搜索，有助于提高算法的搜索效率，因而启发式搜索算法越来越广泛地应用于路径规划。

# 7.2 环境地图表示方法

路径规划主要包含两个步骤：建立包含障碍区域与自由区域的环境地图，以及在环境地图中选择合适的路径搜索算法，快速实时地搜索可行路径。路径规划结果对汽车行驶起着导航作用，它引导汽车从当前位置行驶到达目标位置，图 7-1 中曲线表示了从汽车起始位置到目标位置的一条有效路径。根据不同的表示形式，环境地图表示方法主要分为度量地图表示法和拓扑地图表示法。

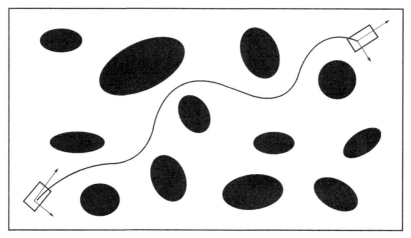

图 7-1 路径规划图

**（1）度量地图表示法**

度量地图表示法采用坐标系中栅格是否被障碍物所占据的方式来描述环境特征，分为几何表示法和空间分解法。几何表示法利用包括点、线、多边形在内的几何图元来表示环境信息，因而可以用数值来表示物体在全局坐标中的位置。几何特征地图更为紧凑，有利于位置估计和目标识别；但其缺点在于环境几何特征提取困难，如圆形特征等。几何特征地图适合于在环境已知的室内环境提取一些简单几何特征，室外环境下几何特征提取困难，运用受到限制。

空间分解法把环境分解为类似于栅格的局部单元，根据它们是否被障碍物所占据来进行状态描述。如果栅格单元被障碍物所占据，则为障碍栅格，反之则为自由栅格。空间分解法通常采用基于栅格大小的均匀分解法和递阶分解法。均匀分解法中栅格均匀分布，占据栅格用数值表示，均匀分解法能够快速直观地融合传感器信息。均匀栅格地图是度量地图路径规划中最常用的表达形式。它把环境分解为一系列离散的栅格节点，所有栅格节点大小统一，均匀分布，栅格用值占据方式来表达障碍物信息。例如，在最简单的二值表示法中，1 表示障碍栅格，

禁止通行；0 表示自由栅格，可通行。图 7-2 为均匀栅格地图表示法，黑色区域
不可通行，白色区域可通行，由图可知起始栅格与目标栅格都是自由栅格。每个
栅格都对应相应坐标值，坐标值就表示无人驾驶汽车在栅格地图内的当前位置。

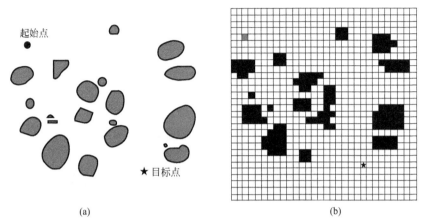

(a)　　　　　　　　　　　　　　　　　　　(b)

图 7-2　均匀栅格地图

　　环境信息用均匀栅格地图表达后，栅格节点间需要建立一定的连接关系才能
保证从起始点搜索到目标点的有效路径。如图 7-3 所示为栅格节点间的典型连接
关系，图 7-3(a) 表示的是八连接，它表明从当前栅格可以到达与之相邻的八个
栅格节点；图 7-3(b) 表示的是十六连接，它表明可以从当前栅格到达与之相近
的十六个栅格。另外还有四连接。

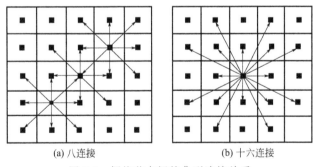

(a) 八连接　　　　　　　　　　　(b) 十六连接

图 7-3　栅格节点间的典型连接关系

　　值得指出的是，将环境信息表示成均匀栅格地图时，规划出的最优路径仅为
栅格内最优。也就是说，只要障碍栅格内有障碍物，即使障碍物尺寸小于栅格状
态尺寸，也认为该栅格为障碍栅格，因此规划出的最优路径也就为栅格内最优。

**(2) 拓扑地图表示法**

拓扑地图模型选用节点来表示道路上的特定位置，用节点与节点间的关系来

表示道路间联系。这种地图表示方法具有结构简单、存储方便、全局连贯性好、规划效率高、鲁棒性强等特点。拓扑地图适合于大规模环境下的路径规划，但它所含信息量少，对环境描述不完整，需要借助其他传感器来对道路环境作进一步描述。

如图 7-4 所示，拓扑地图由建立道路上关键节点间的逻辑关系得来，节点与节点之间的连线近似地表达了相应道路，而这些相应道路连线又为无人驾驶汽车行驶提供了近似行驶路径。另外，这些节点与节点间存在拓扑关系，错综复杂的道路连线及拓扑关系组成了道路网络，因此拓扑地图又被称为路网地图。

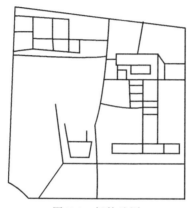

图 7-4　拓扑地图

可扩展标记语言（xetensible markup language，XML）被用来结构化存储以及传输信息，具有开放、简单、数据结构和内容分离及可扩展功能等优点。XML 文档非常方便地应用于数据存储与读取。拓扑地图中各道路信息的存储采用了 XML 文档格式，整个 XML 文档由如图 7-5 所示的树型结构组成。其中根元素为 "osm"，由子元素 "way" 和 "node" 组成。元素 "node" 和 "way" 又包含了如 "id" "lon" "lat" 等属性；"way" 还有 "tag" 和 "nd" 两种不同子元素，这些元素也具有其自身属性。子父元素间关系及各元素属性构成了一个完整的 XML 文档。

XML 文档的建立采用文档对象模型（document object model，DOM）来生成文档。首先依照图 7-5 所示的道路树结构，建立元素与元素间父子节点关系，元素又包含所需要的属性及其属性值，道路结构树建立后，则生成相应的 XML 文档。文档的解析同样采用 DOM 解析。解析 XML 文档方法与生成方法相对应，首先读取文档，找到文档的根元素，再通过元素名称 "node" 与 "way" 找到相应元素，依次得到属性值，以此对 XML 文档进行解析得到所需要的道路信息。

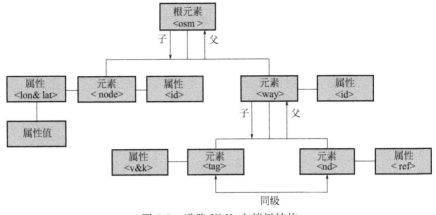

图 7-5　道路 XML 文档树结构

# 7.3　常用算法介绍

## 7.3.1　Dijkstra 算法

Dijkstra 算法是典型的广度优先搜索算法。它是一个按路径长度递增的次序产生最短路径的方法，是求解最短路径的经典算法之一。Dijkstra 算法是一种贪心算法，贪心算法的原则是在每一步都选择局部最优解以期望产生一个全局最优

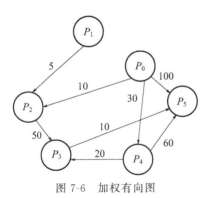

图 7-6　加权有向图

解，它的突出优点在于不仅求出了起点到终点的最短路径及其长度，而且求出了起点到其他各节点的最短路径和长度。Dijkstra 算法核心思想为：设置两个节点的集合 $S_n$ 和 $T$，集合 $S_n$ 中存放已找到最短路径的节点，集合 $T$ 中存放当前还未找到最短路径的节点。初始状态时，集合 $S_n$ 中只包含起始点，然后不断从集合 $T$ 中选择到起始节点路径长度最短的节点加入集合 $S_n$ 中。集合 $S_n$ 中每加入一个新的节点，都要修改从起始点到集

合 $T$ 中剩余节点的当前最短路径长度值（集合 $T$ 中各节点为新的当前最短路径长度值，其为原来最短路径长度值与从起始点过新加入节点到达该节点的路径长度中的较小者），不断重复此过程，直到集合 $T$ 中所有结点全部加入集合 $S_n$ 中为止。针对图 7-6 所示加权有向图，表 7-1 中给出了用 Dijkstra 算法求解最短路径的过程。

表 7-1 Dijkstra 算法求解最短路径过程

| 序号 | 集合 $S_n$ | 集合 $T$ | 所选顶点 | 最短距离(distance) | | | | |
|---|---|---|---|---|---|---|---|---|
| | | | | [1] | [2] | [3] | [4] | [5] |
| 1 | $P_0$ | $P_1,P_2,P_3,P_4,P_5$ | $P_2$ | $:$, | 10, | $:$, | 30, | 100 |
| 2 | $P_0,P_2$ | $P_1,P_3,P_4,P_5$ | $P_4$ | $:$, | 0, | 60, | 30, | 100 |
| 3 | $P_0,P_2,P_4$ | $P_1,P_3,P_5$ | $P_3$ | $:$, | 0, | 50, | 0, | 90 |
| 4 | $P_0,P_2,P_4,P_3$ | $P_1,P_5$ | $P_5$ | $:$, | 0, | 0, | 0, | 90 |
| 5 | $P_0,P_2,P_4,P_3,P_5$ | $P_1$ | $P_1$ | $:$, | 0, | 0, | 0, | 0 |
| 6 | $P_0,P_2,P_4,P_3,P_5,P_1$ | | | 0, | 0, | 0, | 0, | 0 |

Dijkstra 算法过程包括了三个循环，第一个循环的时间复杂度为 $O(n)$，第二、三个循环为循环嵌套，因此总的时间复杂度为 $O(n^2)$。可以看出，Dijkstra 最短路径算法的执行时间和占用空间与图（或网）中节点数目有关，当节点数目 $n$ 较大时，Dijkstra 算法的时间复杂度急剧增加。当图（或网）规模较大时，直接应用该算法就会存在速度慢或空间不够的问题。所以，在大的城市交通网络图中直接应用 Dijkstra 最短路径算法是很困难的。路径规划作为无人驾驶汽车导航系统的重要功能模块，其算法的优劣是非常重要的，评价该算法的主要性能指标是它的实时性和准确性。Dijkstra 算法作为经典的路径规划算法，在实验地图数据量较小情况下会得到很好的规划结果，但在实验地图数据量较大情况下很难满足路径规划的实时性要求。

## 7.3.2 经典 A* 算法

### （1）A* 算法概述

A* 算法的核心部分是它对每个道路节点均设计了一个估价函数，如式(7-1)所示：

$$f(s)=g(s)+h(s) \tag{7-1}$$

式中，$f(s)$ 为从起始节点经过节点 $s$ 到目标节点的估计长度；$g(s)$ 为从起始节点到当前节点的路径长度，它可由式(7-2)计算得到：

$$g(s)=\sum_{i=\text{start}}^{k-1} \text{cost}^*(s_i,s_{i+1}) \quad (k \leqslant \text{goal}) \tag{7-2}$$

式(7-1)中 $h(s)$ 为启发函数，是当前节点到目标节点的估计值，A* 算法一定能搜索到最优路径的前提条件是：

$$h(s)\leqslant \text{cost}^*(s,s_{\text{goal}}) \tag{7-3}$$

$\text{cost}^*(s,s_{\text{goal}})$ 为当前节点到目标节点的最优距离，满足式(7-3) 的 $h(s)$ 值越大，则扩展节点越少。为了保证搜索路径的最优性，通常选择启发函数 $h(s)$

为曼哈顿距离、对角线距离或者欧几里得距离。对于给定的两个位置坐标（$x_i$，$y_i$）、（$x_i$，$y_j$），它们的曼哈顿距离 $d_m$、对角线距离 $d_d$ 以及欧几里得距离 $d_e$ 分别如式（7-4）～式（7-6）所示：

$$d_m = |x_i - x_j| + |y_i - y_j| \tag{7-4}$$

$$d_d = \max(|x_i - x_j| + |y_i - y_j|) \tag{7-5}$$

$$d_e = \sqrt{(x_i + x_j)^2 + (y_i + y_j)^2} \tag{7-6}$$

$A^*$ 算法用 OPEN 和 CLOSED 两个集合来管理道路节点，OPEN 存放扩展过的道路节点的子节点，它们属于待扩展节点；CLOSED 存放扩展过的节点。算法伪代码如表 7-2 所示，初始时 OPEN 中只存放 $s_{start}$ 节点 CLOSED 为空，另外除 $s_{start}$ 所有节点的 $g$ 值都初始化为无穷大。

表 7-2    $A^*$ 算法伪代码

```
The pseudocode of A* algorithm:

(1)g(s_start)←0 and g-values of the rest of the states are set to:.
(2)OPEN←|s_start|,CLOSED←0
1   Compute Path( )
2   while(s_start is not expanded)
3   removes with the smallest f(s)from OPEN;
4   for each successor' of s
5      if g(s')＞g(s)+c(s,s')
6      g(s')←g(s)+c(s,s');
7      insert/update s' is OPEN with f(s')←g(s')+h(s');
```

采用评估公式：

$$f(s_{start}) = g(s_{start}) + h(s_{start}) \tag{7-7}$$

$$g(s_{start}) = 0 \tag{7-8}$$

式中，$f(s_{start})$ 为当前节点距离目标节点的路径长度；$g(s_{start})$ 为当前节点已经走过的路径长度；$s_{start}$ 为路径规划的起点。

算法搜索开始后，每次从 OPEN 中选择 $f(s)$ 值最小的节点 $s$ 进行扩展，节点 $s$ 扩展到的子节点存放于 OPEN 中，节点 $s$ 扩展完成后，从 OPEN 中移到 CLOSED 中。循环上述过程，直到扩展到目标节点或者 OPEN 为空时，算法才终止。如果 OPEN 为空，则表明没有可行路径，规划失败。如果存在可行路径，$A^*$ 算法是一定能搜索到的。

图 7-7 是 $A^*$ 算法搜索流程图，流程图体现了表 7-2 伪代码内容，当前节点是 BEST，为 OPEN 中 $f$ 值最小的节点，SUC 为 BEST 的子节点，OLD 为

OPEN 中已经计算过 $f$ 值的节点。算法搜索到目标节点，则搜索成功；如果 OPEN 为空，则搜索失败。

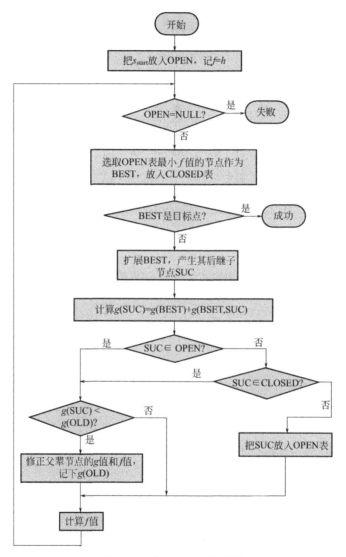

图 7-7　A* 算法搜索流程图

**（2） A* 算法在栅格地图中的应用**

　　为了便于了解 A* 搜索算法如何在栅格地图内进行路径搜索，本节中在路径搜索时均采用如图 7-8 所示的八连接方法建立节点间的连接关系。路径搜索时，状态节点间由八连接关系组成，如图 7-8（a）所示，从当前节点可以到与它相连接的周围八个节点，但到达相邻节点时的花费不相同。图 7-8（b）所示到达相邻的四个节点时的花费为1，即：

$$c(s,s')=1 \tag{7-9}$$

图 7-8(c) 所示的四个节点的通过花费为 $\sqrt{2}$，即：

$$c(s,s'')=\sqrt{2} \tag{7-10}$$

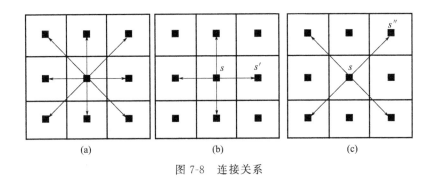

图 7-8　连接关系

路径搜索算法采用 A$^*$ 算法搜索，所选用启发函数为：

$$h(s)=\sqrt{(x-x_{\text{goal}})^2+(y-y_{\text{goal}})^2} \tag{7-11}$$

$(x,y)$ 是当前状态节点的坐标，$(x_{\text{goal}},\ y_{\text{goal}})$ 为目标节点坐标，启发函数满足式(7-3)，因此算法能搜索到最优路径。与拓扑地图下搜索相同，在栅格地图中也用 OPEN 与 CLOSED 两个集合管理状态节点，扩展过的状态存放于 CLOSED，待扩展的状态存放于 OPEN。

图 7-9 中，(a)～(f) 是 A$^*$ 算法进行搜索的过程图，其中白色圆圈所在节点 S 为起始节点，五角星所在节点 G 为目标节点，给定起始状态节点与目标状态节点后，算法会在此空间中搜索出从节点 S 到节点 G 的有效路径。扩展过的状态为灰色，存放于 CLOSED，浅灰色栅格为扩展过状态节点的子节点，它们为待扩展状态，存放于 OPEN。A$^*$ 算法每次从 OPEN 中选择估价函数 $f(s)$ 最小的状态节点来扩展，图 7-9 中栅格节点 $s$ 即为 OPEN 中 $f(s)$ 最小的状态节点，它作为扩展节点，当此节点扩展完成后，将被存放于 CLOSED，它的子节点存放于 OPEN，作为待扩展节点。由图 7-9 可知，共有六个灰色状态节点被扩展，这六个状态存放于 CLOSED，这些状态以及它们之间的连接关系即组成了从起始节点到目标节点的有效路径。同时可以观察到，这些组成路径存放于 CLOSED 的节点，都是从 OPEN 中取出的 $f(s)$ 最小的节点。

图 7-9 所示的规划只考虑了状态的位置信息，它们之间的连接关系为八连接。而无人驾驶汽车实际行驶时，仅仅考虑位置信息搜索的路径往往是不够的，

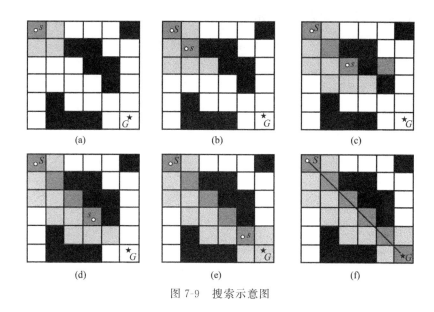

图 7-9　搜索示意图

还需要加入对航向信息的考虑。相对于仅考虑位置信息（$x$，$y$）的状态空间而言，在考虑航向信息后，搜索状态空间从二维增加到了三维，搜索的时间复杂性会大大增加，搜索需要的时间也会大大增加，因而导致搜索的效率下降。搜索效率下降，导致图 7-9 中所采用的 $A^*$ 搜索算法满足不了汽车运行时所需要的实时性要求。此时需要考虑采用改进的 $A^*$ 搜索算法。

### 7.3.3　RRT 算法

RRT 是一种算法以及数据结构，被设计用来高效地在高维空间中进行搜索。它特别适用于在涉及非完整约束场合下的路径规划问题。RRT 为一种递增式的构造方式，在构造过程中，算法不断在搜索空间中随机生成状态点，如果节点为无碰撞的，则寻找搜索树中离该节点最近的节点为基准节点，由基准节点出发以一定步长朝着该随机节点进行延伸，延长线的终点所在位置被当作有效节点加入搜索树中。这个搜索树的生长过程一直持续，直到目标节点与搜索树的距离在一定范围内时终止。随后搜索算法在搜索树中寻找一条连接起点和终点的最短路径。

在介绍 RRT 算法之前，先说明一下路径的表示方法。常用一个有向图来表示路径 $G=(V,E)$，那么一条可行的路径就是一个顶点的序列（$v_1$，$v_2$，$v_3$，…，$v_n$），$v_1=q_{\text{init}}$，$v_n=v_{\text{goal}}$，同时（$v_i$，$v_{i+1}$）$\in E$，$1\leqslant i\leqslant n-1$ 表示边。这样问题就变成了使用采样到的点来扩展图 $G$，使之能找到一条从初始节点到达目标节点的路径。

RRT 算法伪代码如表 7-3 所示。

表 7-3　RRT 算法伪代码

The pseudocode of RRT algorithm:

RRT 算法主体部分：
1　V←|q_init|;Eω;i←0;
2　While i<N do
3　　G←(V,E)
4　　q_rand←Sample(i)
5　　(V,E)←Extend(G,q_init);
RRT 算法的 Extend 函数：
1　V'←V;E'←E;
2　q_nearest←N_earest(G,q);
3　q_new←Steer(q_nearest,q);
4　if ObstacleFree(q_nearest,q_new)then
5　　　V'←V∪|q_new|;
6　　　E'←E∪|(q_nearest,q_new)|;
7　　　Return G'=(V',E')

这里可以看到两个算法，一个是算法的主体部分，还有一个是 RRT 算法的 Extend 函数，主要是如何利用从采样到的点扩展图 $G$。下面详细介绍每一个步骤：

① 初始化顶点为 $q_{init}$，边集 $E$；

② 进入 while 循环，迭代 $N$ 次停止；

③ $G$ 点赋值；

④ Sample(i) 采样一个新的点 $q_{rand}$；

⑤ 利用新的点扩展图 $G$。

RRT 算法 Extend 函数的步骤：

① 把 $V$，$E$ 暂存；

② $N_{earest}(G,q)$ 函数表示求图 $G$ 中离 $q$ 欧氏距离最近的点 $q_{nearest}$，一般情况下会采用 kd-tree 来存储图中的节点，这样会节约搜索的时间；

③ Steer($q_{nearest}$,$q$) 表示存在一个 $q_{new}$ 点，它将最小化 $\| q_{new}-q \|$，但是 $\| q_{new}-q \|<\eta$，$\eta$ 为人为设定的一个值，其实就是往 $q$ 方向步进了一段距离；

④ ObstacleFree($q_{nearest}$，$q_{new}$) 进行碰撞检测，然后判断这一段（$q_{nearest}$，$q_{new}$）路径是否与障碍物发生碰撞，即判断路径是否属于 $C_{free}$ 中；

⑤ 把 $q_{new}$ 加到顶点集中；

⑥ 把（$q_{nearest}$，$q_{new}$）加入边集中；

⑦ 返回扩展后的图 $G'$。

# 7.4 应用实例

## 7.4.1 基于栅格地图的搜索算法实例

### (1) Dijkstra 算法应用实例

下面给出针对二维栅格地图的基本 Dijkstra 算法程序搜寻最短路径，栅格地图如图 7-10 所示。图中"×"代表障碍物，"○"代表起始点，目标点标记为 Target。程序中使用一个 $50×50$ 的矩阵 MAP 来存储地图，MAP 中将空白点标记为比较大的值，将障碍点标记为 1。根据前面提到的算法思路，设置一个 $S$ 集来存储已找到最短路径的点，设置一个 $T$ 集来存储 $S$ 集的边界空白点，也就是将要处理的点，算法流程就是不断地将空白点加入 $T$ 集，再加入 $S$ 集，核心代码见表 7-4。

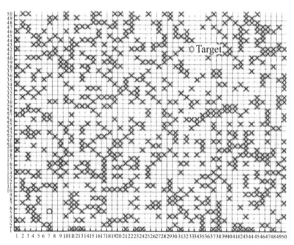

图 7-10 栅格地图

**表 7-4 Dijkstra Matlab 核心部分**

```
%1.载入地图
[xStart,yStart,xTarget,yTarget,MAP,MAX_X,MAX_Y]=LoadMap( );
%2.将起点放入 S 集,初始化 T 集
S(1).x=xStart;
S(1).y=yStart;
S(1).father_x=xStart;
S(1).father_y=yStart;
S(1).Q=0;T=[ ];
flag_final=0;
whileflag_final=0
%3.将地图中与 S 集相邻的空白点放入 T 集中
```

续表

```
  [T,MAP,flag_final]＝GETNearSpaceNode(S,MAX_X,MAX_Y,Map,T,flag_final);
%4.计算 T 集中每一个点到起始点的最短路径
[T,MAP,flag_final]＝CalculateCoat_in_T(S,MAX_X,MAX_Y,xTarget,yTarget,flag_final);
%5.检验是否已找到路径
  ifflag_final~＝0
    break;
  end
%6.挑选 T 集中路径最短的点加入 S 集中
  [S,T,MAP]＝SelectMinnistCost_to_S(S,T,MAP);
  End
%7.绘制路径
  plotPath(flag_final,xTarget,yTarget,xStart,yStart,S,T);
```

搜寻效果如图 7-11 所示。

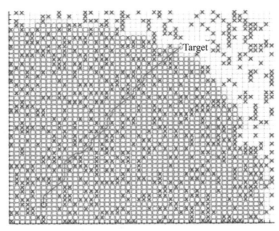

图 7-11　二维栅格地图中 Dijkstra 算法搜寻结果

图 7-11 中颜色较深的部分是 S 集中的点，可以看出 Dijkstra 几乎遍历了整个地图才得到最优路径。

**（2）A* 算法应用实例**

下面给出二维栅格地图下的 A* 算法应用实例，仍然使用图 7-10 所示的栅格地图。Matlab 核心代码如表 7-5 所示。

表 7-5　A* 算法 Matlab 核心代码

```
%1.载入地图
[xStart,yStart,xTarget,yTarget,MAP,MAX_X,MAX_Y]＝LoadMap( );
%2.将初始节点设为当前节点并初始化 OPENED 集
current_node,x＝xStart;
current_node,y＝yStart;
current_node,G＝0;
```

续表

```
current_node,H=0;
OPENED=[ ];
while(current_node,x~=xTarget;current_node,y~=yTarget)
%3.挑选出当前节点周围的非 CLOSE 点
    exp_array=GETNearSpaceNode(current_node,MAP,MAX_X,MAX_Y,xTarget,yTarget);
%4.将挑选出的点加入 OPENED 中
    OPENED=PutNode_Into_OPENED(exp_array,OPENED,current_node);
%5.根据启发函数选择值最小的节点作为当前节点并放入 CLOSE 集中
    [current_node,MAP,OPENED]=SelectMinnistCostNode(OPENED,MAP);
    End
%6.绘制路径
    plotPath(current_node,OPENED,xStart,yStart);
```

代码运行结果如图 7-12 所示。

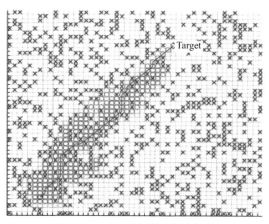

图 7-12　原始 A* 算法搜索结果

代码中使用了欧氏距离来计算启发式函数，和图 7-11 相比可以看出，由于 A* 算法使用了启发式函数，大大减少了搜索的节点。

**（3）RRT 算法应用实例**

下面以图 7-10 所示的栅格地图为例介绍基本的 RRT 算法流程。Matlab 核心代码如表 7-6 所示。

表 7-6　RRT 算法 Matlab 核心代码

```
%1.载入地图
[xStart,yStart,xTarget,yTarget,MAP,MAX_X,MAX_Y]=LoadMap( );
%2.初始化 SPACE 集,将起始点放入 tree 中
SPACE=init_SPACE(MAP,MAX_X,MAX_Y);
tree(1,:)=(xStart,yStart,xStart,yStart,0);
node_father=[ ];
numPath=0;
```

```
while numPath<1
％3. 从 SPACE 集中随机挑选一个节点
  n=ceil(size(SPACE,1)* rand);
  node_rand=SPACE(n,:);
％4. 找出 tree 中距随机点最近的点
  delta=tree(:,1:2)-ones(size(tree,1),1)* node_rand;
  [min_dist,index_min]=min(diag(delta* delta'));
％5. 找出最近点周围距最近点与随机点形成直线最近的空白点
  [new_node,costD]=SelectNewNode(index_min,node_rand,tree,MAP,MAX_X,MAX_Y);
％6. 将找到的新点扩展到树 tree 中
  [MAP,tree,SPACE]=Extend(new_node,costD,tree,MAP,MAX_X,MAX_Y,SPACE,index_min);
％7. 检查是否找到路径
  [MAP,numPath,node_father]=pathCleck(xTarget,yTarget,MAP,MAX_X,MAX_Y,numPath,
node_father);
  end
％8. 绘出路径
  poltPath(node_father,xTarget,yTarget,xStart,yStart,tree);
```

　　RRT 搜索结果如图 7-13 所示。

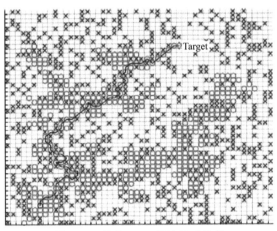

图 7-13　基本 RRT 算法搜索结果

　　图 7-13 中画有小圆圈的点就是 tree 中的点。可以看出由于是采用对全地图空白点采样的方式来搜索，tree 的形状是不规则的，搜索过程很像一棵树逐渐长出枝叶。

## 7.4.2　基于拓扑地图的搜索算法实例

### (1) 基于 A* 算法的实时重规划

　　图 7-14 是建立的拓扑地图，道路节点与节点间的连线构成了相应的道路。无人驾驶汽车在拓扑地图内行驶，路径规划算法选择为 A* 规划算法，算法的启

发函数为起始节点到目标节点间的欧氏距离，即：

$$h(s_i) = \sqrt{(x_i - x_{\text{goal}})^2 + (y_i - y_{\text{goal}})^2}$$

(7-12)

因此，式(7-12) 的启发函数满足式(7-3)，此算法可以搜索到最优路径。

如图 7-14 所示，拓扑地图的节点及道路连线用 Opencv 界面进行显示。无人驾驶汽车接收到当前位置信息后，在拓扑地图内定位到当前位置，给定无人驾驶汽车行驶的目标节点（图中 K 点）。算法搜索到无人驾驶汽车起始节点和给定目标节点的路径，如图中 ABCEFGK 连线所示。

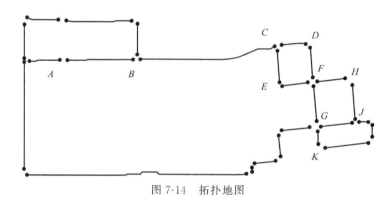

图 7-14　拓扑地图

拓扑地图内选择不同的引导点（路径必须经过的点），算法会重新搜索，并不一定以最短路径为最优路径，而是必须通过选择的引导点。例如，选择设定另一个引导点 D 时，路径会变为 ABCDFGK。在行驶过程中也可以改变无人驾驶汽车规划的目标节点，A* 算法在给定起始节点与目标节点后，搜索出两点间的最短路径，而传输引导点后，此时会有三个道路节点，分别为起始节点、引导点及目标节点。因而选择算法作两次最优化搜索，分别以引导点作为目标节点与起始节点进行搜索。第一次搜索时，算法以起始节点到引导点作第一次搜索，第二次搜索以引导点作为起始点和目标节点再一次进行搜索，两次搜索后的路径进行拼接，即为所需要的路径。

值得说明的是，A* 算法的启发函数 $h(s)$ 均为式(7-12)，它们均满足式(7-3)，因此，算法两次搜索的路径都是最优路径。但是，算法两次搜索都期望搜索最优路径，搜索的路径方向可能与无人驾驶汽车运动方向相反，导致无人驾驶汽车进行 U 形转弯，因此需要避免向运动方向的反方向进行搜索。可以破坏节点间的逻辑关系来避免向相反方向搜索，此处，将无人驾驶汽车当前所在道路节点的父节点的所有拓扑关系进行消除，也就是说无人驾驶汽车当前道路节点的父节点没有子父节点，以避免算法向运动反方向进行搜索。同时，第二次搜索时，也采用此种修改拓扑地图各节点间的逻辑关系的方法来影响路径的搜索。

**（2）拓扑地图内无人驾驶汽车的定位**

拓扑地图内定位时，首先要找到最可能的道路位置，如果无人驾驶汽车距离哪条道路最近则有理由认为它在该道路上，但是实际上往往容易出现图 7-15 所示情况，$A_1A_2$、$B_1B_2$ 为两条垂直的道路，$P_1$、$P_3$、$P_6$ 为无人驾驶汽车行驶的路径点。初始定位时，如果无人驾驶汽车在 $P_3$ 位置，从 $P_3$ 位置到道路 $B_1B_2$ 的距离会小于到 $A_1A_2$ 的距离，因此依靠距离最短来判断，则 $B_1B_2$ 为当前道路，但是根据运行路径判断，无人驾驶车辆的当前道路应该是 $A_1A_2$。因此，要想无人驾驶汽车在拓扑地图内正确定位，仅仅依靠距离是不可信的。所以，在拓扑地图内的定位需要综合无人驾驶汽车的位置信息与航向信息。

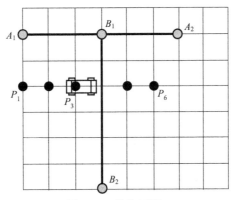

图 7-15　道路匹配 1

拓扑地图内定位时，首先利用汽车当前航向信息与道路航向进行比较，图 7-16 中 $B_1B_2$ 的航向与无人驾驶汽车当前航向完全不符，则 $B_1B_2$ 道路首先就会被排除，这样尽管无人驾驶汽车到 $B_1B_2$ 的距离 $d_2$ 小于无人驾驶汽车到 $A_1A_2$ 的距离 $d_1$，但 $B_1B_2$ 已经被排除，因而这种方式避免了单纯依靠距离判断而错误匹配到 $B_1B_2$ 的情况；接下来，利用无人驾驶汽车到道路距离最短来判断汽车在拓扑地图的正确道路上，如图 7-17 所示，$A_1A_2$ 道路上的投影点 $P$ 即为汽车在拓扑地图上的正确位置。

关于汽车到道路距离的计算，如图 7-17（a）所示，汽车在某条道路内部时，汽车位置到道路的距离为垂直距离 $d$；在外部时，如图 7-17（b）所示，垂直点处于道路外，因此选择到汽车距离小的道路节点距离为汽车到道路的距离。

无人驾驶汽车正确定位到拓扑地图内的准确位置后，可以通过鼠标右键点击拓扑地图显示界面为无人驾驶汽车指定目标点，或者通过鼠标左键选择所期望的路径行驶，此后无人驾驶汽车的定位仅仅根据连通性来判

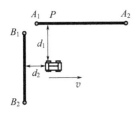

图 7-16　道路匹配 2

断自身位置进行定位与导航，同时进行各段路径的切换。

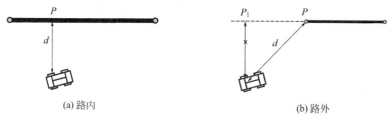

图 7-17　汽车到道路的路径

### （3）拓扑地图内无人驾驶汽车的导航

无人驾驶汽车在拓扑地图内正确定位和进行路径搜索后，则需要在搜索的路径下行驶。拓扑地图内规划的路径由关键节点间的连线组成，它不是无人驾驶汽车所需要跟踪的实际路径，但它提供了大致的路线，无人驾驶汽车会在此路径下行驶，同时根据当前环境进行行为决策。无人驾驶汽车在道路内行驶时，规划系统会连续地从定位系统接收到无人驾驶汽车当前位置，并通过连通性定位到规划的路径上。定位到正确路段后，拓扑地图则为无人驾驶汽车提供当前位置道路上的下一关键节点，无人驾驶汽车通过车道线识别及环境感知结果，生成相应行驶路径。

图 7-18 为无人驾驶汽车在规划的路径下行驶，规划的路径由一系列关键节点连接成的道路组成。无人驾驶汽车初始时定位到 $MN$ 道路上的 $O$ 点，算法选择当前道路 $MN$ 作为定位道路，同时选择规划的下一条道路 $NP$ 作为备选道路。投影点 $O$ 到道路节点 $N$ 的距离 $l$ 可认为是汽车到下一关键节

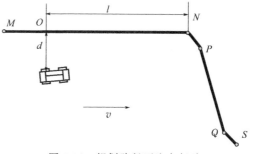

图 7-18　规划路径下汽车行驶

点的距离。无人驾驶汽车在 $MN$ 道路上行驶时，投影点 $O$ 到节点 $N$ 的距离小于一定距离时，可认为无人驾驶汽车即将到达节点 $N$，上述这些信息都会提供给局部路径规划生成行驶路径。汽车将要经过 $N$ 点时，定位道路要从 $MN$ 切换到道路 $NP$，同时将 $PQ$ 选为备选道路。一般情况下，汽车在道路 $MN$ 上行驶时，投影点投影到节点 $N$ 时或者到节点 $N$ 的距离小于某一值，则可进行道路的切换。用此种连通性进行道路与道路间的切换，并为无人驾驶汽车行驶路径的生成提供关键节点，直至汽车到达目标位置。

第**8**章

# 无人驾驶汽车路径跟踪

涉及汽车转向的模型方面有两种出发点，一是基于运动学，二是基于动力学。运动学模型通常研究车辆的速度、位移、角速度、轨迹等因素，建立车辆速度与车辆位姿的数学关系表达式，进一步找出车辆位姿误差与速度之间的关系，然后设计出控制律。而动力学建模研究车辆的基础理论、轮胎力学、汽车空气动力学、汽车驱动动力学和制动动力学等特征，力求建立车辆受力与加速度的数学关系表达式，从而找出控制车辆的控制律。

基于动力学建模的控制器精度高，但较为复杂，考虑因素较多，计算复杂，实时性不高，且面临外界的影响因素不能做出合适的规划。

## 8.1 无人驾驶汽车的转向控制

通过对无人驾驶汽车的转向控制系统的分析，转向控制系统的设计目标是汽车在无人驾驶的时候能够到达指定位置，所以车辆在转向时应该达到如下几点要求。

① 准确性：转向控制系统能够根据无人驾驶汽车当前位置和所处路段计算出准确的前轮转角，能够安全的行驶，不会驶出规定的路段。

② 平稳性：车辆的转向运动能稳定进行，转向迅速。因为速度快、转角大时，对车辆的横向运动构成了威胁，容易发生交通事故。同时车辆平缓的转向运动对于车辆的硬件也是一种保护。

③ 适应性：在准确性和平稳性实现的基础之上，车辆转向控制系统能够对不同道路具有鲁棒性，并且能给出准备的命令，保证车辆转向控制系统的通用性。

在无人驾驶汽车转向控制系统中，为了使对无人驾驶汽车的控制更加接近于人类驾驶汽车时的操作，转向控制系统将路径规划部分所搜索到的最短路径与无人驾驶汽车实时位置数据进行计算，其中包括直线变道模式的目标路径与无人驾驶汽车位置的横向距离 $S$、目标位置和无人驾驶汽车当前位置形成的向量与 $X$ 轴正方向的夹角和无人驾驶汽车的航向角之间的角度偏差 $\beta$，以及目标位置与无人驾驶汽车当前位置的距离 $L$ 的计算；交叉路口转弯模式的路点在车体运动坐标系中 $(x',y')$ 计算，输出转角 $\delta$ 的计算；掉头模式的最大转角判断和掉头模式结束时的阈值判断计算，转向系统通过不断的计算，使无人驾驶汽车到达目标位置。无人驾驶汽车的转向控制系统如图 8-1 所示。

图 8-1　无人驾驶汽车转向控制示意图

# 8.2　汽车运动的姿态控制

运动学是以几何学的角度研究物体的运动规律，包括物体在空间的位置、速度等随时间变化而产生的变化。在汽车路径规划算法中应用运动学模型，可以使规划出的路径切实可行，并满足行驶过程中的运动学约束。

对于研究遵循阿克曼转向（Ackerman steering）的运动学规律的汽车，其横纵向解耦后可将汽车期望控制量转化成期望车速和期望前轮偏角分别进行控制。

阿克曼转向模型的汽车转向运动模型如图 8-2 所示，在惯性坐标系 $XOY$ 下，$(X_r,Y_r)$ 和 $(X_f,Y_f)$ 分别为汽车后轮和前轮轴心的坐标；$\varphi$ 为车体的横摆角（航向角）；$\delta_f$ 为前轮偏角；$v_r$ 为汽车后轴中心速度；$v_f$ 为汽车前轴中心速度；$l$ 为轴距。图 8-3 为汽车转向过程示意图，$R$ 为后轮转向半径，$P$ 为汽车的瞬时转动中心，$M$ 为汽车后轮轴心，$N$ 为前轮轴心。此处假设转向过程中汽车质心侧偏角保持不变，即汽车瞬时转向半径与道路曲率半径相同。

在后轮行驶轴心 $(X_r,Y_r)$ 处，速度为：

$$v_r = \dot{X}_r\cos\varphi + \dot{Y}_r\sin\varphi \tag{8-1}$$

前、后轮的运动学约束为：

$$\begin{cases} \dot{X}_f\sin(\varphi+\delta_f) - \dot{Y}_r\cos(\varphi+\delta_f) = 0 \\ \dot{X}_r\sin\varphi - \dot{Y}_r\cos\varphi = 0 \end{cases} \tag{8-2}$$

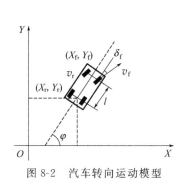

图 8-2　汽车转向运动模型

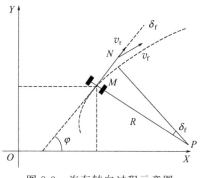

图 8-3　汽车转向过程示意图

由式(8-1) 和式(8-2) 联合可得：

$$\begin{cases} \dot{X}_r = v_r\cos\varphi \\ \dot{Y}_r = v_r\sin\varphi \end{cases} \tag{8-3}$$

根据前后轮的几何关系可得：

$$\begin{cases} X_f = X_r + l\cos\varphi \\ Y_f = Y_r + l\sin\varphi \end{cases} \tag{8-4}$$

将式(8-3) 和式(8-4) 代入式(8-2)，可以解得横摆角速度为：

$$\omega = \frac{v_r}{l}\tan\delta_f \tag{8-5}$$

式中，$\omega$ 为汽车横摆角速度。同时，由汽车的横摆角速度 $\omega$ 和车速 $v_r$ 可得到转向半径和前轮偏角：

$$\begin{cases} R = \dfrac{v_r}{\omega} \\ \delta_f = \arctan\left(\dfrac{l}{R}\right) \end{cases} \tag{8-6}$$

由式(8-3) 和式(8-5) 可以得到汽车运动学模型为：

$$\begin{bmatrix} \dot{X}_r \\ \dot{Y}_r \\ \dot{\varphi} \end{bmatrix} = \begin{bmatrix} \cos\varphi \\ \sin\varphi \\ \tan\dfrac{\delta_f}{l} \end{bmatrix} \tag{8-7}$$

该模型可以进一步表示为更为一般的形式：

$$\xi_{kin} = f_{kin}(\xi_{kin}, u_{kin}) \tag{8-8}$$

其中，状态量 $\xi_{kin} = [X_r, Y_r, \varphi]$，控制量 $u_{kin} = [v_r, \delta_f]$。

在无人驾驶汽车的路径跟踪控制过程中，往往希望以 $[\eta, \omega]$ 作为控制量，将式（8-5）代入式（8-7）中，该汽车运动学模型可以转换为如下形式：

$$\begin{bmatrix} \dot{X}_r \\ \dot{Y}_r \\ \dot{\varphi} \end{bmatrix} = \begin{bmatrix} \cos\varphi \\ \sin\varphi \\ 0 \end{bmatrix} v_r + \begin{bmatrix} 0 \\ 0 \\ 1 \end{bmatrix} \omega \tag{8-9}$$

## 8.3　汽车路径跟踪算法

路径跟踪算法的本质是消除无人驾驶汽车在行驶过程中产生的跟踪偏差。跟踪偏差由距离偏差和角度偏差两部分组成。消除偏差可以将两种偏差分别消除，还可以将距离偏差或角度偏差转换为其中一种形式，再将其消除。根据消除偏差的方法不同产生了多种路径跟踪算法。

### 8.3.1　Stanley Method

斯坦福大学在为 2007 年 DARPA 城市挑战赛（DARPA Urban challenge）研制的无人驾驶汽车 Stanley 上采取了将两种偏差分别消除的跟踪方法，如图 8-4 所示。

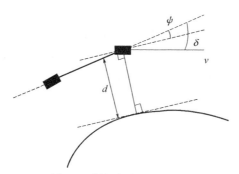

图 8-4　斯坦福大学-Stanley

图中，$d$ 为距离偏差，$\psi$ 为角度偏差，$v$ 为前轮的速度，$\delta$ 为汽车前轮偏角。Stanley 的横向控制器的实质是一个关于距离偏差 $d$ 的非线性反馈控制函数，以消除距离偏差为目的得到的前轮偏角控制量为：

$$\delta_d = \arctan\frac{kd}{v} \tag{8-10}$$

角度偏差 $\psi$ 表示距离汽车前轮最近的路段的航向与汽车当前航向的偏差，为了消除角度偏差得到前轮偏角控制量为：

$$\delta_\psi = \psi \tag{8-11}$$

所以前轮偏角的最终控制量为：

$$\delta = \delta_\psi + \delta_d = \psi + \arctan \frac{kd}{v} \qquad (8\text{-}12)$$

### 8.3.2 Ben Method

宾夕法尼亚大学在为 2007 DARPA Urban Challenge 所研制的无人驾驶汽车Ben 上采用了将角度偏差和距离偏差利用评价函数统一的方法，如图 8-5 所示，其中 $d$ 为距离偏差，$\psi$ 为角度偏差，$L_{\mathrm{la}}$ 为预瞄距离。评价函数如式（8-13）所示。

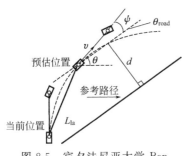

图 8-5 宾夕法尼亚大学-Ben

$$C(\delta) = d^2 + \left( L_{\mathrm{la}} \sin \frac{\psi}{2} \right)^2 \qquad (8\text{-}13)$$

评价函数将角度偏差通过 $L_{\mathrm{la}}$ 与距离偏差关联起来，在应用中可以调节。对 $C(\delta)$ 进行 PID 调节得到前轮偏角控制量。这种方法对汽车动力学特性有很好的鲁棒性，当汽车需要精确跟踪或者泊车时有很好的适应性。

### 8.3.3 环形预瞄法

俄亥俄州立大学也提出了一种基于距离的路径跟踪方法，这是一种跟踪偏差计算方法：环形预瞄法（circular look-ahead，CLA），如图 8-6 所示。以汽车当前的位置为圆心，以预瞄距离为半径作圆，将此圆被当前轨迹与期望路径所截取的圆弧长度作为跟踪偏差，其实质是根据几何关系把角度偏差转换为距离值。

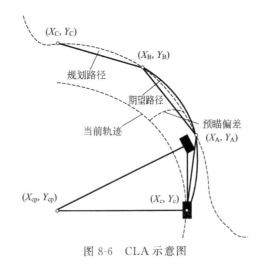

图 8-6 CLA 示意图

### 8.3.4  预瞄跟踪法

预瞄跟踪以汽车位姿和道路信息等作为输入，以前轮偏角为控制量，以跟踪偏差 $\alpha$ 为控制目标，通过 PID 调节环节得到期望的前轮偏角，以达到消除跟踪偏差的目的。正常状态时参考点的选择如图 8-7（a）所示，转弯的情况如图 8-7（b）所示，当目标点已经在视野内，则直接以目标点为跟踪点，如图 8-7（c）所示。

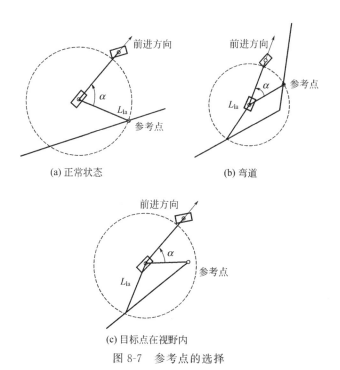

(a) 正常状态 　　(b) 弯道

(c) 目标点在视野内

图 8-7  参考点的选择

该跟踪方法将汽车到参考点之间的连线与汽车航向之间的夹角 $\alpha$ 作为跟踪偏差，如图 8-8 所示。

图中，$d_e$ 为距离偏差，$\psi$ 为角度偏差，$L_{la}$ 为预瞄距离，$\phi$ 为由距离偏差转化得到的角度值，$\alpha$ 为由汽车位置和目标点组成的直线与汽车当前航向之间的夹角，由几何关系知：

$$\phi = \arcsin \frac{d_e}{L_{la}} \tag{8-14}$$

$$\alpha = \psi + \phi \tag{8-15}$$

由式（8-14）和式（8-15）可知，这种跟踪偏差计算方法的本质是将距离偏差转换为角度值。

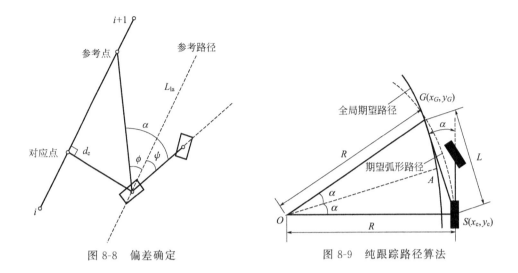

图 8-8    偏差确定                                    图 8-9    纯跟踪路径算法

## 8.3.5　纯跟踪算法

图 8-9 展示了纯跟踪（pure pursuit）算法的原理，图中汽车位置用后轴中心位置 $S(x_e,y_e)$ 表示，根据预瞄距离 $L$ 得到路径上预瞄点的坐标 $G(x_G,y_G)$，汽车的瞬时转向中心为 $O$，汽车的转弯半径为 $R$，汽车航向与汽车位置和目标点连线的夹角为 $\alpha$。

纯跟踪算法用一条圆弧将汽车当前位置和目标位置连接起来。这条圆弧就是期望汽车行驶的路径，它与汽车当前的航向满足相切关系。基于几何关系得到圆弧的半径，即汽车的转弯半径，具体过程如下。

期望的圆弧与汽车航向满足相切关系，因此得到圆弧对应的圆心角为：

$$\angle GOS = 2\alpha \tag{8-16}$$

所以，在三角形 $OAS$ 中可以得到：

$$\sin\alpha = \frac{L}{2R} \tag{8-17}$$

同时，汽车航向与汽车位置和目标点连线的夹角又满足：

$$\sin\alpha = \frac{x_G - x_e}{L} \tag{8-18}$$

可以得到期望弧形路径的半径为：

$$R = \frac{L^2}{2(x_G - x_e)} \tag{8-19}$$

由式(8-6) 知前轮偏角：$\delta = \arctan(L/R)$

推导可以得到内、外车轮的转角满足下列关系：

$$\tan\delta_i = \cfrac{L}{\left[-\cfrac{B}{2} + \cfrac{L^2}{2(x_{Gi} - x_{ei})}\right]} \tag{8-20}$$

$$\tan\delta_o = \cfrac{L}{\left[-\cfrac{B}{2} + \cfrac{L^2}{2(x_{Go} - x_{eo})}\right]} \tag{8-21}$$

## 8.4　基于多特征融合的动态障碍物检测跟踪

为了避开所有的潜在碰撞，无人驾驶汽车需要检测跟踪环境中的动态障碍物，估计其运动状态，为动态障碍物识别和轨迹预测提供信息支持。由于激光雷达能够直接获得障碍物的位置并且受到外界环境干扰小，成为了无人驾驶汽车的主要环境感知传感器。

三维激光雷达能够提供无人驾驶汽车所在环境的三维信息，但利用三维信息直接进行动态障碍物检测跟踪算法复杂度太高，无法满足无人驾驶汽车实时性要求；多层激光雷达能够提供无人驾驶汽车前方的障碍物信息，但数据的稀疏性导致从中提取出的特征较少，误匹配率较高。

动态障碍物检测跟踪过程中准确性和实时性较低，基于多特征融合的动态障碍物检测跟踪方法可以克服以上问题，该方法分为障碍物建模和匹配跟踪两步，如图 8-10 所示。在第 1 步中首先从激光数据中提取障碍物特征，接着融合所得到的特征并建立框模型或点模型。在第 2 步中首先将障碍物与列表中的动态障碍物进行匹配，更新动态障碍物的运动状态或得到新的动态障碍物，接

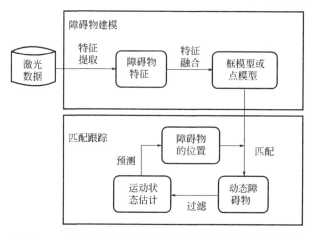

图 8-10　基于多特征融合的动态障碍物检测跟踪流程图

着通过过滤机制将不满足条件的动态障碍物滤除，例如已经多帧未检测到的动态障碍物，最后使用卡尔曼滤波器估计动态障碍物的运动状态并预测其在下一帧时的位置。

### 8.4.1 障碍物数据特征提取

激光雷达可以探测无人驾驶汽车前方 110°（左侧 60°，右侧 50°）视角中 200m 内的障碍物，最高角分辨率为 0.25°，如图 8-11(a) 所示，它由四个扫描层组成，每层之间的夹角是 0.8°，扫描频率为 12.5~50Hz。图 8-11(b) 展示了一个典型的多层激光雷达障碍物检测场景，由于道路不平车头向下倾斜，下方的两条扫描线都扫描到了地面，而上方的两条扫描线扫描到了前方行人。采用这种多层扫描的结构可以有效防止车辆颠簸过程造成的扫描有效区域减小，返回的激光点数据已经将地面点滤除。

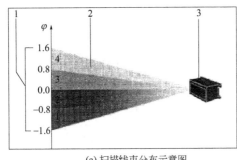
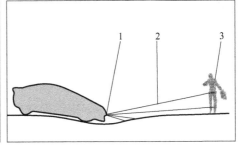

(a) 扫描线束分布示意图　　　　　　(b) 扫描过程示意图

图 8-11　多层激光雷达工作原理示意图

激光雷达返回的数据包括数据头、每帧扫描得到的数据长度和激光点数据，利用这些数据能够解析得到完整的一帧激光扫描数据，这些激光点按照顺时针排列，每个点包含障碍物在极坐标中的角度、距离以及障碍物点的激光反射脉冲强度。为了提取障碍物的几何特征，首先将四层激光点数据投影到同一平面，对角度相同但距离不同的激光点取距离较近的为有效返回点，接着使用基于距离的方法对激光点进行聚类分割。

可以通过式(8-22)计算得到 $p_{i-1}$ 与 $p_i$ 之间的距离是否小于阈值 $D_{thd}$。$p_i$ 为同一障碍物激光点的障碍物块上的任意一点。$D_{thd}$ 可以通过式(8-22)计算得到。

$$D_{thd} = C_0 + C_{min}\{r_i, r_{i-1}\} \tag{8-22}$$

式中，$r_i$ 表示第 $i$ 个点与传感器的距离；$C_0$ 是一个用来抑制随机噪声的常数，通过以上算法能够将属于同一障碍物的点聚类为一个障碍物块。

障碍物边沿的线性特征和拐角特征能够更好地描述障碍物的轮廓，为了将这些特征从障碍物块中提取出来，我们使用了如图 8-12 所示的特征提取算法。

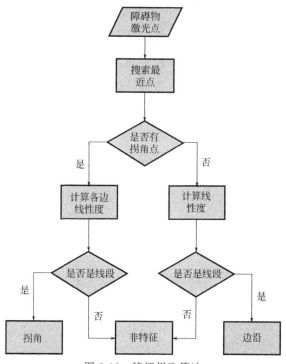

图 8-12 特征提取算法

首先在障碍物块包含的激光点数据中搜索距离传感器最近的点 $p_n$，计算 $p_n$ 到障碍物块首尾两个端点 $p_f$ 和点 $p_l$ 的距离，如果 $\angle p_f p_n p_l$ 接近 $90°$ 且 $p_n$ 到 $p_f$ 和 $p_l$ 两点的距离都超过设定的阈值，可以判定该障碍物块中存在拐角点，接下来计算组成拐角的两个边的线性度，若拐角两边的障碍物点能够很好地拟合为线段则这两条边可以作为障碍物的边沿特征，对于不包含拐角特征点的障碍物块，如果障碍物点能够拟合为一条直线，同样可以将其作为障碍物的边沿特征，最终得到的障碍物特征可用式(8-23) 表示。

$$F_1 = (p_c, p_l, p_r, w, l, m) \tag{8-23}$$

式中，$p_c$ 表示障碍物的拐点，$p_l$ 表示障碍物块中最左侧的点，$p_r$ 是最右侧的点，$w$ 是障碍物的宽度，$l$ 是障碍物的长度，$m$ 是障碍物点的平均反射脉冲宽度，是激光反射脉冲强度的另一种表示方式。如果障碍物中不存在拐点则将 $p_c$ 置为 $(0,0)$，最后可以通过障碍物特征的长度和其所在道路的位置将路沿和隔离栏等静态障碍物滤除。

图 8-13 展示了从多层激光雷达数据中提取出的障碍物几何特征，其中图 8-13(a) 为无人驾驶汽车所处的真实驾驶场景，图 8-13(b) 展示了激光雷达获取的障碍物点。第一层到第四层激光雷达数据分别用四种颜色表示，可以看出每一层的激光雷达数据的完整性有所不同，这是因为四层之间有 0.8° 的夹角，导致四条激光扫描线分别扫描到了障碍物不同的位置，这也避免了无人驾驶汽车在颠簸过程中丢失障碍物几何特征。图 8-13(c) 为最终障碍物特征提取结果，共检测到了两个包含拐点的障碍物块，分别对应着正前方的汽车和左前方较远的汽车，对左前方较近的汽车只检测到了其右侧边沿，右侧提取出的障碍物边沿则对应着道路护栏和护栏外的植被。

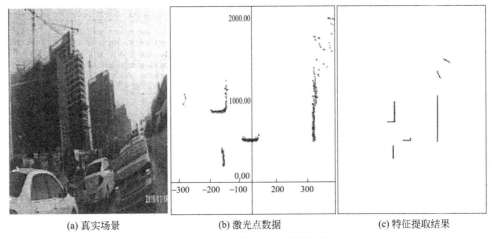

(a) 真实场景        (b) 激光点数据        (c) 特征提取结果

图 8-13    多层激光雷达特征提取

## 8.4.2    障碍物数据特征模型

每一个障碍物以多层激光雷达的扫描周期为关联周期，每当接收到多层激光雷达数据时进行一次数据关联，这样动态障碍物的检测周期即为多层激光雷达的数据关联周期，最终可以得到包含多种特征的障碍物特征向量，见公式(8-23)。

为了精确地估计障碍物的运动状态，发挥激光雷达能够获取障碍物位置和轮廓特征的优势，此处使用了框模型和点模型表示障碍物，如图 8-14 所示，并建立相应的运动学模型。如果障碍物中含有拐角特征或者边沿特征使用框模型对障碍物进行建模，障碍物的边沿和拐角就是框的边和拐角，否则使用点模型对障碍物进行建模，点的位置就是障碍物中心点的位置。

点模型的运动状态可表示为：

$$\dot{s} = (x, y, v, \theta, a) \tag{8-24}$$

其中 $(x,y)$ 是障碍物中心位置坐标，$v$ 和 $\theta$ 是障碍物运动速度和方向，$a$ 表示障碍物的加速度。

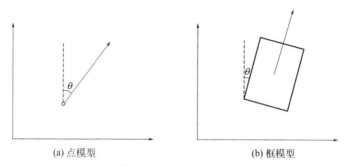

(a) 点模型　　　　　　　　　　　(b) 框模型

图 8-14　障碍物模型

框模型的运动状态可表示为：

$$\vec{s} = (x, y, v, w, a) \tag{8-25}$$

其中 $y$、$a$、$w$ 表示障碍物横摆角速度，其他参数与点模型的含义相同。

通过判断障碍物中是否包含拐角或者线段可以确定选择框模型还是点模型表示障碍物。图 8-15 所示是动态障碍物检测与建模的结果，图 8-15(a) 展示了无人驾驶汽车的真实行驶场景，图中包含线段和拐角特征的障碍物被标示了出来；图 8-15(b) 显示了激光雷达特征提取结果，白色点为障碍物，白色线为提取出的障碍物特征，通过特征的长度可以初步判定特征属于路沿还是车辆，最终得到的结果与实际场景相符；图 8-15(c) 中用框模型标示出了满足建模条件的障碍物，分别对应着逆向车道的卡车和本车前方的两辆小汽车。

(a) 真实场景　　　　　　(b) 特征提取结果　　　　　(c) 动态目标建模结果

图 8-15　动态障碍物检测与建模结果

## 8.4.3　动态障碍物检测跟踪

动态障碍物与无人驾驶汽车的相对运动会造成检测到的障碍物轮廓发生变

化，对框模型使用中心点位置变化估计运动状态会带来很大误差，图 8-16 展示了多层激光雷达检测到的动态车辆轮廓变化过程。第一排图是真实的驾驶场景，第二排图是多层激光雷达的障碍物检测结果，图中框内的障碍物块是与真实场景对应的汽车。第一排图上的数字是场景发生的时间，从中可以看出第一个场景和第二个场景之间只相差 938ms，但检测到的车辆轮廓长度却增加了 1.6m；第二个场景和第三个场景之间相差了 1093ms，轮廓长度相差了 1m。如果使用中心点位置变化估计动态障碍物运动状态，轮廓变化会使速度计算结果产生较大误差，且稳定性较差。

图 8-16　多层激光雷达检测到的动态车辆轮廓变化过程

为了解决此问题，采用基于特征跟踪的运动状态估计方法，首先根据障碍物所处位置判断特征跟踪中应选取的特征。多层激光雷达扫描过程如图 8-17 所示，扫描得到的轮廓由障碍物在多层激光雷达视野范围内的位置决定，图中黑色点表示多层激光雷达返回的激光点。根据多层激光雷达扫描特性，将扫描区域分为扫描边界上和扫描边界内两个区域，每个部分对应不同的跟踪特征，如图中较大黑点所示。

① 左侧扫描边界：右边沿前端点。

② 右侧扫描边界：左边沿前端点。

③ 扫描区域内：后边沿中心点/左后拐点/右后拐点。

在扫描区域内根据特征检测结果使用不同的特征，拐点的优先级大于后边沿中心点，如果由于位置变化前后两帧的特征选取种类不同，则在匹配过程中使用前一帧使用的特征，这样可以消除特征切换带来的跳变。以图 8-16 为例，第一个场景中检测到了汽车的后边沿中心点，而在第二个场景中检测到了汽车的左后

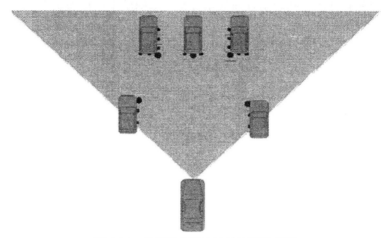

图 8-17　多层激光雷达特征检测示意图

拐点，若这两个场景是前后帧，则使用后边沿中心点作为跟踪特征，而第二个场景和第三个场景中都检测到了左后拐点，所以跟踪特征变为左后拐点。

　　为了更准确地估计障碍物的运动状态，根据前面所提出的特征选择方法选择对应的特征，接着使用了卡尔曼滤波器估计动态障碍物的运动状态。对于点模型，使用了中心点位置特征，第 $k$ 个动态障碍物在 $t$ 时刻的运动状态可以表示为：

$$\vec{s}_t^k = (x_t^k, y_t^k, speed_t^k, \theta_t^k, a_t^k) \tag{8-26}$$

　　其中，$(x_t^k, y_t^k)$ 表示特征位置，$speed_t^k$ 表示动态障碍物的运动速度，$\theta_t^k$ 和 $a_t^k$ 分别表示动态障碍物的运动方向和加速度，而对于用框模型表示的第 $k$ 个动态障碍物，其在 $t$ 时刻的运动状态可以用式（8-27）表示：

$$\vec{s}_t^k = (x_t^k, y_t^k, speed_t^k, \theta_t^k, a_t^k, yaw_t^k) \tag{8-27}$$

　　其中，$yaw_t^k$ 表示动态障碍物的横摆角速度，检测到的动态障碍物的运动系统可以用式（8-28）表示：

$$\begin{cases} \vec{s}_{t+1}^k = \boldsymbol{A} \cdot \vec{s}_t^k + w \\ z_t^k = \boldsymbol{C} \cdot \vec{s}_t^k + v \end{cases} \tag{8-28}$$

　　其中，$\boldsymbol{A}$ 是转移矩阵，$\boldsymbol{C}$ 是状态观测矩阵，$w$ 是系统状态转移过程中的噪声，而 $v$ 是系统观测过程中引入的噪声，这两个噪声是相互独立的白噪声，它们的协方差分别是 $R$ 和 $Q$，运动状态预测方程和运动状态协方差预测方程，如下所示：

$$\begin{cases} \vec{s}_{t+1}^k = \boldsymbol{A} \cdot \vec{s}_{t-1}^k + R \\ P_{t|t-1}^k = \boldsymbol{A} \cdot P_{t-1}^k \cdot \boldsymbol{A}^{\mathrm{T}} + Q \end{cases} \tag{8-29}$$

　　动态障碍物的运动状态估计需要结合基于上帧结果的预测结果和当前观测结果，计算方程如式(8-30) 所示：

$$\vec{s}_t = \vec{s}^{\,k}_{t|t-1} + Kg_t (z^k_t - C \cdot \vec{s}^{\,k}_{t|t-1}) \tag{8-30}$$

其中 $Kg_t$ 是卡尔曼增益，可以通过下式进行更新：

$$Kg_t = P^k_{t|t-1} \cdot C^{\mathrm{T}} \cdot \mathrm{inv}(C \cdot P^k_{t|t-1} \cdot C^{\mathrm{T}} + R) \tag{8-31}$$

最新的运动状态协方差可以通过下式进行更新：

$$P^k_t = (I - Kg_t \cdot C) P^k_{t|t-1} \tag{8-32}$$

其中，$I$ 为单位矩阵。

# 第9章

# 无人驾驶中的机器学习

机器学习（machine learning）算法被广泛应用于解决自动驾驶汽车制造的各种挑战问题中。人类将传感器数据处理集成到汽车的 ECU（电子控制单元）中，提高机器学习的利用率去完成新的任务是十分必要的，潜在的应用包括对驾驶员条件的评估，或者通过不同的外部和内部传感器进行数据融合，比如激光雷达、毫米波雷达、相机和物联网。运行车载信息娱乐系统的应用程序可以接收来自传感器数据融合系统的信息，这个基于机器学习的应用程序还包括驾驶员的语音、手势识别和语言翻译。

强化学习（reinforcement learning）又称增强学习，属于机器学习中的一类，其思想来源于自然界中生物获取外来信息并改变自我的过程。在每个状态（state），智能体都根据最优策略选择动作（action），然后执行动作与环境交互，使智能体进入新的状态，并根据环境反馈得到的奖励（reward）值更新得到最优策略。这种迭代的决策方法虽然已被证明会最终收敛到最优策略，但由于强化学习对大量样本或高维度数据的处理需要超长迭代周期，因此一直未出现较大规模的应用。增强学习的属性，是经过与环境的交互，使用从环境得到的反馈，学习到合理的状态行为映射的一个过程。

## 9.1 机器学习基本概念

**（1）机器学习分类**

考虑各种学习方法出现的历史渊源、知识表示、推理策略、结果评估的相似性、研究人员交流的相对集中性以及应用领域等诸多因素，将机器学习方法区分为以下六类。

① 经验性归纳学习（empirical inductive learning）。经验性归纳学习采用一些数据密集的经验方法（如版本空间法、ID3 法、定律发现方法）对例子进行归

纳学习。其例子和学习结果一般都采用属性、谓词、关系等符号表示。它相当于基于学习策略分类中的归纳学习，但除去联接学习、遗传算法、加强学习的部分。

② 分析学习（analytic learning）。分析学习方法是从一个或少数几个实例出发，运用领域知识进行分析。其主要特征为：

a. 推理策略主要是演绎，而非归纳；

b. 使用过去的问题求解经验（实例）指导新的问题求解，或产生能更有效地运用领域知识的搜索控制规则。

分析学习的目标是改善系统的性能，而不是新的概念描述。分析学习包括应用解释学习、演绎学习、多级结构组块以及宏操作学习等技术。

③ 类比学习。它相当于基于学习策略分类中的类比学习。在这一类型的学习中比较引人注目的研究是通过与过去经历的具体事例作类比来学习，称为基于范例的学习（case-based learning），或简称范例学习。

④ 遗传算法（genetic algorithm）。遗传算法模拟生物繁殖的突变、交换和达尔文的自然选择（在任一生态环境中适者生存）。它把问题可能的解编码为一个向量，称为个体，向量的每一个元素称为基因，并利用目标函数（相当于自然选择标准）对群体（个体的集合）中的每一个个体进行评价，根据评价值（适应度）对个体进行选择、交换、变异等遗传操作，从而得到新的群体。遗传算法适用于非常复杂和困难的环境，比如，带有大量噪声和无关数据、事物不断更新、问题目标不能明显和精确地定义，以及通过很长的执行过程才能确定当前行为的价值等。

⑤ 联接学习。典型的联接模型实现为人工神经网络，其由称为神经元的一些简单计算单元以及单元间的加权联接组成。

⑥ 增强学习（reinforcement learning）。增强学习的特点是通过与环境的试探性（trial and error）交互来确定和优化动作的选择，以实现所谓的序列决策任务。在这种任务中，学习机制通过选择并执行动作，导致系统状态的变化，并有可能得到某种强化信号（立即回报），从而实现与环境的交互。强化信号就是对系统行为的一种标量化的奖惩。系统学习的目标是寻找一个合适的动作选择策略，即在任意给定的状态下选择哪种动作的方法，使产生的动作序列可获得某种最优的结果（如累计立即回报最大）。

**（2）获取知识的表示形式分类**

学习系统获取的知识可能有：行为规则、物理对象的描述、问题求解策略、各种分类及其他用于任务实现的知识类型。

对于学习中获取的知识，主要有以下一些表示形式。

① 代数表达式参数。学习的目标是调节一个固定函数形式的代数表达式参

数或系数来达到一个理想的性能。

②　决策树。用决策树来划分物体的类属，树中每一内部节点对应一个物体属性，而每一边对应于这些属性的可选值，树的叶节点则对应于物体的每个基本分类。

③　形式文法。在识别一个特定语言的学习中，通过对该语言的一系列表达式进行归纳，形成该语言的形式文法。

④　产生式规则。产生式规则表示为条件-动作对，已被极为广泛地使用。学习系统中的学习行为主要是：生成、泛化、特化（specialization）或合成产生式规则。

⑤　形式逻辑表达式。形式逻辑表达式的基本成分是命题、谓词、变量、约束变量范围的语句，及嵌入的逻辑表达式。

⑥　图和网络。有的系统采用图匹配和图转换方案来有效地比较和索引知识。

⑦　框架和模式（schema）。每个框架包含一组槽，用于描述事物（概念和个体）的各个方面。

⑧　计算机程序和其他的过程编码。获取这种形式的知识，目的在于取得一种能实现特定过程的能力，而不是为了推断该过程的内部结构。

⑨　神经网络。这主要用在联接学习中，学习所获取的知识，最后归纳为一个神经网络。

⑩　多种表示形式的组合。有时一个学习系统中获取的知识需要综合应用上述几种知识表示形式。

**（3）学习策略的分类**

学习策略是指学习过程中系统所采用的推理策略。一个学习系统总是由学习和环境两部分组成。由环境（如书本或教师）提供信息，学习部分则实现信息转换，用能够理解的形式记忆下来，并从中获取有用的信息。在学习过程中，学生（学习部分）使用的推理越少，他对教师（环境）的依赖就越大，教师的负担也就越重。学习策略的分类标准就是根据学生实现信息转换所需的推理多少和难易程度来分类的，以从简单到复杂，从少到多的次序分为以下六种基本类型。

①　机械学习（rote learning）。学习者无需任何推理或其他的知识转换，直接吸取环境所提供的信息。如塞缪尔的跳棋程序、纽厄尔和西蒙的 LT 系统。这类学习系统主要考虑的是如何索引贮存的知识并加以利用。系统的学习方法是直接通过事先编好、构造好的程序来学习，学习者不做任何工作，或者是通过直接接收既定的事实和数据进行学习，对输入信息不作任何的推理。

②　示教学习（learning from instruction）。学生从环境（教师或其他信息源如教科书等）获取信息，把知识转换成内部可使用的表示形式，并将新的知识和原有知识有机地结合为一体。所以要求学生有一定程度的推理能力，但环境仍要

做大量的工作。教师以某种形式提出和组织知识，以使学生拥有的知识可以不断地增加。这种学习方法和人类社会的学校教学方式相似，学习的任务就是建立一个系统，使它能接受教导和建议，并有效地贮存和应用学到的知识。不少专家在建立知识库时就是使用这种方法来实现知识获取。

③ 演绎学习（learning by deduction）。学生所用的推理形式为演绎推理。推理从公理出发，经过逻辑变换推导出结论。这种推理是"保真"变换和特化的过程，使学生在推理过程中可以获取有用的知识。这种学习方法包含宏操作（macro-operation）学习、知识编辑和组块（chunking）技术。演绎推理的逆过程是归纳推理。

④ 类比学习（learning by analogy）。利用两个不同领域（源域、目标域）中的知识相似性，可以通过类比，从源域的知识（包括相似的特征和其他性质）推导出目标域的相应知识，从而实现学习。类比学习系统可以使一个已有的计算机应用系统转变为适应于新的领域，来完成原先没有设计的相类似的功能。

类比学习需要比上述三种学习方式更多的推理。它一般要求先从知识源（源域）中检索出可用的知识，再将其转换成新的形式，用到新的状况（目标域）中去。类比学习在人类科学技术发展史上起着重要作用，许多科学发现就是通过类比得到的。例如著名的卢瑟福类比就是通过将原子结构（目标域）同太阳系（源域）作类比，揭示了原子结构的奥秘。

⑤ 基于解释的学习（explanation-based learning，EBL）。学生根据教师提供的目标概念、该概念的一个例子、领域理论及可操作准则，首先构造一个解释来说明为什么该例子满足目标概念，然后将解释推广为目标概念的一个满足可操作准则的充分条件。EBL已被广泛应用于知识库求精和改善系统的性能。

⑥ 归纳学习（induction learning）。归纳学习是由教师或环境提供某概念的一些实例或反例，让学生通过归纳推理得出该概念的一般描述。这种学习的推理工作量远多于示教学习和演绎学习，因为环境并不提供一般性概念描述（如公理）。从某种程度上说，归纳学习的推理量也比类比学习大，因为没有一个类似的概念可以作为"源概念"加以取用。归纳学习是最基本的，发展也较为成熟的学习方法，在人工智能领域中已经得到广泛的研究和应用。

**（4）学习算法简介**

算法被分为非监督和监督算法，两者的区别在于它们是如何学习的。

受监督的算法利用训练数据率学习，直到达到他们所期望的水平（错误概率最小化）。受监督的算法可以分为回归、分类和异常检测或降维。非监督的算法试图从可用数据中获取价值。这意味着，在可用的数据中，一种算法开发出一种关系，以检测模式或将数据率划分为子群，这取决于它们之间的相似程度。非监督算法可以在很大程度上被划分为关联规则学习和集群。

强化算法是另一组机器学习算法，它可以在非监督和监督的学习之间进行。对于每个训练例子来说，在监督学习中有一个目标标签；在非监督学习中没有标签；强化学习包括时间延迟和稀疏标签，也就是未来的奖励。

机器人 agent 根据这些奖励学习在环境中行为。为了理解算法的局限性和优点，开发有效的学习算法是强化学习的目标。强化学习可能涉及大量的实际应用，从人工智能到控制工程或操作研究——所有这些都与自动驾驶汽车的发展有关。这可以被归类为间接学习和直接学习。在自动驾驶汽车中，机器学习算法的主要任务之一是对周围环境进行连续的渲染，并预测这些环境可能发生的变化。这些任务被分成 4 个子任务：

① 探测对象；

② 识别对象或识别对象的分类；

③ 物体的定位；

④ 运动预测。

机器学习算法大致分为 4 类：决策矩阵算法、聚类算法、模式识别算法和回归算法。机器学习算法的一个类别可以用来完成 2 个或更多的子任务。例如，回归算法可以用于对象定位，也可以用于对象检测或运动预测。

## 9.2 增强学习理论基础

依据现在对增强学习的定义，可将其形象化为图 9-1。增强学习的最终指标是为了找到一个更理想的策略 $\pi(s,a)$ 使得系统最终取得最大的堆积回报 $R(s,a)$。但是在现实的世界里，平均回报会显得稳定得多。把策略形象化为一个参数化的条件分布 $\pi(s,a)=f(a\mid s,\theta)$，增强学习的最终目的即可更进一步精细描述为寻到最理想的策略 $\pi^*$ 或等价于寻到最理想的参数 $\theta^*$，让所获取的平均回报达到其最大值，如公式(9-1) 所示，其中 $\mu^\pi$ 为策略 $\pi$ 在环境 $T(s,a,s')=P(s'\mid s,a)$ 中所产生的静态的状态分布。

$$\max_{\mu^\pi,\pi} J(\pi)=\sum_{s,a}\mu^\pi(s)\pi(s,a)r(s,a) \tag{9-1}$$

s.t.

$$\mu^\pi(s')=\sum_{s,a}\mu^\pi(s)\pi(s,a)f(s,a),\forall s'\in S$$
$$1=\sum_{s,a}\mu^\pi(s)\pi(s,a)$$

在公式(9-1) 中，加上后面的两个约束条件的目的是为了使得最终对问题的优化有效，它们建立于合理的概率分布以及相应的状态-行为空间上。

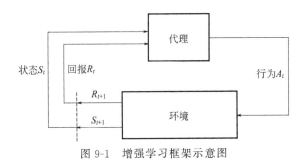

图 9-1　增强学习框架示意图

### 9.2.1　马尔可夫决策模型

马尔可夫决策过程（Markov decision precess，MDP）是一种用于解决实际问题的数学模型。增强学习的研究都是建立在 MDP 基础上的，在用增强学习来处置优化类任务的时候，马尔可夫决策过程是一个非常有效的数学模块。由于现实世界里的许多优化决策问题，比如交通运输和动态系统控制等都具有序惯性决策的特点，所以在适当的假设条件下，能够用 MDP 来研究。

可以这样来阐述一个 MDP：一个机器人通过执行很多动作中的其中一个，改变自身目前的状态，与环境交互获取相应的回报，也就是说其通过一定的策略使得回报最大化。一个 MDP 能够运用一个五元组来表征，即 $\{S,A,r,P,\gamma\}$。五元组中 $S$ 表示一群连续的状态的集合，若有 $s \in S$，则 $s_i$ 代表第 $i$ 步的状态；$A$ 表示一群连续的动作的集合，若有 $a \in A$，则 $a_i$ 代表第 $i$ 步执行的行动；$P$ 表示 MDP 状态转移概率；$r$：$S \times A \rightarrow R$ 表示 MDP 的决策回报函数；$\gamma \in [0,1]$ 是折扣因子，表示未来回报相对于即时回报的重要程度，换句话说即为无数个时间步内的回报值在总体中占据的比例各有多大。

马尔可夫过程的决策执行经过可描述为：指明一个机器人的初始状态为 $s_0$，把一个行为 $a_0$ 从一堆动作的集合 $A$ 内取出，行动完之后机器人按照状态转移概率 $P$ 移动到下一个状态 $s_1$，这一小步是随机进行的；紧接着又执行另一行为 $a_1$，而后就移动到了状态 $s_2$，紧随其后再执行另外一个行为，如此不断继续下去。如果由状态 $s$ 和动作 $a$ 能够求取回报函数 $r$，那么这个马尔可夫决策问题的状态转移的过程如图 9-2 所示。

### 9.2.2　值函数

在增强学习的研究问题中，算法学到的是一个策略，通过策略，最后求取的就是相应的一连串的动作，状态便是这个函数的自变量，在这里我们可以将其记为 $\pi$：$S \rightarrow A$，其中 $\pi$ 就是策略。换句话讲，在此指明了状态的值 $s$ 后，下一步应该执行的行为 $a = \pi(s)$ 也就随即被完全固定下来了。但是增强学习

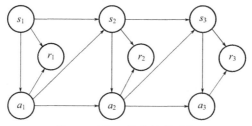

图 9-2　MDP 状态转移过程

具有延迟回报，它的回报函数 $r: S \times A \to R$ 没法说明选择一个策略所造成的影响。因此需要一个量来衡量一个策略，这个量就是值函数，它的本质是一种决策优化的目标函数，这里用这个量来表示当前状态下选择策略 $\pi$ 有可能造成的长远影响。

用 $V^{\pi}(s)$ 表示策略 $\pi$ 主导时，某个状态 $s$ 的状态函数。其中 $r_i$ 表示第 $i$ 步的立即回报。其数学表达如下所示：

$$V^{\pi}(s) = E_{\pi}\left[\sum_{i=0}^{\infty} \gamma^i r_i \mid s_0 = s\right] \tag{9-2}$$

在增强学习问题的研究中，式(9-2)表示的状态值函数在动态规划领域得到了广泛的研究和应用。其中，$E[\ ]$ 是数学期望；$\gamma \in [0,1]$ 是折扣因子，它表征了未来回报对于当前回报的影响力的大小。对于折扣因子而言，在 $\gamma = 0$ 时，相当于我们只关注了当前回报，而没有关注到未来回报；在 $\gamma = 1$ 时，表明将来的奖励此时和现在的即时奖励是一并受到重视的。

展开式(9-2)，用 $s'$ 表示当前状态的下一个状态，$R(s)$ 表示立即回报，其服从马尔可夫决策过程的状态转移概率为 $P_{s\pi(s)}$ 的概率分布。则有如式(9-3)的展开式：

$$
\begin{aligned}
V^{\pi}(s) &= E_{\pi}[r_0 + \gamma r_1 + \gamma^2 r_2 + \gamma^3 r_3 + \cdots \mid s_0 = s] \\
&= E_{\pi}[r_0 + \gamma E[\gamma r_1 + \gamma^2 r_2 + \gamma^3 r_3 + \cdots] \mid s_0 = s] \\
&= E_{\pi}[r(s' \mid s, a) + \gamma V^{\pi}(s') \mid s_0 = s] \\
&= R(s) + \gamma \sum_{s' \in S} P_{s\pi(s)}(s') V^{\pi}(s')
\end{aligned}
\tag{9-3}
$$

可以看出状态值函数由立即回报和未来累积折扣回报期望两部分组成。给定初始状态 $s_0$ 和 $\pi$ 策略，则可以得到 $a = \pi(s)$，下一个时刻将会以状态转移概率 $p(s' \mid s, a)$ 转向下一个状态 $s$，那么也可将公式(9-3)重写为公式(9-4)：

$$V^{\pi}(s) = \sum_{s' \in S} p(s' \mid s, a)[r(s' \mid s, a) + \gamma V^{\pi}(s')] \tag{9-4}$$

需要注意的是，在状态值函数 $V^\pi(s)$ 中，我们自己指明初始状态 $s_0$，同时自己指明策略 $\pi$ 后，通过策略我们能够求得对应的一个动作值，即可以由公式 $a = \pi(s)$ 求得初始动作 $a_0$ 的值。

和 $V^\pi(s)$ 很像，MDP 中的动作值函数 $Q^\pi(s,a)$ 表征了从某一个状态动作对出发，按照某个策略 $\pi$ 求取一个行为所能获得的全部回报的大小。在增强学习的算法中，为了便于更新策略，我们也会将其求出。其数学描述如下：

$$Q^\pi(s,a) = E_\pi\left[\sum_{i=0}^{\infty} \gamma^i r_i \mid s_0 = s, a_0 = a\right] \tag{9-5}$$

得到的状态值函数和动作值函数分别满足公式(9-6)和公式(9-7)的贝尔曼方程：

$$V^\pi(s) = E_\pi[r(s,a) + \gamma V^\pi(s')] \tag{9-6}$$

$$Q^\pi(s,a) = E[r(s,a) + \gamma V^\pi(s')] \tag{9-7}$$

其中，$E[\ ]$ 是数学期望，$s'$ 表示现在所处状态的接下来一步的状态，$a$ 为采取的相应动作。在得到状态值函数和动作值函数的数学描述之后，可以得到最优状态值函数的数学描述，如公式(9-8)所示：

$$V^*(s) = \max_\pi V^\pi(s)$$
$$= R(s) + \max_{a \in A} \gamma \sum_{s' \in S} P_{s\pi(s)}(s')V^*(s') \tag{9-8}$$

一个马尔可夫过程的最理想稳定性策略能够由公式(9-9)求得：

$$\pi^* = \underset{\pi}{\arg\max} V^\pi(s)$$
$$= \underset{a \in A}{\arg\max} \sum_{s' \in S} P_{sa}(s')V^*(s') \tag{9-9}$$

对应最理想稳定性策略 $\pi^*$ 的最理想状态值函数和最理想动作值函数可分别记为 $V^*(s,a)$ 和 $Q^*(s,a)$，则有如公式(9-10)所示关系式成立：

$$V^*(s,a) = \max_a Q^*(s,a) \tag{9-10}$$

最理想状态值函数和最理想动作值函数各自满足如公式(9-11)和公式(9-12)所示的贝尔曼最理想方程：

$$V^*(s) = \max_a E[r(s,a) + \gamma V^*(s')] \tag{9-11}$$

$$Q^*(s,a) = E[r(s,a) + \max_{a'} \gamma Q^*(s',a')] \tag{9-12}$$

其中 $a'$ 是现在所处状态的接下来一步的状态 $s'$ 所执行的对应的行为。

对于模型已知（model-based）的马尔可夫决策过程，利用动态规划的值迭代（value iteration）和策略迭代等算法可以求解最好的状态函数、动作函数和最好的策略。而当马尔可夫决策过程的模型未知（model-free）时，传统的方法没法进行求解，此时增强学习算法便成为一种有效的求解手段。

## 9.2.3　马尔可夫决策过程的动态规划解法

增强学习的最终目标是为了获取一个马尔可夫过程的最理想策略 $\pi^*$，使得设计出来的系统在任意初始状态时，都能使得状态值函数获得最大值。马尔可夫决策过程的动态规划解法是求解马尔可夫过程问题的最基本的算法，也是理解后续增强学习经典算法的基础。

以上已经对 MDP 的状态值函数和动作值函数两个值函数进行了介绍。然而在之前的分析中，假想策略是已经被知道了的，故而在式（9-11）式（9-12）中没有去想怎么对策略求值以及怎么对它改进。

**（1）策略估计**

所谓策略估计，指的就是在给定一个策略 $\pi$ 后，求得对应的那个状态值函数。在指明了一个策略 $\pi$ 后，求取每个状态对应的价值称为策略估计。对于确定性的策略，式（9-4）已经给出了状态值函数的数学描述，现在将这个问题一般化到更普遍性的环境：假设在某指定的策略 $\pi$ 下，某个状态对应的行为 $a$ 有无数种发生的概率，每种发生的概率将其表示成 $\pi(a \mid s)$，则这个时候的状态值函数的数学描述如公式（9-13）：

$$V^\pi(s) = \sum_a \pi(a \mid s) \sum_{s'} p(s' \mid s,a)[r(s' \mid s,a) + \gamma V^\pi(s')] \qquad (9\text{-}13)$$

这里以迭代的方式不断使状态值函数频繁变化，并且将其所有初始值初始化为 0。然后采用式（9-14）迭代更新机器人 agent 在所有状态的状态值函数，如下式所示（第 $k+1$ 次迭代）：

$$V_{k+1}(s) = \sum_a \pi(a \mid s) \sum_{s' \in S} p(s' \mid s,a)[r(s' \mid s,a) + \gamma V_k(s')] \qquad (9\text{-}14)$$

**（2）策略改进和策略迭代**

所谓策略改进，就是根据状态价值得到新的更优的策略的过程。对于某一个状态 $s$，假设现在指明了某个策略 $\pi$，其一切状态的对应函数的值也已被求得。判断该状态下，所采取的策略是否最优的标准是动作值函数 $Q^\pi(s,a)$ 的值是否大于状态值函数 $V^\pi(s)$ 的值。若大于，那么至少说明该策略要比之前所采取的旧策略要好。即 $\pi$ 和 $\pi'$ 是两个已经被指定了的策略，假设在这里我们对一切能观察到的状态 $s \in S$ 有：

$$Q^\pi(s, \pi'(s)) \geqslant V^\pi(s) \qquad (9\text{-}15)$$

那么 $\pi'$ 比 $\pi$ 还要理想，也有可能两者理想的程度一样。其中，式（9-15）等价于式(9-16)。

$$V^{\pi'}(s) \geqslant V^{\pi}(s) \tag{9-16}$$

基于上面策略的改进方法，我们就完全足够扫描全部可能的状态和会发生的行为，并采用greedy策略去更新求取一个新的策略。也就是说，对所有的状态$s \in S$，我们采用式(9-17)来更新策略：

$$\begin{aligned}
\pi'(s) &= \underset{a}{\mathrm{argmax}} Q^{\pi}(s,a) \\
&= \underset{a}{\mathrm{argmax}} E_{\pi}[r(s' \mid s,a) + \gamma V^{\pi}(s') \mid s_0 = s, a_0 = a] \\
&= \underset{a}{\mathrm{argmax}} \sum_{s' \in S} p(s' \mid s,a)[r(s' \mid s,a) + \gamma V^{\pi}(s')]
\end{aligned} \tag{9-17}$$

策略的不断被改进，就能使得不断进行策略迭代，这样就可以收敛到最理想的策略。通俗来解释，策略迭代的算法内核就是先初始化一个策略$\pi_0$，这个过程是随机的，然后计算该策略主导下的任何一个状态的对应的值$v_0$；根据这些计算出来的值又能通过式(9-17)求取而得到一个相对来说更理想的策略$\pi_1$，然后在新的策略$\pi_1$主导下又去求取任何一个状态的对应的值$v_1$，…，如此不断迭代下去直到收敛到最理想的策略。策略迭代算法的伪代码见表9-1。

表 9-1　策略迭代算法伪代码

随机初始化一个从S到A的策略 π
For i＝1,2,…
Step 1：
对给定策略，令 V＝V$^{\pi}$,利用公式(9-8)Bellman 等式求解 V$^{\pi}$
根据V$^{\pi}$结果,针对任一 s,以下式对 π(s)进行迭代优化：
$\pi(s) = \underset{a \in A}{\mathrm{argmax}} \sum_{s' \in S} P_{sa}(s') V^{*}(s')$
Return　已经收敛的最优策略 π$^{*}$

**(3) 值迭代**

策略改进就是一个策略不断被优化的进程，从之前的内容还可以看到策略估计也是策略改进的一部分，是一个子集。通过上面的介绍，我们可以知道策略估计实际上需要遍历环境中所有的状态无数次，大量的时间开销直接对策略迭代的效率造成严重的限制。为了节约时间，提高效率，在保证我们设计的 AI 最终能够收敛的情况下，利用值迭代缩短策略估计大量的时间开销。值迭代每次迭代只观测一次任何一个状态，这极大地节省了训练时间。值迭代的任何一次更新对一切的$s \in S$都按照公式(9-18)进行：

$$\begin{aligned}
V_{k+1}(s) &= \max_{a} E[r(s' \mid s,a) + \gamma V^{\pi}(s') \mid s_0 = s] \\
&= \max_{a} \sum_{s' \in S} p(s' \mid s,\pi(s))[r(s' \mid s,\pi(s)) + \gamma V^{\pi}(s')] \quad (9\text{-}18)
\end{aligned}$$

理论上，策略迭代与值迭代二者都得经过若干次迭代更新才能最终收敛到最理想状态值函数和最理想策略。在现实生活里，我们一般通过经验利用一个临界值来作为算法更新的终止条件，即当状态值函数的值在不断被优化的过程中其改变量可以被认为是 0 时，就认为算法近似求取了最理想的策略。值迭代算法的伪代码见表 9-2。

表 9-2 值迭代算法伪代码

初始化每一个状态 s 的状态值函数为 0
For i＝1,2,⋯
对每一个状态 s,以下式对状态值函数不断优化:
$$V^* = R(s) + \gamma \sum_{s' \in S} P_{s\pi(s)}(s') V^\pi(s')$$
收敛得到最优状态值函数
Return 最优状态值函数 $V^*$

有清晰的数学描述是 MDP 的动态规划解法的显著长处，但是该解法要求环境模型必须全部已知，这在实际中是很难达到的。而且，当状态的数目非常多时，动态规划算法的执行效果最终也会面临一系列不可预测的潜在威胁。当马尔可夫决策过程的环境模型无关（model-free）时，传统的解法——动态规划方法已经很不容易求得其值了，这时候，经典的增强学习算法成为一种有效的求解手段。

### 9.2.4 增强学习经典控制算法分析

增强学习定义了一类和人类学习方式很相像的学习问题。任何处理增强学习类问题的算法，都能被称作增强学习算法。百多年来，经过全球众多学者不停的努力，时至如今，已经开发、研究出了不少优秀的算法。这些优秀的算法包括从最初的蒙特卡洛方法、时间差分（temporal difference）算法、Q 学习（Q-learning）算法等，到深度 Q 网络（DQN）算法、直接策略搜索、PI2、GPS 等一系列算法。

下面主要是详细介绍增强学习算法中一些较为经典的算法，即控制系统中使用到的时间差分算法和 Q 学习算法等。

**（1）时间差分算法**

在实际中，我们希望的算法一般都要满足两个特性，那就是：

① 算法不依赖于环境模型，或者直接和环境模型无任何关系；

② 算法不应该被小范围地局限在回合迭代的问题中，还可以应用于连续的任务。

时间差分算法恰好满足了以上特点。

在分析时间差分算法的思想之前，先介绍一个形式简捷的蒙特卡洛方法，叫做 constant-α 蒙特卡洛方法，constant-α 蒙特卡洛方法的状态值函数迭代优化公式的数学描述如公式(9-19)所示：

$$V(s_t) \leftarrow V(s_t) + \alpha[r_t - V(s_t)] \tag{9-19}$$

其中 $R_t$ 是每次迭代结束之后获得的总回报值，$t$ 为时间步长，是学习率。对公式(9-19)可以这么认为：以获得的事实堆积回报 $R_t$ 作为状态值函数 $V(s_t)$ 的一个评估。处理方式是，对于每个回合迭代过程，计算试验时处于状态 $s_t$ 时的事实堆积回报 $R_t$ 和现在的状态值函数 $V(s_t)$ 的对比值，并用该对比值乘以学习率来优化迭代获取状态值函数的一个更理想的评估。由公式(9-3)，公式(9-19)可以重写为公式(9-20)：

$$V(s_t) \leftarrow V(s_t) + \alpha[r_{t+1} + \gamma V(s_{t+1}) - V(s_t)] \tag{9-20}$$

其中 $\gamma \in [0,1]$ 是折扣因子。

这是由公式(9-6)的模式，通过利用事实上的即时奖励 $r_{t+1}$ 和接下来状态的状态值函数 $V(s_{t+1})$ 来优化 $V(s_t)$ 的，这种优化迭代的方式就叫时间差分。公式(9-20)必须要经过无数次试验来得到我们希望的状态值函数的一个评估，因为在公式(9-20)中并没有状态转移概率这一项的存在。在经过无数次的试验之后，状态值函数的一个评估最终是可能顺利收敛到我们所希望的那个程度的。

由以上讨论可知，增强学习中的时间差分算法在每一步都可以直接更新，因为它是在线学习的，学习快，且应用范围非常广。时间差分算法的伪代码如表 9-3 所示。

**表 9-3 时间差分算法伪代码**

```
输入一个待估计的策略 π
初始化所有状态的状态值函数 V(s_t),(e.g.,V(s_t)=0,∀s∈S)
For k=1,2,…k(k 为 episode 数)
    初始化每个状态 s
    Repeat(对每步状态转移)
    a←策略 π 下状态 s 采取的动作
    采取动作 a,观察回报 r,以及下一个状态 s_{t+1}
    V(s_t)←V(s_t)+α[r_{t+1}+γV(s_{t+1})-V(s_t)]
    s_t←s_{t+1}
    直到 S_t 到达终态
    直到所有 V(s_t)都收敛
Return  最优 V*(s)
```

**(2) SARSA 算法**

增强学习算法能被分为两种类别，分别是在线策略（on-policy）类和离线策略（off-policy）类。SARSA 算法本质上是状态-动作价值版本的时间差分算法，它是一种在线策略类的算法。该算法合理利用了马尔可夫性质，利用了下一个状态信息进行更新计算。

与此前介绍过的动态规划算法不同，SARSA 算法更新计算得到的量是动作值函数，并非是此前说过的状态值函数。换句话讲，我们计算更新的是在某个策略 $\pi$ 主导的情形中，所有状态 $s$ 上的一切可能会被执行的行为 $a$ 的动作值函数 $Q^\pi(s,a)$。在这里，动作值函数同样也可以利用时间差分算法来进行估计。

SARSA 算法更新公式如式(9-21)：

$$Q(s_t,a_t) \leftarrow Q(s_t,a_t) + \alpha[r_{t+1} + \gamma Q(s_{t+1},a_{t+1}) - Q(s_t,a_t)] \quad (9\text{-}21)$$

其中，$s_t$ 为时刻 $t$ 时的状态，$s_{t+1}$ 是现在所处状态的接下来的那个状态，$a_t$ 是 $s_t$ 相应的行为，$a_{t+1}$ 是 $s_{t+1}$ 对应的行为，$r_{t+1}$ 是系统求取的回报值，$\gamma \in [0,1]$ 为衰减系数，是算法学习率。

SARSA 算法的伪代码见表 9-4。

表 9-4　SARSA 算法伪代码

```
所有状态的动作函数 Q(s,a)置 0,(e.g.,Q(s_t,a_t)=0,∀s∈S)
For k=1,2,…(k 为 episode 数)
    初始化状态集 S
    根据 ε-greedy 策略,选取状态 s 对应的动作 a
    Repeat(对 episode 每一个 step)
    a←策略 π 下状态 s 采取的动作
    采取动作 a,观察回报 r,以及下一个状态 s_{t+1}
        Q(s_t,a_t)←Q(s_t,a_t)+α[r_{t+1}+γQ(s_{t+1},a_{t+1})-Q(s_t,a_t)]
        s_t←s_{t+1}    a_t←a_{t+1}
        直到 S_t 到达终态
        直到所有 Q(s_t,a_t)都收敛
Return    最优 Q(s,a)
```

可见式(9-21)在形式上与式(9-20)保持一致。在这个公式中，有一点我们必须要特别当心，对于任何一个不是最终状态的状态 $s_t$，在移动到当前状态的下一步 $s_{t+1}$ 时，都是能够使用公式(9-21)优化更新 $Q$ 函数的，也即是动作值函数的更新。而若是状态 $s_t$ 是终止态，则一定要使得 $Q(s_{t+1}=0,a_{t+1})$。由此可以看出，该算法之所以叫做 State Action Reward State Action 算法，就是因为其动作值函数的历次优化迭代全部和 $s_t,a_t,r_{t+1},s_{t+1},a_{t+1}$ 这五个量联系着。

该算法的优化更新的结果最终可以求取所有的 $Q$ 函数的值，并根据该结果输出最理想的策略。SARSA 算法是一种与环境模型无关（model-free）的机器学习算法，算法能够在不完全知道环境状态的情况下，学习到一个最为理想的策略。

**(3) Q 学习算法**

Q 学习算法是由 Watkins 提出的一种与环境模型无关（model-free）的机器学习算法，可将其拿来用马尔可夫决策过程问题的研究上。由于这种算法具有不用建立环境模型，并且在一定的条件下能够保证最终收敛，故其成为了增强学习算法中应用最为广泛的一种算法。

Q学习算法的算法思想完全由前面介绍的值迭代衍化而来。但是由前面的讨论我们知道，值迭代算法历次优化时，全部需要把所有的 Q 函数值整体迭代一遍，它针对的是一切的状态以及相对应的行为。但实际上，在现实中没办法将所有的状态和动作全部遍历完。在这样的情况之下，Q 学习算法应势而生。Q 学习算法提出了一种优化 Q 值的方式：这里由值迭代算法我们可以求取出 target-Q 值，然而此时不再粗暴地把这个算法求取而来的 target-Q 值直接给予新的 Q 函数，而是使用类似于降低梯度的缓慢更换的方式，向算法的最终目的前进一段较小的距离，如此便能够降低因为评估时出现的偏差而造成的不良影响。类似于 SGD 方法，最后的动作值函数都可以收敛到最理想的 Q 值。

在 Q 学习算法中，我们使用动作值函数，也即 Q 函数表示在状态 $s_t$ 时采取一个行为 $a_t$。无限折扣累积回报的数学描述如公式（9-22）所示，在这里是采取最优动作序列执行的。

$$Q(s_t, a_t) = r_t + \gamma \max\{Q(s_{t+1}, a_{t+1}) | a_{t+1} \in A\} \tag{9-22}$$

其中，$\gamma \in [0, 1]$ 是衰减系数，$s_t$ 表示在时刻 $t$ 时所处的状态，$s_{t+1}$ 表示 $t+1$ 时刻的状态，$a_{t+1}$ 为其对应的动作，$r_t$ 为 $t$ 时刻的即时收益，$A$ 为行为的一个集合。

SARSA 算法是一种在线策略类的算法，因为它执行每个行为时所使用的策略和迭代优化动作值函数时所运用的策略是统一的，都是 greedy 策略。Q 学习算法却是不同于 SARSA 算法的一种离线策略类的算法，它的动作值函数优化时所使用的策略和执行每个行为时所使用的策略是不一样的。Q 学习算法的动作值函数的更新公式如式（9-23）所示。

$$Q(s_t, a_t) \leftarrow Q(s_t, a_t) + \alpha[r_{t+1} + \gamma \max_a Q(s_{t+1}, a) - Q(s_t, a_t)] \tag{9-23}$$

在式（9-23）中，$\gamma \in [0, 1]$ 是衰减系数，$\alpha \in [0, 1]$ 是学习率，其值越大，表明式（9-23）收敛得就越快。但算法收敛太快有可能会导致过拟合问题的出现。从式（9-23）可以看出，Q 学习算法和 SARSA 算法有一个明显不同的地方，那就是在更新 Q 值的时候，Q 学习算法粗暴地运用了 $Q(s_{t+1}, a)$ 的最大值，也即是说其采取了使得 $Q(s_{t+1}, a)$ 取最大值的动作，这表明它与现在所处状态使用的策略，即与执行动作 $a_t$ 时选择的策略一点关系也没有。而 SARSA 算法所使用的策略与其当前所处状态执行的动作是有关系的。表 9-5 为 Q 学习算法的伪代码。

**表 9-5　Q 学习算法伪代码**

∀s∈S,a∈A 初始化 Q(s,a)为任意值(随机数)

初始化每个状态 s

Repeat(对 episode 中的每一步)

使用某一策略(比如 ε-greedy)选择一个动作执行

采取动作 a,观察回报 r,以及下一个状态 $s_{t+1}$

$$Q(s_t,a_t) \leftarrow Q(s_t,a_t) + \alpha[r_{t+1} + \gamma \max_a Q(s_{t+1},a) - Q(s_t,a_t)]$$

$$s_t \leftarrow s_{t+1}$$

直到 $S_t$ 到达终态

循环直到所有 S 都收敛

Return　最优 Q 值

Q 学习算法以一个回合迭代为一个训练周期,每次训练完一个回合之后,再进入下一个回合进行训练。回合迭代的次数由我们自己指定,回合越多训练的时间就越长,但相应求得更理想策略的概率就越大。经过不断地训练,我们的算法就能最终获取一个比较理想的策略。图 9-3 为 Q 学习算法流程图。

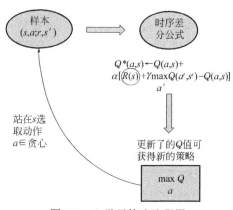

图 9-3　Q 学习算法流程图

由上面的讨论可以知道,Q 学习算法完全不用考虑模型,也就是不用考虑环境的所有具体情况,只考虑能看得到的环境以及回报,所以它是一种与环境模型无关的增强学习算法。保证了在有限数量状态下和离散情况下可以收敛到最优 Q 值,它可以学习到任何序列的经验。Q 函数结合状态转换和不依赖于状态转移概率来估计未来回报的信息,减少了计算量和显式状态转移概率的独立性,从而让 Q 学习体现出了强大的吸引力。

**(4) 深度增强学习算法**

增强学习问题在电子游戏中有着范围非常广的应用,因其拥有有限稳固维度的状态和有限稳固维度的行为,以及可被预见的系统模型,所以它是当今学术界内十分适用的一种算法。

　　所谓深度增强学习，指的是将机器学习中的深度学习和增强学习结合起来，从而实现从感知到动作的一类端到端学习的增强学习方法。深度增强学习使得机器人拥有能够全方位的智能化学习一种或无数种经验的潜在巨大的能力。图 9-4 是深度增强学习的一般模型图。

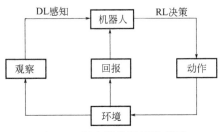

图 9-4　深度增强学习模型图

　　在增强学习刚开始研究时，学者们关注的重点主要聚焦在值函数类算法上，例如 Q 学习算法、时差算法等，这些算法皆是不停更新值函数，让值函数取值最大化，随之间接训练获取最理想的策略。在此充分运用了增强学习研究中，算法中的机器人与环境彼此交流、不停尝试以及延迟回报等特点，在连续的试验中不停学习更理性的策略，提升最终实验的结果表现。在现在增强学习的研究中，值函数这类算法，已经不断地在仿真模拟以及虚拟游戏等非真实世界中获得了十分优秀的应用表现。例如美国谷歌公司的 Deep Mind 实验室发表的深度 Q 网络算法，该算法是深度增强学习最早被开发出来的一个算法，是 Q 学习的深度学习模式。

　　深度增强学习是把深度学习和增强学习两类算法结合到一起，粗暴地从高维原始数据进行学习的一类控制算法。DQN 算法就是深度增强学习中，运用最为广泛的一种算法，它将卷积神经网络 CNN 和 Q 学习算法联结起来。在该算法中，CNN 把状态的值当做原始的图像数据输入网络，其输出就是每个行为对应的 Q 值的一个评估。

　　在普通的 Q 学习算法中，当其动作和状态都是离散的，且其维数都不高时，使用 Q 表作为学习的"大脑"，这个"大脑"存储每个状态-动作对的值，并且不断更新。而当状态和行为在试验中是连续的，且是高维的时候，就会导致"维数灾难"，用 Q 表更新值的办法误差太大，而且操作不现实。这时候，DQN 算法能够完美处理此类问题，如图 9-5 所示。

　　假若输入原始图像数据当做增强学习的状态空间，仍然运用传统 Q 学习算法的简单方式去填表，然后依此去寻找最理想的策略的话，因状态空间维度的巨大膨胀，这完全就是不能完成的任务。如图 9-5 所示的状态空间就有 $256^{210 \times 160}$

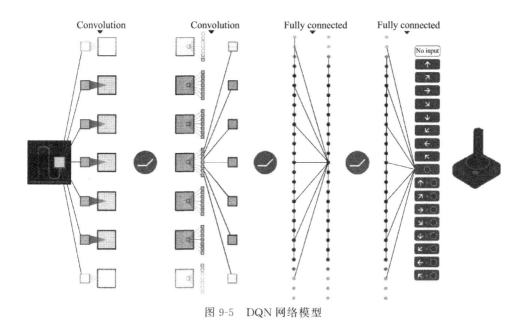

图 9-5 DQN 网络模型

维，这是一个无比巨大的维度，在试验时，光是我们用来存储这样大量参数的内存，都是一个不可想象的天文数字，所以是不现实的。要解决这个问题，只能找寻其他方法，考虑降低状态空间让人瞠目结舌的维度数。

多数情况下的做法是，通过式（9-24）所述方程把 Q 表的更新近似地拟合为一个函数，换句话说我们将 Q 表用一个深度神经网络来近似置换，从而算法可以自动提取复杂特征。这样，我们就可以无视状态空间和动作空间的维度到底有多大，因为不管有多大我们都会通过神经网络的运算进行降维处理，最后输出单值的 Q 值。在这样的算法思想指导下，连续且高维的情况就能得到有效解决了。

$$Q(s,a) \approx f(s,a,\omega) \qquad (9\text{-}24)$$

其中，一种思路就是使用一个函数来逼近价值函数，即 $Q(s,a)=f(s,a,w)$，使用某种函数来代替 Q 表的功能。式（9-24）中的 $f$ 在此可以为任意一种类型的函数，线性函数或非线性函数都是允许的。在此我们经过固化函数的类型，使得参数维度体量降低，函数仅需要满足 $f:S\times A \rightarrow R$ 就能达到要求。若是试验结果想要达到更为理想的成绩，低维度的线性函数显然是很不容易满足的。基于此，就可以用式（9-24）所述方程来近似代替 Q 函数，即将 Q 函数深度神经网络化，如图 9-6 所示。

由深度学习的知识可知，实际上我们是能够用一个神经网络来近似迫近非线性函数的。从而，这里运用神经网络当做价值函数的近似，如图 9-6 所示。深度学习里的神经网络的训练其实是一个不停被优化的过程，将一个损失函数优化到最小，亦即最小化采集到的标签和神经网络预测值之间的误差。因此，必须要有

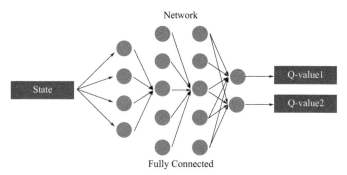

图 9-6　$Q$ 函数深度神经网络化

海量的带标签的数据，随后利用逆向传播的方式，使用 SGD 的办法来训练优化神经网络的权重。输入海量的有标签的样本，不停训练拟合网络的权重。然而，在如此的问题中，并没有已标有标签的样本。因此，如何对取得的样本进行标签化是一个十分重要的研究工作。Q 网络的损失函数定义如下：

$$\mathcal{L}(\omega) = E\left[(r + \gamma \max_{a'} Q(s',a',\omega) - Q(s,a,\omega))^2\right] \quad (9\text{-}25)$$

其中，$s'$ 和 $a'$ 分别表示下一步的状态和行为的值。DQN 算法在电子游戏中的应用很成功，经由它训练出的策略获得的成绩最终能达到人类这个级别，且在某些方面远远超过人类的表现。DQN 算法伪代码见表 9-6。

表 9-6　DQN 算法伪代码

随机初始化一个经验回放矩阵 **D** 以及容纳的样本数 N
以随机权重 $\theta$ 初始化动作价值函数 Q
以权重 $\theta^- = \theta$ 初始化目标动作价值函数 Q
For episode＝1,…,M
　　初始化第一个状态 $s_1 = \{x_1\}$，预处理得到状态特征输入
　　For t＝1,…,T
　　　　以概率 ε 选择随机动作 $a_t$。若没有发生，则以 ε-greedy 策略令：
　　　　$a_t = \arg \max Q(\phi(s_t), a; \theta)$
　　　　在仿真器中执行动作 $a_t$，观察回报 $r_t$ 及图像 $x_{t+1}$
　　　　设置 $s_{t+1} = s_t, a_t, x_{t+1}$，预处理 $\phi_{t+1} = \phi(s_{t+1})$
　　　　将 $(\phi_t, a_t, r_t, \phi_{t+1})$ 存入 **D** 中，并进行经验回放
　　　　从经验回放矩阵 **D** 中均匀随机采样一个转换样本数据，表示为 $(\phi_j, a_j, r_j, \phi_{j+1})$
　　　　判断是否已到当前回合的终止态，若到，则时间差分目标为 $r_j$；若不到，则执行下式：

　　　　$y_j = r_j + \gamma \max_{a'} \hat{Q}(\phi_{j+1}, a'; \theta^-)$

　　　　执行梯度下降：
　　　　$\Delta \theta = \alpha[r + \gamma \max_{a'} Q(s', a'; \theta^-) - Q(s, a; \theta)] \nabla Q(s, a; \theta)$

　　　　更新网络参数：$\theta \leftarrow \theta + \Delta \theta$
　　　　每隔 C 步更新一次时间差分目标网络权重
结束循环
Return　目标 Q 值

在对算法中的网络实行训练时，前提是认为样本不仅是独立的，也是服从同一种分布的。然而事实上却并非如此。通过 DQN 采集到的样本具有马尔可夫的相关性，这些样本不是独立同分布的，使用这样的样本训练而来的深度神经网络运用时的效果是非常糟糕的。为了解决这个弊端，DQN 运用了一个叫做"经验回放"的机制，这种机制能够打破采集到的样本之间的相关性。在试验中把采集到的样本存放至一个经验池里，之后使用随机平均采样的方法从经验池内提取数据用来训练算法中的网络。如此训练而来的网络，就稳定了许多。

DQN 算法通用性强，是一种端到端的学习方法，可以生产出大量样本供监督学习。然而它的缺点也很明显，无法直接被应用于连续控制。而且它只能使用在那些只需短期记忆的研究领域，没有办法应用于必须长期记忆的领域。

# 第10章

# 车联网与无人驾驶

在车载网络使用方面，从目前的情况来看，世界各大汽车公司的车身网络控制和动力系统网络控制的技术平台均已基本建立，在新推出的车型中，全面采用网络控制技术已成为可能。因此，近几年内，网络技术在汽车中的应用将会迅速普及。

目前，汽车行业存在很多网络通信协议，由于缺乏统一标准，实际上增加了汽车制造成本。虽然建立一个统一的汽车网络协议体系是一项十分复杂和困难的工作，但汽车制造商和供应商之间已逐渐对这一问题达成一致。我国标准化部门也正在组织编制相关的标准。

在汽车电子系统的网络化进程中，随着技术进步，不断有新的总线技术被研发出来。虽然由于各种原因目前还未被 SAE 收录，但是其重要性不言而喻，已暂被称为专用总线，如故障诊断总线、安全总线和电子线控（X-by-wire）总线等。此外，还有高速容错网络协议 FlexRay、时间触发网络协议 TTP（time-triggered protocol）、用于汽车多媒体和导航的 MOST，以及与计算机网络兼容的蓝牙、无线局域网等无线网络技术等。

未来汽车电子技术将向集中综合控制方向发展，采用现场总线将各种汽车电子控制模块连接起来，与其他控制装置共享数据资源。即将车上各个控制模块工作时所产生的实时数据在总线上传输，如输入输出数据、特性参数、控制参数等，使得汽车各个控制模块之间能够达到最佳的匹配。

迄今为止，还没有一个车载网络协议可以完全满足未来汽车所有成本和性能的要求，因此在较长的一段时间内汽车上将是多种层次网络的互联网结构，国外许多汽车制造商倾向于采用多个协议子网混合使用的方案。也就是说，在计算机网络和现场总线技术的基础上，开发各种应用于汽车环境的网络技术和设备，组建汽车内部的通信网络，是现代汽车发展的重要趋势。

近年来，随着物联网的快速发展，另一个新型概念——车联网应运而生。车联网的产生实现了车载网络与城市交通信息网络、智能电网以及社区信息网络的全部连接，车联网技术将改变未来的出行模式。通过"车联网"，汽车具备了高度智能的车载信息系统，智慧交通已不再遥远。目前，在国家相关政策的推动下，国内三大电信运营商、网络运营商和主要汽车制造商等产业都在积极参与和推动车联网的应用发展。

# 10.1 车载数据传输网络的划分及应用范围

**(1) 类型划分**

目前，汽车车载网络存在多种网络标准，SAE 将汽车数据传输网划分为 A、B、C、D 四类：

① A 类网络。A 类网络是面向传感器/执行器控制的低速网络，数据传输位速率通常只有 1～10kbit/s，主要应用于车内分布式电控系统，尤其是面向智能传感器或执行器的数字化通信，如电动门窗、座椅调节及灯光照明等控制。在 A 类网络中存有多种协议标准，其中 LIN 总线是面向低端通信的一种协议，主要应用在通信速率要求不高的场合，通过单总线的方式来实现。

② B 类网络。B 类网络是面向独立模块间数据共享的中速网络，位速率一般为 10～100kbit/s。主要应用于车辆电子的舒适性模块、故障诊断、仪表显示和安全气囊（SRS）等系统，以减少冗余的传感器和其他电子部件。

B 类网络系统标准主要包括控制器局域网（CAN）协议、车辆局域网（vehicle area network，VAN）协议，以及美国汽车工程师学会的 SAE J1850 协议等。在容错性能和故障诊断方面，CAN 具有明显的优势，因此在汽车内部的动力电子系统等对实时性和可靠性要求较高的领域占有不可替代的地位；考虑到成本因素，VAN 也在汽车网络中占有一席之地，特别适用于车身电子系统等对实时性和可靠性要求相对较低，网络上的某些节点功能比较简单的场合；而 SAE J1850 由于其通信速率上的限制已逐渐被淘汰。

③ C 类网络。C 类网络是面向高速、实时闭环控制的多路传输网，最高位速率可达 1Mbit/s，主要用于悬架控制、牵引控制、先进发动机控制和 ABS、ASR 等系统控制，以简化分布式控制和进一步减少车身线束。

在 C 类网络中，欧洲的汽车制造商从 1992 年以来，基本上采用的都是高速通信的 CAN 总线标准 ISO11898-1，它可支持高达 1Mbit/s 的各种通信速率；但从 1994 年以来，SAE J1939 则广泛用于卡车、大客车、建筑设备、农业机械等工业领域的高速通信，其通信速率为 250kbit/s。目前，网络协议种类主要有 ISO11898-1（高速 CAN）、TTP/C 和 FlexRay 等。随着汽车网络技术的发展，将会使用具有高速实时传输特性的一些总线标准和协议，包括采用时间触发通信的 X-by-Wire 系统总线标准和用于安全控制和诊断的总线标准、协议。

④ D 类网络。D 类网络称为智能数据总线（intelligent data base，IDB），是主要面向信息和多媒体系统、高速数据流传输的高性能网络，采用 D2B、MOST 光纤传输和 IDB-Wireless 无线通信技术，速率一般在 250kbit/s～400Mbit/s，主要用于实时的音频和视频通信。而 800Mbit/s 的网络标准也在研究使用，这类网络系统主要连接汽车内部用于多媒体功能的电子设备，包括语音系统、车载电话、音响、电视、车载计算机和 GPS 等系统。

目前，世界上多媒体网络系统标准主要是智能数据总线（intelligent data bus-CAN，IDB-C）、光芯片协会（Optical Chip Consortium）的共用数据总线（domestic digital bus，D2B）、绿洲硅系统（oasis silicon system）的多媒体定向系统传输（media orientated system transport，MOST）协议，以及电气和电子工程师学会（Institute for Electrical and Electronic Engineers，IEEE）的 IEEE1394-1995 标准等。

D 类网络近期才被采纳入 SAE 对总线的分类范畴之中。其带宽范畴相当大，用到的传输介质也有好几种，被分为低速（IDB-C 为代表）、高速（IDB-M 为代表）和无线（bluetooth 蓝牙为代表）三大范畴。

B 类网络支撑 A 类网络的功能，C 类网络能同时实现 A 类网络和 B 类网络功能。从发展趋势看，C 类网络将占主导地位。

**(2) 应用范围**

考虑到功能分布和位传输速率等因素，在现有的汽车通信网络应用中大致可划分为五方面，即动力与传动控制，安全控制，车身控制，行驶控制，信息娱乐控制（亦称"五类网络"），如图 10-1 所示。汽车上这五类网络一般使用相似的总线结构和通信协议，通过网关连接在一起共享信息。

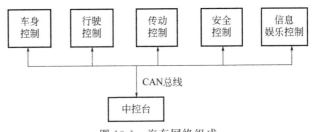

图 10-1　汽车网络组成

除以上系统外，还有面向日益严格的安全、排放控制系统和智能控制系统及主干网络等。为此，将会有不同的网络并存，网络之间可以相互连接，也可以断开。为了实现即插即用，将每个局域网与总线连接，再根据汽车的平台选择并建立所需要的网络。

图 10-2 是目前汽车设计中的网络结构，采用两条 CAN 网络：一条是用于动力系统的高速 CAN，速率为 250kbit/s～1Mbit/s；另一条应用于车身系统的低速 CAN，速率为 10kbit/s～125kbit/s。高速 CAN 主要连接对象是发动机控制器、变速器、ABS 控制器、助力转向和安全气囊控制器等；低速 CAN 主要连接和控制汽车内外部照明、灯光信号、空调和组合仪表等其他低速电子控制单元。由于 CAN 总线的实现成本较高，在一些对速度要求不高的车身电子单元，如传感器输入、车窗控制、门锁控制和座椅控制等，可采用成本相对较低的 LIN 总线来替代。

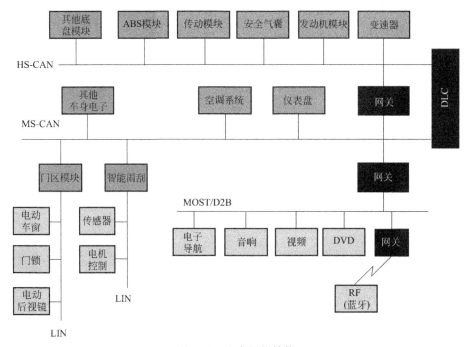

图 10-2 汽车网络结构

# 10.2 车载网络及数据总线

车载网络及控制系统是指汽车上多个处理器之间相互连接、协调工作并共享信息所构成的汽车车载计算机网络控制系统。

自 20 世纪 80 年代以来，为满足安全、舒适、节能、环保和多种功能的需求，以集成电路和单片机为基础的电子控制单元逐步在汽车上得到广泛应用，如电子燃油喷射、变速控制、各种防滑控制（ABS、EBD、ASR 等）、轮胎气压自动监测、自动空调，以及多种智能安全系统等。预计未来几年内，汽车电子控制系统在整车中的比例将由目前的 20% 上升到 30% 以上。面对日益增多的电子系统及其越来越多的电子控制单元与传感器，如果仍采用常规的布线方式（即点对点的单一布线方式），将导致汽车上的电线数目急剧增加，连线可达到数百条，使得电线的质量占到整车质量的 4% 左右。复杂的电路不仅给布线带来了巨大的困难，而且还增加了车身自重、安全隐患和维修难度，更重要的是降低了车辆使用的可靠性，增加了成本。

据统计，一辆高档汽车的用线长度已达 20km，电气节点高达 2000 个，质量在 100kg 左右。为适应汽车电子设备迅速增加，满足电控单元之间能够有效、快速传递信息的需求，汽车车载网络技术应运而生，如控制局域网（CAN）、局部连接网络（LIN）等。目前，汽车内部已基本形成了从低速到高速、从电缆到光纤、从有线到无线、从离散 ECU 的数据通信到中央智能控制的复杂网络系统，以及从集中控制到分布系统控制。

所谓数据总线，是指在一条数据线上传递的信息可以被多个系统共享，从而最大限度地提高系统整体效益，充分利用有限的资源（即一辆汽车上无论有多少个 ECU，每个 ECU 都只需引出两条线共同接在两个节点上，这两条导线就是总线，也称网线）。采用车载网络技术可以通过不同的编码信号来表示不同的开关动作，信号解码后，根据指令接通或断开对应的负荷（如灯光、空气调节等），从而将过去一线一用的专线制改为一线多用制，大大减少了车上的电线数目，缩小了线束尺寸，减轻了线束质量，减少了连接器的数量，降低了成本。

CAN（controller area network）现场总线是德国 Bosch 公司于 1983 年为解决现代汽车中众多的控制与测试仪器之间的数据交换而开发的一种串行数据通信协议，具有开放、可靠、高效和低价等特点。LIN（local interconnect network）总线是从 1998 年开始，由宝马、奥迪、戴姆勒-克莱斯勒、摩托罗拉和 VCT 等 7 家汽车和 IC（integrated circuit）公司（半导体元件、集成电路产品生产企业）共同开发的能满足车身电子要求的低成本串行总线技术，于 2000 年 2 月完成开发，是针对低成本应用而开发的汽车串行协议，也是对 CAN 网络的补充，支持车内的分层式网络。该协议是简单的主/从配置，主要流程在主节点上完成；使用单线通信，减少了大量线束的质量和费用。为了减少成本，从节点应当尽量简单。其目标应用是不需要 CAN 网络的性能、带宽及复杂性的低速系统，如开关类负载或位置型系统，包括汽车后视镜、车锁、汽车座椅、车窗等的控制。

目前，汽车上的电子控制系统主要通过 CAN 总线实施通信互联，只在局部区域采用 LIN 总线进行通信，如总线式组合开关等。

# 10.3　车联网架构

## 10.3.1　车联网相关标准发展历程

基于车联网相关技术研究的迅速进展，国内、国际标准化组织对于车联网标准的研制也进展十分迅速。V2X 通信的相关标准发展主要经历以下几个阶段。

**（1）3GPP LTE-V2X 标准进展**

2015 年 2 月，在世界主流通信设备商和运营商的推动下，3GPP 正式开始 LTE-V2X 技术标准化工作。设立了业务需求、系统架构、安全研究和空口技术 4 个技术工作组并开展工作。其中，业务需求由 SA1 工作组负责，定义了 LTE-V2X 支持的业务要求，包含 27 个具体用例并给出了 7 种典型应用场景的性能指标要求。系统架构由 SA2 工作组负责，其确定增强架构至少要支持 LTE-V Uu 和 LTE-V PC5 两种工作模式。其中 Uu 空口主要承载传统车联网大容量的通信业务，PC5 空口通过直通通信技术承载低时延高可靠性业务。安全方面由 SA3 工作组负责，主要调研 V2X 通信带来的系统安全威胁，分析研究 V2X 通信的安全需求并调研和评估现有的安全功能和架构。空口技术由 RAN 工作组负责。

**（2）3GPP LTE-eV2X 标准进展**

2016 年 6 月，3GPP SA1 进行"增强的 V2X 业务需求"标准研究工作。在发布的研究结果 TS22.886 中，定义了 25 个应用案例，包括自动车队驾驶、半/全自动驾驶、可扩展传感、远程驾驶等需求。2017 年 3 月，由大唐电信等公司联合牵头的"3GPP V2X 第二阶段标准研究"，主要讨论了包括载波聚合、发送分集、高阶调制、短帧传输等物理层关键技术，并于 2018 年 6 月结项。

**（3）5G NR-V2X 标准进展**

2017 年 3 月，3GPP RAN 开始进行 V2X 新型应用评估方法研究的 SI，对 3GPP TS22.886 中定义的增强业务需求进行评估研究，包括仿真场景、性能指标、频谱需求、信道模型和业务模型等。

在 5G 时代，车联网拥有更加复杂多变的体系结构和新型的系统元素，如 5G 车载单元、5G 基站、5G 移动终端、5G 云服务器等。5G 车联网可以实现多种网络的融合，从而进行无缝的信息交互和信道切换。

图 10-3 展示了基于 D2D 通信的 5G 车联网应用架构。在未来车载移动互联网中，车辆可直接通过 5G 基站（路边单元，RSU）或中继（包括邻近的车、用户移动终端）快速接入互联网，实现车与云端设施的信息交互；在车内网中，基于 D2D 通信，车辆和用于车内的用户终端可以在没有基站协助的情况下通过自行控制链路，进行短距离的车辆数据传输，从而降低数据传输时延；此外，在通

信系统边缘或信号拥塞地带的车辆可以基于单跳或多跳的 D2D 建立 Ad Hoc 网络,实现车辆间的自组网通信。

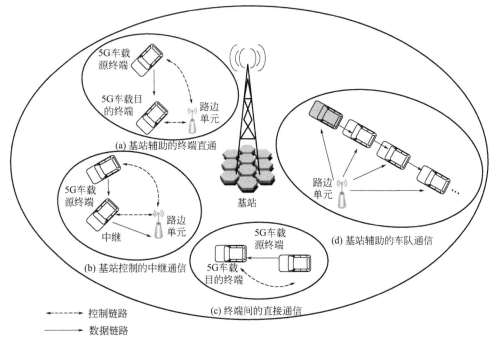

图 10-3　基于 D2D 通信的 5G 车联网应用架构

### 10.3.2　V2X 通信的技术标准

V2X 通信技术目前主要有基于 IEEE 802.11p 的 DSRC 标准与基于 LTE 蜂窝网络的 LTE-V 技术标准两种,基于 5G 的蜂窝网络 5G V2X 的技术仍在标准化过程中。

**(1) DSRC**

DSRC 以 IEEE 802.11p 为基础,其中 IEEE 802.11p 由 IEEE 802.11 标准扩充而来,即 Wi-Fi 的扩展。此外 IEEE 802.11p 不但能支持 QAM(正交振幅调制)以及 PSK(相移键控)等关键调制技术,还支持 FEC(前向纠错),用以避免信息在重传过程中所产生的时延。DSRC 中车辆对车辆通信以及车辆对基础设施通信主要利用了通用射频通信技术,从而在高速移动的场景中为车辆提供信息安全和中短距离传输服务。

基于 DSRC 的 V2X 通信系统主要包括 OBU(车载单元)与 RSU(路边单元)两个重要的组成部分。通过利用车辆车载单元与路边单元的通信来实现车对车通信的相关应用往往与驾驶者和乘客的安全性相关,此外周围车辆的数量、车间距离、道路状况以及天气等都会对 V2X 通信的通信质量、通信速度以及可靠性产生极大的影响，因此与 V2X 通信相关的应用往往要求高可靠性与低时延性。IEEE 将 DSRC 的通信时延容许范围定在 50～100ms，要求车辆在接收信息后能做出快速的反应，保证车对车通信与车对基础设施通信之间的信息的双向传输，与此同时，路边单元在收集车辆信息后再通过网络将道路的交通情况以及车辆的行驶状况等信息上传至服务器。

**（2）LTE-V**

LTE-V 是指以 LTE 蜂窝网络为基础的 V2X 通信标准，能重复利用现有的蜂窝式基础设施与频谱资源，运营商等也同样不需要重新布置专用的路边单元以及提供专用频谱资源。目前华为、大唐电信以及高通等一系列厂商在努力推动着以 LTE 网络为基础的 LTE-V 技术。

针对基于 LTE-V 的 V2X 应用，现有两种不同的通信方式：LTE-V-Cell，即集中式，也称为蜂窝式，以基站为分布和控制中心，主要定义车辆对路边单元以及基础设施的通信方式；LTE-V-Direct，即分布式，也称为直通式，具体指车辆对车辆的直接通信，不需要基站作为控制中心，在相关参考文献中分布式也经常表示为 LTE-D 和 LTE-D2D。

LTE-V-Cell 的关键性能指标主要包括：传输带宽最大可扩展到 100MHz，上行链路的峰值速率为 500Mbit/s，下行链路的峰值速率为 1Gbit/s，反应时延小于 10ms，控制时延小于 50ms，最大支持车辆速度为 500km/h，最大的通信范围与 LTE 最大通信范围一致。关于 LTE-V-Direct 的关键性能指标目前还没有详细的统一标准。

## 10.3.3　车联网架构方案

由于车联网的信息起始端为车辆，所以需要在车辆中设置相应的芯片，同时对于基础设施来说，需要能够实现对这类信号的高精度识别，在本书的研究中，选用的设备为 CPS 节点技术，该项技术可以很好地描述车辆运行中的运动方式。在车联网的架构中，还需要重视以下内容。

**（1）感知层**

感知层的作用为让基础设施以及控制网络能够获取车辆的各类信息，所以在感知层的设计中，需要设置两个子层级结构，本书将整个感知层分为上层与下层两个方面。下层的作用为获取车辆的各类信息，包括运动信息、车辆标号等，通过对这种方法的应用，可以让基础设施更好地分析车辆的当前运行状态，通过对相关信号的分析，各类基础设施可以做出相应的响应动作，提高整项工作的运行质量。下层的主要设备为传感器，传感器能够分析车辆的速度、方向等各项参数，并将信号输入到控制系统中。上层的作用为数据的协同处理和数据的短距离传输，数据的传输工作需要经过有源 CPS 网络，应用相关芯片完成对整个系统的数据整合工作。另外在整个系统的运行和发展中，完成信号处理工作后，通过 RFID 芯片、无线发射系统等设备，完成对信号的发射作用，并让基础设施完成对车辆信息的收集和整理。

**（2）网络层**

网络层由两个子系统构成，其一为短距离的信号传输网络，数据传输设备为有源 CPS 系统，发挥的作用相当于路由器。通过对这种方法的应用，可以更好地完成对整个系统的研究与分析，车辆能够将各类信号传输到周边的基础设施中，这类设施通过对车辆信息的整理和分析，调整被控对象的运行状态。其二为远距离通信系统，通常应用的方法为光纤网络，这种网络在智能交通系统中的应用较多，通过对车辆信号的分析，可以更好地分析当前交通道路上的交通拥堵情况，控制交通信号灯的运行状态。

**（3）应用层**

应用层发挥的功能为信息展示和数据处理，为了提高整个系统的运行质量，需要将应用层分为三个子层级。首先为数据的接口结构，通过对此层级的应用，可以实现对各项数据信息的收集和整理，当发现系统中能够产生相关变化时，需要应用建成的控制程序完成对相关信息的整理与分析。其次为分析层，这一层级发挥的作用为应用系统中建成的数学模型以及控制程序完成对各类基础设施运行状态的调整工作，提高管理质量。最后为人机显示层级。

## 10.3.4 车联网系统架构的关键技术

**（1）RFID 技术**

RFID（radio frequency identification）技术在当前的很多领域中发挥重要作用，由于这一芯片为一种具有全球唯一编号的只读芯片，所以可以实现对车辆信息的有效识别。在该项技术的应用中，可以在车辆的信息输出与射频系统中加入与 RFID 芯片信息相同的数据段，通过对这一方法的研究与分析，以更好地完成针对整个系统的研究与分析工作。在具体的射频通信中，输出的信号前段字符段的信息内容为整个系统中产生的相关内容，从而让各个区域中的基础设施能够识别车辆的各类信息，射频的信息后续内容为车辆的各项运行信息，让系统可以自动分析车辆的运行状态。需要注意的是，在智能交通系统中，车辆的牌照信息需要与 RFID 芯片中的信息关联，让交通系统可以直接识别车辆的各项信息。

**（2）中间件技术**

在物联网的发展和研发中，最基础也是最重要的研究内容为网络层的中间件，当发现系统中存在这一内容时，可以更好地分析整个系统的运行状态，提高系统的运行质量。在中间件的设计中，设计的内容为硬件和软件两个方面，硬件设备包括 RFID 读写器、网络系统中的其余硬件设备等，在系统获取相关信号后，将这类信号加密、整合、传输和输出。在这类中间件中，要根据系统的运行状态和工作方式，完成中间件的硬件系统设计工作。在软件设计中，需要保证硬件系统能够支持软件系统的运行，另外需要根据整个系统的运行情况，完成对系统的研究和分析工作，通过对这种方法的应用，提高整个系统的运行质量。例如针对车辆的速度信号，设计的方法为通过车辆的速度传感器，经过软件系统的解密压缩等工作，将数据信息传输到硬件系统中。

**（3）安全保障技术**

在车联网的设计和应用中，一个最基础的设计内容为网络的安全性，表现为硬件安全和软件安全两个方面。硬件的安全性包括基础设备和车载设备的安全性，针对基础设施的安全性，设计的内容包括设备的防雷性能、防水性能等，确保整个系统能够正常稳定运行。对于车载设备，要保证整个系统有较高的防振性能，防止车辆运行中产生的振动降低系统的运行稳定性。针对软件的安全性，分析的内容包括信号传递方法、网络系统运行效率等，另外对于远距离通信系统来说，需要在网络中设置防火墙。

**（4）无线通信技术**

在车联网的建设中，应用车辆中设置的芯片，向周边设备发送该车辆的专用信号，为了提高整个系统的运行稳定性，需要在车辆上设置无线通信系统，使周边信号可以获取车辆的运行信息。在无线通信技术的应用中，需要分析的内容包括设备的安装位置、通信设备的基带等内容，另外还需要分析天线的工作方向。对于公共交通系统来说，车载无线通信设备可以为全面覆盖式的信号发动模式，在该系统的运行中，可以更好地提高整个系统的运行质量。在车辆的具体运行过程中，应用的方法为，周边设备通过无线信号识别车辆的各项信息，当车辆出现问题时，由控制系统自动发送车辆的故障信息，让交管部门提供相关帮助。对于车辆和建筑之前的通信系统来说，今后可以将住宅的车库控制系统与公共交通系统衔接，由车库控制系统识别车辆的位置信息，驾驶员无需使用车载遥控设备控制车库门的运行状态，提高便利性。

**（5）自动控制技术**

自动控制系统是能够自动完成对各类信号分析工作的控制系统，这一系统的主要运行和工作方法为，通过对相关信号的识别和分析，做出正确的响应方式。例如在智能交通信号灯系统的设计中，采用的方法为通过接收不同道路上的车辆数量信息，确定是否需要修正交通信号灯的运行时间。在无线系统的运行中，信号接收装置很难识别十字路口中不同方向上的车辆数量，所以应用的方法为，利用摄像头监控不同方向上的车辆信息，通过相应的图像处理系统，分析不同方向上的交通拥堵情况，合理控制交通信号灯的运行情况。自动控制系统中的最重要的设备为计算机，在核算汽车密度的同时向交通信号灯发送相应的控制指令，提高交通的疏导效率。从整个系统的运行原理角度来看，在车联网的设计和建设中，自动控制系统的主要工作内容为，根据获取的信号调整各个子系统的运行状态，提高整个车联网系统的智能化程度。

# 10.4  V2X 通信的特点及应用

V2X 通信主要通过装载在车辆上的传感器等芯片技术和通信模块来检测车辆周围的交通状况，获得系统负载状态等一系列重要信息，与此同时，利用全球定位系统（global positioning system，GPS）来实时获得车辆的位置，并指引车辆始终行驶在最优路线上。此外，由于 V2X 通信主要基于终端直联（device-to-device，D2D）通信技术，因此 V2X 通信可以将自身获得的信息传输给邻近的其他实体，从而实现端对端的传输，通过这种信息的分享方式从而构成整个车联网系统。正是由于车联网系统的信息共享，车辆可以有效地预测前方的道路信息，并自动选择最优行驶路线，从而避开拥堵路段。具体而言，根据通信对象不同，V2X 通信可以划分为车辆对车辆（vehicle to vehicle，V2V）通信、车辆对基础设施（vehicle to infrastructure，V2I）通信以及车辆对行人（vehicle to pedestrian，V2P）通信 3 种方式。

在 V2V 通信模式中，车辆主要与其他车辆进行通信。由于通信的双方往往处于高速运动的情景下，因此 V2V 通信模式对于车辆所在的定位信息也具有更加严格的要求。同时在高速运动的场景下，信道和通信环境也更为复杂，因此 V2V 通信模式的研究也更为复杂，现有的 V2X 通信相关研究也大多集中在 V2V 通信模式中。又由于车辆与车辆间的通信基于 D2D 通信，所以 V2V 通信模式不需要借助网络设施（如基站等）即可实现，大大降低了车辆到车辆之间的传输时延，这也使 V2V 通信模式更加高效。同时车辆自身所配置的各式各样的传感器，使车辆可以实时地感应汽车当前的速度方向和位置以及与其他汽车之间的安全距离等，并利用 V2V 通信模式传输相关的安全信息给周围的其他汽车。当其他车辆接收相关的安全信息时，能对周围的交通环境进行预判，从而避免了交通事故的发生，因此，V2V 传输模式特别适合传输一些紧急信息。相对于传统的接入互联网产生的费用，V2V 通信模式不需要通过基站，也不会产生相关费用，同时减少了基站的通信负载，使其更具竞争力。

在 V2I 通信模式中，汽车主要与路边单元（road side unit，RSU）进行通信，如交通信号灯、路牌等。交通中心首先利用 V2I 通信模式接收各条道路上的有关信息，包括道路状况、汽车流量以及事故信息等。同时，交通中心利用这些接收的交通信息分析各个街道的拥堵状况，从而有效地指挥各条道路上的交通。此外，车辆也可以利用 V2I 通信模式，迅速了解车辆周围的各种设施信息（如加油站、商场等），还可以通过路边单元使车辆迅速接入互联网中，从而接收各种娱乐多媒体信息（如高清视频、音乐和社交信息等）。V2I 通信模式可以有效地避免车辆成为通信网络的一个孤立节点，减小了车辆通信中车辆对其他车辆的依赖性。由于通信信道的频率选择性和快速时变衰落特点，V2I 通信模式在车辆较少的场景下或者网络结构不太复杂的情况下将更具优势。

在 V2P 通信模式中，车辆主要与行人身上的智能设备进行通信，如智能手机、运动手环和智能手表等。相对车辆而言，行人的速度是缓慢的，甚至是静止的，因此 V2P 通信模式可以看成简化版的 V2V 通信模式，信道和通信环境也相对比较容易分析。车辆利用 V2P 通信模式可以实时地感应车辆周围的行人位置信息，通过预测行人的行走路线，从而发出预警信息提醒驾驶员和行人，能有效地避免交通事故的发生。

由于车辆间的协同通信性质，V2X 通信可用于交通参与者之间的信息交换，并使合作驾驶能够避免事故，同时提高交通效率，被视为未来车辆的核心技术。通过车辆互联技术解决智能交通系统领域中一些大的挑战，如安全、移动性和多变的环境。

V2X 通信在道路安全服务、自动停车系统、紧急车辆让行以及自动跟车等一系列为车辆提供服务的场景中大量应用。目前 V2X 通信主要讨论的有以下几个应用场景。

**（1）行驶安全服务**

行驶安全服务是指利用 V2X 通信实时监测车辆周围的行人、车辆以及路边单元（如交通信号灯等实体信息），并且通过与其他车辆的信息共享使驾驶者迅速了解道路的安全信息以及交通状况，从而提高对危险路段的警觉度，规避交通事故的发生，特别是在恶劣的天气环境下（如暴雪、雾霾、台风等严重影响驾驶者观察周边道路的天气情况），V2X 通信提供的行驶安全服务至关重要。其中，包括十字路口碰撞预警、紧急制动预警等典型的行驶安全应用场景。

① 碰撞预警。碰撞预警指在交叉路口或道路上，路边单元（RSU）检测到有碰撞风险时，将对受影响区域内的车辆发送告警信息；或者，车辆单元（OBU）探测到与侧向行驶的车辆有碰撞风险时，通过预警提醒驾驶员以及发送碰撞告警信息给受影响车辆，以避免碰撞。该场景下若存在 RSU，则需要 RSU 具备检测碰撞风险并发送预警信息的能力，此外，车辆需要具备广播 V2X 消息等能力，与周围车辆建立通信联系。

② 紧急制动预警。紧急制动预警是指基于 V2V 通信，当前方车辆紧急刹车时，系统发出告警信息，提醒后方车辆减速，其中后方车辆包括一定范围内的所有车辆，避免连环相撞。该场景需要紧急制动车辆具备广播 V2X 消息的能力，

一定范围内的后方车辆具备接收 V2X 消息以及处理告警信息的能力，车辆之间具备建立通信的能力。

**（2）交通效率服务**

在城市的市中心等人口密集的区域有大量的车辆，但由于其交通效率不高，容易造成交通堵塞，特别是上下班高峰期。与此同时，由于道路本身已经堵塞，随着新的车辆不断加入，更加重了交通负担，从而造成恶性循环。移动车辆之间及时交换当前和即将到来的交通信息可以缓解道路拥堵和减少交通事故，最大限度地减少因交通堵塞而在高速公路上浪费的时间，并能降低燃料消耗。V2X 通信的最优化行驶路线服务通过车辆间的实时信息共享（包括道路的拥堵情况等信息），自动帮助驾驶者寻找最优化的行驶路线，从而有效规避了交通拥堵路段，大大提高了驾驶体验。交通效率服务包含车速引导、车内标牌、协作式自适应巡航等具体的应用场景。

① 车速引导。车速引导是指 RSU 收集交通信号灯的配时信息，并将信号灯当前所处状态及当前状态的剩余时间等信息广播给周围车辆。车辆收到该信息后，结合当前车速、位置等信息，计算建议行驶速度，并向车主提示，有助于提高车辆不停车并通过交叉口的可能性。该场景需要 RSU 具备收集交通信号灯信息并向车辆广播 V2X 消息的能力，周边车辆具备收发 V2X 消息的能力。

② 车内标牌。交通信息及建议路径是指 RSU 或基站向覆盖范围内车辆发送道路数据和交通标牌信息，给予驾驶员相应的交通标牌提示。该场景需要 RSU 或基站具备广播 V2X 信息，车辆需要具备接收 V2X 消息并解析的能力。

③ 协作式自适应巡航。协作式自适应巡航是指在高速公路等特定道路下行驶的车队巡航行驶，车队通过 V2X 通信，实现车队内部车辆之间速度、位置、状态等信息共享，保证车队行驶安全。该场景需要车辆表明其活动状态以及具备广播 V2X 消息的能力，并具备与邻近车辆进行单播或多播通信的能力，能够实现信息的收发。

**（3）车载信息服务**

车载信息服务是提高用户驾驶体验的重要应用场景，是 LTE-V2X 应用场景的重要组成部分。信息服务包含紧急呼叫业务、汽车近场支付等具体的应用场景。

① 紧急呼叫业务。紧急呼叫业务是指当车辆出现紧急情况（如安全气囊引爆或侧翻等）时，车辆能自动或手动通过网络发起紧急救助，并对外提供基础数据信息，包括车辆类型、交通事故时间、地点等。服务提供方可以是政府紧急救助中心、运营商紧急救助中心或第三方紧急救助中心等。该场景需要车辆具备 V2X 通信的能力，能与网络建立通信联系。

② 汽车近场支付。汽车近场支付是指汽车作为支付终端对所消费的商品或

服务进行账务支付的一种服务方式。汽车通过 V2X 通信技术与路边单元（RSU 作为受理终端）发生信息交互，间接向银行等金融机构发送支付指令，再经过人脸识别或指纹识别验证进行货币支付与资金转移的操作，从而实现车载支付功能。该场景需要车辆具备 V2X 通信能力，将支付场景可支持的支付消息和活动状态进行广播，将支付请求发送给 RSU。

## 10.5　未来的挑战

目前 V2X 通信受到了学术界和工业界越来越多的关注与讨论，然而其正处于发展的初级阶段，也同样面临着各种各样的问题与挑战。主要体现在高可靠低时延通信、车辆安全和隐私保护、驾驶安全 3 个方面。

**（1）高可靠低时延通信**

由于 V2X 通信中的车辆往往处于高速运动的情景中，因此 V2X 通信模式对于车辆的定位信息具有更加严格的要求。同时在高速运动的场景下，信道和通信环境也更为复杂。而车辆的高速移动性以及网络拓扑结构的快速变化，容易造成车辆间的通信不稳定。例如当一辆车发送信息给另一辆车时，由于车辆的速度可能使车辆间的距离超出双方的可通信范围，从而造成网络联通的不持续性。所以如何保证高速移动下 V2X 通信的高可靠低时延服务是值得探讨的关键问题。

此外，在车联网中，由于车辆行驶速度快，每次连接的实际有效时间短，接入切换频繁，因此要求网络接入和切换足够快，才能保持车载终端始终在线，其他的业务才能正常进行。目前车联网中存在多种不同的无线通信模式，如无线局域网、2G/3G/4G 蜂窝通信、卫星通信和全球微波互联接入等，这些不同结构的网络要互通互联，进行数据传输交换，必须解决异构网络的融合问题。

**（2）车辆安全和隐私保护**

作为智能交通运输系统最为重要的一环，车辆的安全是非常重要的。未来，车辆将不再是一个封闭的载体，而是一个开放的可连接的载体，与目前的手机等智能终端一样融入互联网中进行信息交互。因此不法分子可以利用互联网技术对车辆进行攻击，从而达到解锁车辆、使车辆熄火或主动刹车等目的。此外，与普通的通信网络（如手机通信网络等）相比，由于涉及用户的生命和财产安全，V2X 通信网络往往需要更高的安全等级。因此，如何保证 V2X 通信网络中的数据安全是一个关键的问题。

**（3）驾驶安全**

由于车联网中网络拓扑结构的频繁变化以及传输数据的海量递增，驾驶安全也是 V2X 通信中需要考虑的关键问题。

首先是不可见的邻居用户数量问题、数据的传输范围和数据分组生成率对于

V2X 通信行驶安全的影响。针对某一特定安全需求的车联网应用场景，研究表明相对大的传输范围和较低的数据分组生成率能够使不可见的邻居数量最小化，从而满足安全驾驶的要求。

定期会话的双向通信信道包含两种可靠性的监控方法，一种是在会话期间进行监测，另外一种是在会话期间进行监控的基础上再在相邻会话之间的间歇加一次监测。除此之外，V2X 通信系统所特有的一些新应用存在安全漏洞问题，比如车队通信、协作防撞、动态驾驶地图、视频数据共享等。

其次是在车队通信中，对于车队中断的攻击和车辆传感数据伪造等有关V2X 通信安全问题。领头车辆在组织和保持车队的通信中扮演重要的角色，然而这一过程可能存在单点故障问题。攻击者利用这一缺陷，选择性地重发某些关键的控制信息（比如加速指令、刹车、变道等），对车队通信进行车队中断攻击。由于重发指令的攻击不会修改或窃听消息，并且攻击在较短时间内就能完成，现有的安全机制无法防止或检测此类攻击。信息共享机制允许车辆、路边基础设施、行人或所涉及的任意一个实体共享其传感数据，以避免不必要的碰撞。但是，每辆车捕获的视频数据太大，无法进行加密，而且在许多情况下，这些视频数据是在没有任何保护的情况下进行传输的，因此给 V2X 通信带来安全隐患问题。在车辆传感数据伪造方面，攻击者插入一些视频帧或照片误导其他车辆用户做出错误的决定。

# 第11章

# 无人驾驶车辆设计与测试

本章介绍无人驾驶车辆功能需求分析与总体设计方法，然后以底层系统、控制系统、感知系统和路径规划系统为例介绍分系统设计思路。最后介绍基于公开数据库的测试方法和基于 V-REP 的仿真测试方法，并讨论分析无人驾驶车辆实车测试方法。

## 11.1 功能需求分析与总体设计

### 11.1.1 功能需求分析

就当前阶段的技术水平来说，满足全工况、全天候的无人驾驶车辆是不存在的。因此，在开展无人驾驶车辆设计工作之前，必须对所设计的无人驾驶车辆功能需求进行分析。首先必须确定所设计的无人驾驶车辆的行驶环境；确定了行驶环境后，根据环境进一步明确所需要的功能模块；然后确定实现功能模块的技术途径。

**（1）行驶环境分析**

行驶环境中的道路一般包括结构化道路和非结构化道路。

结构化道路指的是边缘比较规则，路面平坦，有明显的车道线及其他人工标记的行车道路，包括高速公路、城市快速路和城市道路。高速公路、城市快速路和城市道路具有清晰的车道线标记，其主要差异在于高速公路、城市快速路是连续流设施，城市道路是间断流设施，连续流设施内不存在汇入/汇出冲突，也就是不存在交叉路口。对于行驶在高速公路、城市快速路的自动驾驶车辆来说，所需要面对的信息输入更简单，只需要对同向车流做反馈，不存在突然插入的对向/侧向车辆，并且输出也只需要基于车道的加/减速和换道策略，功能需求的复杂度较城市道路工况要低，所以无人驾驶车辆可以跟随车道线行驶，相对来说更容易实现。而对于城市道路，其具有组成复杂、行人交通量大、道路交叉点多、车辆类型杂、车速差异大等特点。此外，城市道路中还有更不稳定的非机动车车流的影响等问题。这些都会导致城市道路中无人驾驶车辆行驶工况更加复杂，单纯依赖跟随车道线行驶无法实现安全驾驶，可能需要进一步引入智能交通系统，实现车与车"对话"、车与物"对话"等精确感知周围环境。

有些道路，如乡村公路、土路等，路面具有较为明显的边界，但道路边界的约束状况信息无法预先获知，且路面中没有车道线等道路标志，故无法采用检测车道线的方法进行识别，这类道路称为非结构化道路。在非结构化道路环境下，无人驾驶车辆需要利用激光雷达、惯性导航仪、GPS卫星定位系统、摄像头等设备进行路网采集和道路边界提取，再进行碰撞检测后得到可行驶路径。有些封闭式园区，如公园、景区、庄园等，也可归为非结构化环境。还有一些越野环境，对于车辆来说，没有道路的概念，只有可通行区域与不可通行区域之分，这些越野环境也归为非结构化环境。

除了道路环境，气候条件、光照条件等也是必须考虑的问题。晴天、阴天、雨天、下雪天，顺光、逆光，白天、晚上等都要在功能需求阶段分析清楚。这些环境既影响功能模块的分析，更影响技术途径的选择。

**（2）功能模块分析**

明确了行驶环境和任务需求后，可以分解得到功能模块。下面以越野和城市两种环境为例进行介绍。

某越野比赛要求无人驾驶车辆从起点出发，按照任务文件指定的路线自主行进，行驶至终点停车。以这个越野比赛为例，无人驾驶车辆至少需要以下功能模块。

① 野外环境机动能力。无人驾驶车辆在野外环境自主机动，要能够识别并适应砂石路、草地、沙地、泥泞路、起伏土路相交织混杂的越野路面，以及间或出现道路边界不清晰的乡间道路；能够适应纵坡、侧倾坡等地形；能够克服尘土影响。

② 野外障碍识别、避让与道路通行。无人驾驶车辆在野外机动中要能够识别并避让损毁设备、废弃物（如轮胎等）、壕沟、水坑等静态障碍，以及随机出现的动态障碍。

③ 阻断道路的动态路径规划。野外环境中，原规划行进路线上的道路被人为阻断，无人驾驶车辆能够完成局部路径重新规划。

④ 桥梁通行。无人驾驶车辆准确识别桥梁可通行区域，适应坡度变化。

⑤ 隧道通行。无人驾驶车辆在通过隧道时，要能够适应光线亮度变化。

⑥ 卫星导航系统信号降级。无人驾驶车辆能够在出现间歇性卫星信号减弱甚至丢失的情况下行进。

2007 年 DARPA 城市挑战赛（DARPA Urban Challenge）要求无人驾驶车辆在复杂的城市环境下进行行为决策，同时还要求与其他车辆进行交互。无人驾驶车辆至少需要以下功能模块。

① 基本导航功能。

a.准备起步：车辆处于自主驾驶模式，且从收到任务文件到车辆准备起步时的时间间隔应少于指定时间。

b.任务起步：车辆在提供的检测点处起步，检测点可以在路网中的任何位置。

c.检测点：车辆的前保险杠以正确的车道、点、顺序通过任务文件中的每一个检测点。

d.车道保持：车辆应该一直在自己的车道行驶，除非要执行一些交通规定才可以例外，如左转弯、避障等。

e.限速：车辆速度应该控制在最小速度和最大速度之间。

f.避障：车辆要尽量避开障碍物。

g.停止线：车辆的前保险杠应该停在距十字路口的停止线 1m 以内。

h.车距保持：车辆保持离路边的距离至少 1m，车辆后方避开所有的障碍物和车辆。在安全区域，车辆保持与前车的距离达到 2m。在行驶区域，车辆的速度每增加 16km/h，车辆应该保持与前车的距离至少增加一个车长。

i.换道超车：在行驶区域，车辆要换道超车时，车辆应该保持与前车的距离为一个车长。

j.超车后返回原车道：车辆超车后，应与被超车之间的距离在 1～4 个车长时返回原车道。

② 基本交通行为能力。

a.基本航向：车辆满足所有的基本导航测试标准。

b.十字路口优先原则：车辆在十字路口必须严格执行优先通行原则，不能扰乱通行顺序。

c.最小的跟车距离：当车辆跟随一辆移动的交通车辆时，无人驾驶车辆应该与该车保持要求的间距。

d.列队：在一列停止的车队里完成正确的起停列队动作，保持与前车等距的最小车距和两倍车长的最大车距。

③ 先进导航技术能力。

a.基本交通：车辆能满足所有的基本交通测试标准。

b.障碍物：车辆有安全高效地避让障碍物的能力。

c.泊车：车辆能够正确地泊车，能够前进进入或倒车驶出车位。

d.动态规划：道路封锁时，车辆能够采取必要的动作到达检测点。

e. 道路跟踪：当路点比较稀疏时，车辆通过传感器或其他传感技术来识别路缘，保持在车道内。

f. GPS失效：车辆不会因为导航系统如 GPS 间歇性的信号丢失而出现明显的动作延时或偏离道路。

④ 先进交通能力。

a. 先进导航：车辆能满足所有的先进导航测试标准。

b. 汇流：确保车辆在下一辆车到来之前能够汇入车间时距为 10s 或 10s 以上的车流。在条件允许的情况下，能汇入车间时距小于 10s 的车流。

c. 汇流时的车距：车辆汇入直线行驶的车流中的两车之间，保证与前车保持引导车距，且后车不减速或停止。

d. 左转弯：车辆能够在 10s 或 10s 以上的车间时距内完成左转弯，同时保证在下一辆车到来之前穿过左车道的车流。在条件允许的情况下，可以在小于 10s 的车间时距完成转弯。

e. 左转弯时的车距：车辆在保持安全车距的前提下左转弯穿越左车道。车辆与左车道车辆保持至少两倍的安全车距，且不能影响左车道车辆的行驶。

f. 区域行驶：在存在移动车辆和其他障碍物的区域，车辆能够安全有效行驶。

g. 紧急制动：移动障碍物突然出现在前方时能够安全地完全停止防止相撞。

h. 防御驾驶：车辆表现出防御性驾驶行为，以避免可能发生的车辆对撞并与前车保持安全距离。

i. 交通堵塞：在交叉口有部分拥堵时，车辆能够避开障碍继续前进。

**(3) 技术途径**

明确了无人驾驶车辆的功能需求，就可以在需求的基础上进行无人驾驶车辆设计。目前无人驾驶的发展已经形成以 ADAS 和人工智能切入的两条发展路径。前者以传统车厂为代表，通过不断完善和发展 ADAS 功能和技术，逐步提高汽车的自动化、智能化程度来不断向完全无人驾驶发展。发展的根本目的是缓解司机驾驶压力，改善司机的驾驶体验。主机厂具备丰富的整车制造经验，完善的配套服务体系。核心技术是 ADAS 的各项自动控制系统，在汽车的行驶决策过程中，更多的是由人对周边的状况作出判断，并采取执行措施，机器决策仅起到辅助作用。后者以互联网企业为代表，通过提高移动式机器人深度学习能力和自主决策能力来完成无人驾驶汽车的各项任务。人工智能发展的根本目的是以计算机来控制汽车，彻底取代人工驾驶。互联网企业拥有先进的互联网技术、成熟的算法和云服务平台，能够通过人工智能技术不断提高机器的"驾驶经验"，从而对行驶路况进行准确的判断，降低人为因素干扰带来的事故率。核心技术是人工智能技术，在汽车的行驶决策过程中，完全由机器对周边状况进行决策并控制执行，人工智能完全控制汽车的所有驾驶决策。

除了上述逐步渐进式和一步到位式的分类外，还可以根据是否引入车联网以及对车联网的依赖程度而派生出智能网联汽车的发展模式。2015 年 5 月，工业和信息化部对《中国制造 2025》进行了详细解读，提出了推动节能与新能源汽车产业发展的战略目标。在智能网联汽车方面：到 2020 年，掌握智能辅助驾驶总体技术及各项关键技术，初步建立智能网联汽车自主研发体系及生产配套体系。到 2025 年，掌握自动驾驶总体技术及各项关键技术，建立较完善的智能网联汽车自主研发体系、生产配套体系及产业群，基本完成汽车产业转型升级。围绕智能网联汽车，将主要在以下重点领域开展工作。

① 基于车联网的车载智能信息服务系统。系统旨在提供五个核心功能：预测车辆维修、提升车载效率、优化车辆导航、分析车主驾驶习惯、提升自动驾驶能力。车联网技术需要 5G 的成熟技术，车辆在高速通行状态下，对信息传递的速率要求，使得车联网技术必须依靠 5G 网络，5G 成为物联网、虚拟现实、无人驾驶汽车等热门趋势的核心技术。

② 公交及营运车辆网联化信息管理系统。全面升级及优化公交、出租及各种运营车辆信息服务及管理系统，为专业驾驶员的安全、绿色与高效出行提供全方位信息服务，同时为营运管理与交通管理部门提供系统的监控、调度和管理服务。

③ 装备智能辅助驾驶系统的智能网联汽车。包括车道偏离预警系统、盲区预警系统、驾驶员疲劳预警系统、自适应巡航控制系统及预测式紧急刹车系统，能提供至少两种可共同运行的主要控制功能，如自适应巡航控制与车道偏离预警的结合，以减轻驾驶人负担。减少交通事故 30% 以上，减少交通死亡人数 10% 以上。

④ 装备自动驾驶系统的智能网联汽车。包括结构化道路下和各种道路下的自动驾驶系统，可执行完整的安全关键驾驶功能，在行驶全程中检测道路状况，实现可完全自动驾驶。无人驾驶最高安全车速达到 120km/h，综合能耗较常规汽车降低 10% 以上，减少排放 20% 以上。

## 11.1.2　总体设计

对于一个智能控制系统，总体设计首先需要确定一个合理的体系结构，以实现系统模块之间的恰当协调，并在系统的软、硬件上具有开放性和可扩展性。无人驾驶车辆体系结构主要是指系统各个组成部分的分解和组织以及各组成部分之间的交互，它定义了系统软硬件的组织原则、集成方法及支持程序。无人驾驶车辆体系结构的任务构成包括：确定系统的各组成模块及其输入输出；管理系统的信息流和控制流，并组织面向目标的体系构成；提供总体的协调机制，并按工作模型进行总体协调指挥。下面以 2005 年 DARPA Grand Challenge 冠军，斯坦福大学的无人驾驶汽车 Stanley（图 11-1）为例进行介绍。

图 11-1　Stanley 实车图

　　Stanley 车辆顶部安装了 5 个 SICK 激光雷达，一个进行长距离道路检测的摄像头，两个 24GHz 的毫米波雷达，两个天线分别安装在激光雷达传感器两侧。激光雷达、摄像头和毫米波雷达共同组成了系统的环境传感器组。另外，车辆顶部还安装着一个 GPS 定位系统和两个 GPS 罗盘系统。GPS 定位单元和车辆后备厢中安装的惯性测量单元（IMU）一起，组成了定位传感器组，主要功能是估计车辆的位置和速度。车辆顶部还安装了一个信号喇叭、一个警示灯和两个手动 E-Stop 按钮。E-Stop 系统是一个无线装置，可以使 Stanley 紧急情况下安全停车，DARPA 的 E-Stop 系统包括一个收音机天线和三个额外 GPS 天线。

　　Stanley 的计算系统安装在车辆的后备厢。特殊的空气管道将空气流从车辆外部传送到车辆后备厢中，对计算系统进行冷却。后备厢中配备了一个防振行李架，承载着 6 个 Pentium M 计算机、1 个千兆以太网交换机以及一些与传感器和执行器相连接的接口；后备厢中还有一个采用电池组自制的电源系统、一个能让 Stanley 通过软件实现各系统元件重新供电的转换器；由 DARPA 提供的 E-Stop 安装在行李架附加的减振元件上；后备厢中同样留有大众 Touareg 的执行器接口：制动、油门、变速器和转向控制器。计算机选用 Linx 操作系统。在比赛期间，Stanley 在 6 个计算机中的 3 个运行比赛软件，1 个用来记录比赛数据（2 个闲置）。3 个运行比赛软件的计算机中一个专门用来处理视频文件，另外两个用来处理其他的所有文件。这些计算机处理传感器数据的频率最快可达 100Hz，控制转向、油门和制动的频率可达 20Hz。

　　Stanley 的体系结构如图 11-2 所示。其软件结构采用三层结构框架，由大约 30 个并行运行的模块组成，架构可分解为六个功能层。

　　① 传感器接口层：包括一些能够接收所有数据并为其添加时间标记的软件模块。

　　② 感知层：该层首先将传感器数据映射到内部模型，确定车辆的坐标、方

向和速度。

③ 控制层：控制方向盘、油门以及车辆的制动响应。

④ 车辆接口层：包括车辆制动器、油门、方向盘及服务器的所有接口。

⑤ 用户接口层：包含远距离控制的 E-Stop 和一个启动软件的触屏模块。

⑥ 全局服务层：为所有的软件模块提供一些基本的服务。

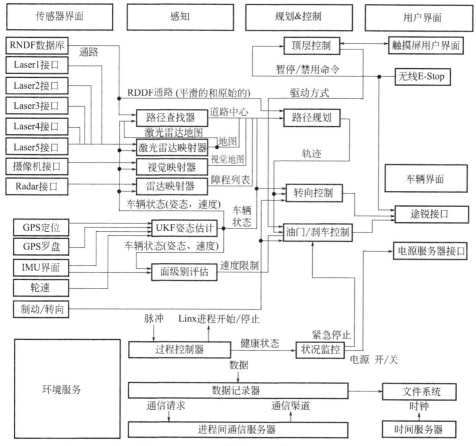

图 11-2　Stanley 软件系统的信息流程图

在 Stanley 的软件系统中没有中心处理器，所有模块独立运行，没有交互的同步机制。同时，对所有数据都进行时间标记，这些标记在多数据融合时会用到。这种方法减少了锁死的风险和不确定的处理延时。为了最大化系统的可设置性，几乎所有的交互通信通过统一命名空间实施。从传感器到执行器之间的信息是单向流通的，同一模块中每个传感器的数据最多只会被接受一次。任意时刻，数据流中所有模块都同时工作，以此来最大化信息传输，最小化软件系统延时。

尽管系统的软件是分布式的，但系统状态却是统一管理。系统中有许多状态变量，车辆健康状态在健康监视器中管理，参数状态在参数服务器中管理，整车驾驶模式则在有限状态机中管理，车辆状态在状态估计模块中进行估计。环境状态被分为多个地图（激光雷达、视觉和毫米波雷达），每个地图都用在专用的模块，因此所有其他模块都将会收到各自保留的值。所有变量都通过统一的命名空间向软件系统的相关模块进行广播。

不仅如此，软件系统还采用结构化模式，以便开发和调试系统。开发人员可以只运行其中的一个子系统，或者通过不同的处理器来移植模块。为了在开发过程中方便调试，软件系统记录了所有的数据，通过使用特殊的重放模块，软件系统可以对记录数据进行回放。无论车辆是在运动时，还是在回放先前记录的数据时，一些可视化工具被用来检测数据和内部变量。最后，开发人员还采用严格的规则对将要参赛的软件系统进行规范。总体而言，在长期的无人驾驶过程中，为了获得较高可靠性，软件的开发具有很好的灵活性。

# 11.2 分系统设计

## 11.2.1 底层系统设计

自动驾驶车辆底层开发目的是为了使自动驾驶车辆具备加速、制动、转向等自动操纵功能。针对现有车辆改装的自动驾驶车辆底层开发主要包括两种方式。一种方式是在现有车辆平台上加装各种外部执行装置，如电机、连杆机构等，控制单元通过控制这些外部执行装置完成指定的动作来实现对转向系统、制动系统、挡位系统等各系统的单独控制。这种底层开发方式具有控制简单，开发周期短等优点，但存在控制延迟较大且维修不方便等缺点。另一种方式是线控平台开发，这种方式通过电子油门、电子换挡、电子转向等集成的平台来实现底层开发，控制指令通过汽车上的 CAN 总线进行传输，因此便于进行故障诊断、数据分析。还有就是针对全新的无人驾驶车辆开发方式。下面对针对现有车辆改装的自动驾驶车辆底层系统设计方法进行介绍。

**(1) 外加执行机构的底层系统设计**

若当前待改造车辆底层不能通过总线控制，需要外加执行机构，并设计相应的控制装置，所有控制装置的开发要遵循以下原则。

a. 对多种车辆的适应性，应能在原车结构上无须作较大变动就能实现无人驾驶改装。

b. 结构紧凑，便于在原车内布置。

c. 可靠性。各种结构应适应各种行驶条件，在振动、潮湿、淋雨、腐蚀、电磁干扰等各种条件下可靠工作。

d.应有紧急功能，保证在紧急状态时能快速恢复到安全状态，避免不安全的事故出现。

① 油门控制设计。在进行自动驾驶改造时，最常用的方法是增加电机执行机构作用于油门踏板，以代替人对油门的操作。而对于有电子油门的车辆，则可以通过发送电子信号的方式实现对油门的控制。如果电子油门协议不开放，由于电子油门的基本原理是在油门踏板处安装多个踏板位置传感器，传感器可以检测油门踏板的位置信号，并传至发动机 ECU，发动机 ECU 生成具体控制量驱动节气门电机，进而实现节气门开度控制。

② 电控制动系统设计。对于不同无人驾驶平台，目前制动系统设计常用以下三种改造方案。

a.拉线制动方案：在制动踏板处采用电机拉线的方式拉动制动踏板动作，进而实现制动。

b.并联液压制动方案：额外并联一套制动主缸系统，并配备额外的油源驱动，设置两位三通阀实现两套制动主缸系统的切换使用。

c.串联液压制动方案（图 11-3）：在制动主缸和车身电子稳定系统（Electronic Stability Program，ESP）之间加装电控制动总成，主动地将制动主缸的油泵入 ESP 系统形成制动压力。

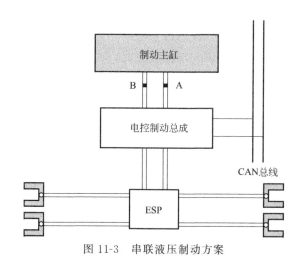

图 11-3　串联液压制动方案

串联液压制动方案的核心部件是电控制动总成，它串联安装于制动主缸和原车 ESP 系统之间，通过 CAN 总线接收期望制动压强信号和驾驶模式信号，可以保留原车 ESP 系统功能，并实现人工制动和电控制动的无缝切换。

③ 电控转向设计。以配备了电动助力转向系统（Electric Power Steering，

EPS）的车辆为例，在进行自动驾驶改造时，其中转向部分需要设计代替人完成方向盘操纵的功能，根据实际情况，可以提出如下三种自动转向系统改造方案：

a. 在转向柱或转向盘上外加伺服电机；

b. 对原车的 EPS 系统进行控制；

c. 直接对 EPS 助力电机进行控制。

**（2）通过总线控制的底层设计**

实现车辆底层自动操纵，最理想的方法是与汽车厂商开展合作，通过总线实现对车辆电控化底层执行单元的控制。

### 11.2.2 控制系统设计

**（1）控制系统性能参数与设计约束**

系统性能参数是控制系统基本状态参量输入，即控制应满足的状态约束；系统设计约束是系统在进行各功能环节设计时应考虑的来自外部条件与内部模块的约束关系，即既要满足车辆其他约束条件的限制，又要满足系统内部其他模块自身特性带来的关系约束。

① 系统性能参数。系统性能参数应基于车辆自身特性研究并考虑行驶安全性与舒适性因素进行参数设计，为控制算法设计基本条件约束，以保证车辆行驶过程合理高效。其系统性能参数一般包括：最大加速度约束、最大减速度约束、最大行驶速度约束、侧向加速度约束等。

最大加速度约束：即车辆加速的最大限制。为保证车辆行驶安全性与驾乘人员舒适性，避免行驶过程出现较大加速度跳变，在进行速度规划时应考虑满足车辆最大加速度约束。

最大减速度约束：即车辆减速的最大限制。考虑车辆在城市及越野路面制动强度因素与底层执行器执行特性，在速度规划时应保证制动减速度满足行驶工况及执行器控制要求。

最大行驶速度约束：即车辆行驶最大速度限制。越野工况道路条件复杂多变，车辆在进行纵向速度规划时应考虑道路条件约束及车辆路径规划速度限制，满足最大行驶速度约束。

侧向加速度约束：即侧向加速度限制。由于纵向运动与横向运动存在一定的耦合作用，因此在进行算法设计时要考虑车辆侧向加速度约束。

② 系统设计约束。系统设计约束不仅要包括常规条件约束，满足车辆行驶的基本性能，还要考虑其他系统模块、纵向规划控制系统自身模块的约束关系。对于应用在智能交通中的无人驾驶车辆，其纵向控制系统应满足以下要求：

a. 系统设计应基于车辆行驶安全性、驾乘人员舒适性标准为基本规划参量作为系统输入，规划结果应满足安全舒适性要求；

b. 车辆行驶安全距离应保证车辆在不同道路条件下的普适性，即车辆在不同道路条件下能够达到相同的制动强度用以保证在安全距离内停车；

c. 车辆速度控制算法应基于车辆底层执行器特性进行设计，保证控制量执行准确性与期望控制效果的一致性；

d. 速度规划与控制算法应充分考虑车辆执行结果与车辆当前状态进行反馈闭环控制，保证系统动态实时性；

e. 在系统设计过程中应充分考虑车辆稳定要求，即纵向速度规划过程中应考虑横向规划结果的约束特性；

f. 车辆纵向规划控制系统模块应考虑其他功能模块（如环境感知、路径规划等）之间的相互关系，在其约束条件下保证纵向系统鲁棒性。

**（2）车辆平台执行器特性分析**

控制系统设计应考虑车辆底层执行器执行特性，基于该特性进行合理的速度、加速度等计算，控制算法输出量应保证车辆底层响应的可执行能力。否则控制结果与车辆底层执行器匹配不合理，将造成控制精度低、安全舒适性差等情况。

以轮式车辆纵向控制为例，纵向控制涉及的执行器主要为车辆加速与减速机构，即油门（油门踏板深度、扭矩、牵引力等）和制动（制动踏板深度、制动压强等）。虽然因车辆平台控制方式差异造成控制下输出量不同，但本质效果均为实现车辆加速、匀速、减速等功能。

需要分析制动系统控制及响应特性，主要包括：系统响应阈值、响应时间等。系统响应阈值即液压制动系统的制动压强响应范围，对车辆制动控制量下发值具有性能上的约束作用，超出系统响应阈值将导致执行器不执行或系统损坏等问题。考虑液压系统控制精度及性能因素，一般包含阈值下限及阈值上限。阈值下限为液压制动系统最低可以响应的压强值，阈值上限为液压制动系统最高可以响应的压强值。控制系统响应时间指车辆从运动控制产生控制量起至车辆底层相应执行机构达到预期执行效果的响应时间，应主要包括三部分内容：控制量下发时间、车辆底层通信周期、执行器执行时间。

**（3）阿克曼转向车辆控制系统设计**

① 纵向控制系统设计。针对智能车辆的纵向控制系统设计方案主要是分层式设计。

分层式纵向控制系统以规划结果、环境信息和车辆状态等为参量输入，直接输出车辆底层控制量。分层式设计将纵向控制系统分为上层控制器和下层控制器两种控制模块。上层控制器进行车辆速度层面的算法研究，其输入为期望路径、环境信息、车辆状态等与速度规划相关的所有参量，输出为下层控制器需求控制量，在算法设计过程中，应考虑车辆速度规划与控制的协调性，即车辆的速度规划在满足安全性、舒适性、经济性的基础上，充分考虑车辆运动控制中执行器的执行特性，保证控制指令的可执行性。下层为速度控制层，即与车辆底层执行机构相关的控制算法，其输入为上层规划层输出控制量、车辆状态等信息，输出为底层执行机构控制量，在进行算法设计过程中，应保证控制系统的加速响应、速度超调控制精度等要求。分层式设计具有以下优点：

a. 控制过程较为直观，可得到各层控制输出量，利于智能系统的人机交互；

b. 能够较好地与其他系统模块进行协调交互，如车辆横向控制系统；

c. 上、下层控制系统相对独立，可采取不同的控制周期；

d. 将车辆控制效果逐层分析显示，降低系统设计复杂难度与调试难度，提高系统鲁棒性；

e. 上、下层控制系统独立，有利于整个纵向控制系统的平台移植特性。

② 横向控制系统设计。横向控制系统通过对前轮偏角的合理控制使智能车辆始终沿着期望道路行驶，且保证操纵稳定性和乘坐舒适性。横向控制系统通常由两个控制环组成，即内环和外环。内环根据前轮偏角期望值和当前值的偏差（其中期望前轮偏角由外环系统计算得出，而当前前轮偏角直接通过传感器获取），通过驱动转向执行机构或发送电信号至总线实现对前轮偏角的精确控制。外环根据车辆和期望道路之间相对运动关系，通过自动转向控制算法计算期望前轮偏角。

外环控制系统通过自动转向控制算法输出合适的前轮偏角，以实现期望道路的跟踪。其输入为期望道路信息和当前车辆行驶状态，输出为期望前轮偏角。期望道路由智能车辆平台的路径规划系统根据行驶环境信息实时给出，而车辆行驶状态由状态估计算法给出。外环控制系统主要是计算期望前轮偏角，因此其重点在于控制算法。常用的控制算法有 PID 控制、极点配置、最优控制、鲁棒控制、滑模控制等。

**（4）车辆滑差转向控制系统设计**

目前对速差转向移动平台的路径跟踪研究成果主要集中在滑差转向机器人和具有无级转向能力的车辆上。就目前速差转向移动平台领域的路径跟踪研究成果来看，研究的内容多集中在车辆自身上，很少考虑驾驶员操纵方式以及驾驶意图对车辆轨迹控制的影响。事实上，通过对人类驾驶行为操纵的学习，将对速差转向车辆的路径跟踪做出更有效的控制。

## 11.2.3 感知系统设计

感知系统的设计应建立在对行驶环境、功能模块和技术途径清晰分析的基础之上。针对越野环境和城市环境可能设计出截然不同的感知系统。同样是城市环境，高速公路和城市道路的感知系统也可能不一样。即使都是高速公路，不同的研发人员可能会提出不同的解决方案。有的依赖于视觉和毫米波雷达组合的感知系统，再辅以事先制作的高精度地图；有的依赖于三维激光雷达和视觉构建的感知系统。可以看出，感知系统的设计取决于很多因素，但其设计过程主要包括以下三个方面。

**（1）传感器布局分析**

感知系统设计首先要考虑传感器的选型及其布局，也就是选用哪些功能的传感器，这些传感器安装在车上后起到什么作用，同时感知的范围有多大。下面以 BOSS 无人驾驶车辆为例进行介绍 2007 年 DARPA Urban Challenge 的资格测试赛 A（图 11-4），需要考察无人驾驶车辆在含有丁字路口的交通流中与其他社会车辆交互并自主行驶的能力。获得冠军的卡耐基梅隆大学 BOSS 车，为了应对这一复杂环境，全车装备了 8 种，共 18 个传感器（图 11-5），不同的传感器负责不同的任务（表 11-1）。有的传感器专门用于检测在路口通行时是否安全，有的传感器专门用于检测迎面而来的其他车辆，有的传感器专门检测静态障碍。

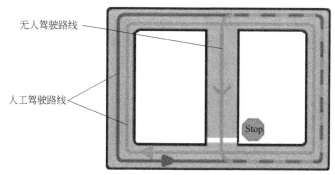

图 11-4　资格测试赛 A

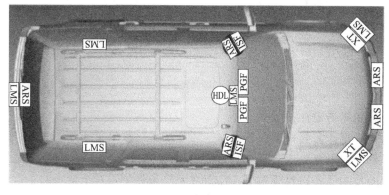

图 11-5　传感器布局

表 11-1　传感器作用

| 作用 | Velodyne | SICK | Alaska XT | ISF172 | ARS 300 | Ma/COM Radar | Mobileye | Camera |
|---|---|---|---|---|---|---|---|---|
| 保证在十字路口安全通过/汇入车流 | 1 | 2 | 1 | 1 | 1 | | | |
| 保证安全会车 | 2 | 2 | 1 | | 1 | | | |
| 检测并定位车辆以保证安全车距 | 1 | 1 | 1 | | | 1 | | 1 |
| 估计道路形状和车道位置 | 1 | 1 | | | | | 1 | 1 |
| 检测静态障碍物 | 1 | 1 | 1 | | | | | 1 |

注：1.数字 1 表示该传感器完全有能力发挥此作用。
　　2.数字 2 表示该传感器在速度限制下可以发挥此作用。

**（2）传感器感知范围计算**

　　同一个传感器在车上安装位置不同，会导致它的感知范围不同。多个传感器组合安装在不同位置，也会产生不同的感知效果。因此在传感器安装前，需要根据任务目标计算感知范围，确定传感器的安装位置。图 11-6 为前后各安装 1 个 32 线激光雷达时对凸障碍物和凹障碍物的最大最小检测范围。从图中可以看到，由于车体本身几何限制以及 32 线激光雷达垂直视场、各线激光束夹角等因素的约束，对于凸障碍物和凹障碍物的检测范围是不一样的，且都有检测盲区。同理，对于只安装一个 64 线激光雷达的方案也可以进行计算。通过对比，可以得出最优的安装位置和感知范围。

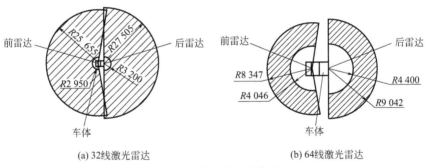

(a) 32线激光雷达　　　　　　　　　(b) 64线激光雷达

图 11-6　检测范围示意图

**（3）感知算法设计**

　　感知算法设计需要根据任务目标、环境特点、技术复杂度、成本、时间等因素综合考虑。如果要投入使用，应尽量采用成熟度高的方法。以检测车道线为例，目前的技术已经比较成熟了，在正常天气条件下，对于清晰的车道线检测效果完全可以满足实用的要求。也有人在研究用深度学习的方法来检测车道线，如果样本使用得当，这种方法对于斑驳不清的车道线以及对于下雪天气的车道线或许也可以有好的检测效果，当然如果在短期内就要实用，则要考虑车载计算设备的计算性能是否能满足实时性的要求。

再以行人检测为例。法国研究人员 Navneet Dalal 在 2005 年 CVPR 上和 Bill Triggs 首次提出利用 HOG 进行特征提取，利用线性 SVM 作为分类器，实现行人检测。他通过大量的测试发现，HOG＋SVM 是速度和效果综合平衡性能较好的一种行人检测方法，并将此方法用于汽车、自行车、摩托车及动物的检测。2012 年，比利时研究人员 Benensone、Mathiam、Timofter 等在如何快速、有效地进行行人检测方面，提出了两种加速方法。一种是如何在单张图像上更好地处理尺度信息；另一种是如何利用立体图像的深度信息来加速。在不降低检测质量的前提下，可以获得 20 倍的加速效果，该方法检测速度达到 100fps（帧/秒）。即使如此，由于视觉容易遭受光照、气候等众多因素的影响，基于激光雷达与视频数据融合的行人检测方法可能是当前投入使用的可靠方法。

### 11.2.4 路径规划系统设计

#### （1）环境建模

环境建模是路径规划的第一步。一个好的环境模型应该包含清晰的地图结构，不仅要易于创建和修改，而且要易于搜索。这样的环境模型能够减少路径规划的复杂性。用来表达环境模型的地图通常分为两大类，即度量地图和拓扑地图。

度量地图包括栅格地图、四叉树和多边形地图等，它准确地描述了环境，记录了所有障碍物在空间的位置。从理论上来说，度量地图更适合于需要做避碰检测的路径规划。但是在大而复杂的环境中，使用这种地图进行路径规划，很容易陷入局部最优，而耗费大量计算时间。拓扑地图利用连接全部可通行区域的地图来表示真实环境，它能够以小而简单的数据结构来描述较大的环境，这极大地减少了内存空间的消耗并降低了路径规划的复杂性。建立拓扑地图的方法主要有可视图法、多边形分解法、概率地图法和广义维诺图法。

为了给地面无人驾驶车辆路径规划创建一个数据结构简单、环境描述准确的环境地图，需要结合度量地图和拓扑地图的优缺点，创建地面无人驾驶车辆环境模型。

#### （2）全局路径规划

全局路径规划根据一定的优化目标，在环境模型中找到一条从起点到终点的无碰撞路径。通常优化目标是距离最短和所需时间最短。常用的全局路径规划算法包括快速探索随机树法、概率路线图法和基于搜索的路径规划算法。上述前两种方法为随机路径规划器，基于搜索的路径规划算法是确定路径规划算法。给一个特定的输入，随机路径规划器会产生不同的输出，但确定的路径规划器将始终产生相同的输出。因此，基于搜索的路径规划算法的输出更具可预测性，且容易控制。

基于搜索的路径规划算法一般都是通过对运动基元的重复利用生成搜索树来探索空间，并最终达到目标。运动基元是通过对控制空间进行采样得到的基元轨迹的集合，因此运动基元总是可重复的。在此过程中，该算法总是探索每个步骤中最低成本的节点，因此基于搜索算法的行为具有可预测性。而且引入启发值来引导搜索可以有效提高搜索效率，如果启发式函数可以准确地定义，那么搜索过程就可以很好地探索空间并最终得到最优路径。D$^*$算法能够有效地处理各种环境下的动态问题，但无法解决局部最小化的问题。一些算法大大加快了搜索速度，如加权 A$^*$ 算法、任意时间 A$^*$ 算法、任意时间修复 A$^*$ 算法等，但牺牲了路径的最优性。D$^*$搜索算法是一种实时、增量式的启发式搜索算法，既能保证在分配的规划时间内快速搜索获得一条次优路径，然后利用剩余的规划时间优化这条次优路径，又能处理状态空间中节点之间的边缘消耗时刻改变情形下的路径规划问题。A$^*$、D$^*$算法已经被广泛用于解决结构化道路和非结构化道路下的路径规划问题。

**(3) 局部路径规划**

由于无人驾驶车辆环境感知系统无法提供完整的环境信息且行驶环境中存在较多的动态障碍物，容易造成全局路径不可行的情况；同时无人驾驶车辆通常以较高速度行驶，不可能停车等待全局路径的重新规划，所以无人驾驶车辆的路径规划方法需要很好的实时性。在现有的典型无人驾驶车辆驾驶系统中通常将全局路径规划和局部路径规划相结合，其中全局路径规划负责满足最优化指标；局部路径规划负责在满足环境约束、平台运动学和动力学约束情况下，完成对全局路径的跟踪。

局部路径规划器根据全局期望路径生成一条可以跟踪全局期望路径的局部期望路径。实时生成的路径只对全局期望路径有跟踪功能，如果此局部路径上存在障碍物，则无人驾驶车辆无法继续行驶。因此为使局部路径规划具有避障功能，需要生成多条可以跟踪全局期望路径的局部候选路径；然后依次对候选路径进行避障分析，判断路径上是否存在障碍物；最后通过设计的成本函数，选择候选路径中安全性、平顺性等综合性能较优的路径作为局部期望路径。局部期望路径的生成是基于路径生成和选择规划算法完成避障功能的基础。路径生成算法生成路径时能够在不依赖全局定位信息的情况下满足快速实时性，同时生成的路径还应满足车辆运动学约束，保证路径的可行性。

地面无人驾驶车辆的路径规划系统设计，应根据实际情况，综合考虑环境建模、全局路径规划、局部路径规划等方面展开。

# 11.3 仿真与实车测试

## 11.3.1 基于公开数据库的测试

在无人驾驶车辆设计与测试过程中，有些算法可以在公开数据库中进行测试。下面对一些数据库进行简要介绍。

**(1) KITTI 数据库**

KITTI 数据库是德国卡尔斯鲁厄理工学院（Karlsruher Institut für Iechnologie，KIT）建立的计算机视觉数据库，旨在为立体视觉、光流、视觉里程计、二维目标检测与跟踪等一系列研究目标提供具有挑战性的真实世界图像数据及计算机视觉测试基准。该数据库以 2007 年 DARPA Urban Challenge 参赛车辆 Annieway 为平台，搭载 2 对 1400 万像素立体 CCD 相机（其中一对为黑白 Point grey fl2-14S3M-C，一对为彩色 Point grey fl2-14S3C-C），1 套高精度惯性导航系统 OXTS RT3003，1 台 64 线激光雷达 Velodyne hdl-64E，以及 4 个变焦距透镜 Edmund Optics nt59-917。其中激光雷达的扫描频率为 10 帧/s，每扫描一次返回约 10 万个数据点。相机采集的原始图像尺寸为 1382×512 像素，在立体校正之后会稍微缩小一些。相机的采集频率也为 10 帧/s，且由激光雷达旋转至前向时触发。实时的高精度位置及位姿数据由 Velodyne 和 IMU/GPS 系统融合得到，以作为评价视觉里程计定位结果的真值。

该数据库是在卡尔斯鲁厄及周边采集的，涵盖城市、乡村和高速环境，里程长达数十千米的图像序列。这些图像序列分为训练集合和测试集合。其中训练集合，网站提供真值数据以供各开发者训练或调节自己的算法；测试集合，KITTI 不公开真值数据，各研究人员可以根据规定格式上传自己的计算结果，由 KIT-TI 进行评价计算并将各算法精度发布在其评价网页的排行榜上。完全独立的第三方评价结果保证了公开公平的算法性能比较。

**(2) 德文岛探测车导航数据库**

德文岛探测车导航数据库（Devon Island rover navigation dataset，DEVON 数据库）是自主空间机器人实验室（Autonomous Space Robotics Lab，ASRL）在类似火星/月球环境的德文岛采集的图像和其他传感器数据。

DEVON 在全长 10km 的路径上采集了 49410 帧图像，并分为 23 个子序列，在每一个子序列的起点，结合太阳角传感器等数据信息来计算该节点的准确位姿，提供给数据库使用者作为真值。由于恶劣的环境和剧烈的颠簸使得基于该图像数据进行位姿估计极具难度，近年来成为行星探测车视觉里程计算法研究所使用的热门数据库。DEVON 共提供了三种类型的图像数据以供使用，第一类是原始尺寸彩色图像，分辨率为1280×960像素，未进行立体校正；第二类是立体校正后的原始尺寸彩色图像；第三类是立体校正后的小尺寸灰度图像，分辨率为512×384像素。

**（3）SYNTHIA 数据库**

基于视觉的语义分割对于自动驾驶汽车来说至关重要，近年来深度卷积神经网络在视觉任务上具有较优的表现。然而，深度卷积神经网络需要从原始输入中学习大量的参数，因此需要足够多的带标注信息的样本。然而人工标注数据库太过烦琐，而且大量数据库的获取也是一大问题。因此 German Ros 等人在虚拟场景下自动产生类似于真实场景中的合成图像的方法。数据库命名为 SYNTHIA（SYNTHetic collection of imagery and annotations），包括 13 类语义标注：背景、天空、建筑、道路、人行道、护栏、植被、杆、汽车、行人、交通标志、骑自行车的人、车道线标志。

### 11.3.2　仿真测试

在自动驾驶开发过程中，需要在各种行驶条件下，对无人驾驶技术进行不断验证测试，从而确保其安全程度能够高于人类驾驶员的操作。这意味着，在一些时候我们要在实际道路上对其进行测试。然而同样重要的，是在虚拟道路上的仿真测试，虚拟测试也是积累无人驾驶汽车测试里程的重要手段之一，如图 11-7 所示。图中上部为仿真软件截图，下部为采集的实际场景。

图 11-7　虚拟道路测试

具体说来，虚拟道路测试，能够对危险或不常见的驾驶场景进行有效测试。虚拟道路测试的灵活性和多用性，使其在自动驾驶技术开发中发挥着重要作用。

如果没有仿真道路测试，要观察车辆应对真实交通场景的反应，有可能会产生各种危险。譬如说，当一个孩子从一辆停着的车辆后方突然冲到了马路中央，或是有另一辆车在闯红灯。而现在得益于高级图形处理技术的发展，工程师可以模拟出各种实际生活中的交通场景，并且根据需求对其进行调整。例如，在需要的时候，我们可以仿真出暴风雪的场景，即使你现在身处的是沙漠环境；另外，我们还可以在日出和日落时分模拟出正午晃眼的阳光，测试无人驾驶汽车在这种天气条件下的反应。一些有可能使人类测试员处于危险当中的场景，我们也可以让其在虚拟测试中再现，例如仿真出一条布满薄冰的高速公路。

一个人工智能车载计算平台，负责将多个传感器获取的数据进行融合，运行自动驾驶所需的复杂软件算法，然后将决策指令发送给车辆执行。在经过配置之后，可以将模拟传感器的数据进行融合，然后输出模拟驾驶指令。

无人驾驶车辆的开发过程通常采用 V 循环研发理念，通过将仿真设计、实车验证、离线场景再现三个阶段相结合，验证设计方案的可行性。在 V 循环研发理念中的仿真设计阶段，可以考虑通过 V-REP 仿真平台与 Visual Studio、Matlab 编程软件，对开发任务进行定义、设计与验证，由此指导之后的实车验证过程。

**（1）V-REP 软件介绍**

V-REP 的全称为 virtual robot experimentation platform，是一个虚拟机器人及自动化模拟平台。使用 V-REP 软件可以很好地模拟机器人中各项系统，如机械结构和传感器，通过详细的 API（application programming interface）接口，可以非常容易地实现机器人的各项功能。V-REP 中每个对象（模型）可以通过嵌入式脚本实现控制，是机器人仿真理想的平台。V-REP 的主要特色可总结为以下几点。

① 方便的模型浏览。可以随时对 CAD 资料进行导入和导出，支持 STL（ASCII&binary）、DXF、OBJ、3DS 等多种格式。

② 物理引擎。根据需要可以选择一种或者两种物理引擎，来模拟物体间真实的动力学情况。

③ 丰富的建模元素。拥有超过 10 种建模元素，可以搭建简单的自定义模型。

④ 距离计算和碰撞检测。可以计算多个物体间的距离，并快速判断各种碰撞与干扰。

⑤ 模拟传感器。提供精确的模拟传感器，可以完全自定义具有图像处理功能的视觉传感器和多线激光雷达传感器。

⑥ 强大的应用程序接口（API）。集成了上百组 API 函数，同时也可从 C/C++，Lua 导入，或使用其他语言程序的 API 调用。

在无人驾驶车辆领域，V-REP 可用于图像处理、地图构建、运动规划、跟踪控制、自动泊车、交通场景仿真等方面（图 11-8），并具有可支持 7 种编程语言和多种操作系统、轻量化、交互界面简单、传感器资源丰富、保真度高、代码可直接被真实车辆平台使用等特点，目前正逐渐被许多研发单位接受并使用。

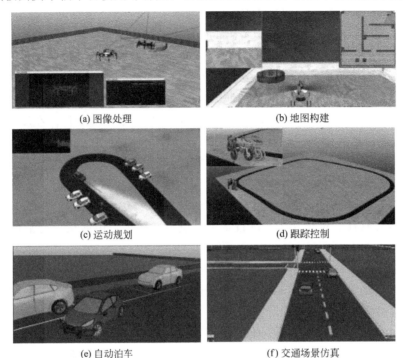

(a) 图像处理　　　　　　　　　　(b) 地图构建

(c) 运动规划　　　　　　　　　　(d) 跟踪控制

(e) 自动泊车　　　　　　　　　　(f) 交通场景仿真

图 11-8　V-REP 场景应用

V-REP 的建模过程主要步骤为环境搭建、控制体添加、脚本编写和仿真运行，如图 11-9 所示。

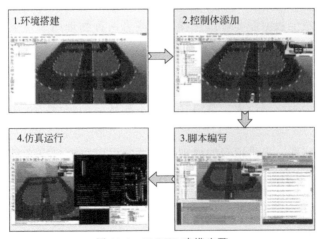

图 11-9　V-REP 建模步骤

图 11-9 说明如下。

① 环境搭建：用户操作界面内提供了大量环境建模所需的模型，如路面模型（平坦路面、积水路面、山地等）、控制体模型（如车辆、运动机构、传感器等）、环境模型（如行人、树木、建筑物等）。用户可根据仿真需求自由选取各类模型，也可利用基本模型创建生成各类自定义模型，再将选取的模型进行灵活搭建。

② 控制体添加：在用户界面内添加研究对象作为控制体，可通过更改控制体的各类参数适应研究需求。

③ 脚本编写：设置好仿真环境与控制对象后，可在用户界面内添加 Lua 语言脚本，直接对控制对象进行控制。

④ 仿真运行：在 3D 可视化界面内观测仿真场景及车辆运动，依据要求输出仿真曲线与数据。V-REP 可以独立地进行仿真，为了方便地进行数值计算和算法设计，也可借助 Visual Studio、Matlab 等软件与 V-REP 进行联合仿真

**（2）基于 Matlab/V-REP 的联合仿真**

以无人驾驶车辆路径跟踪控制为例，介绍 Matlab/V-REP 联合仿真测试方法。

在本例中，Matlab 和 V-REP 分别起的作用，以及它们之间的数据流向如图 11-10 所示。

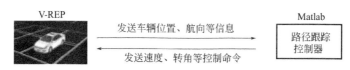

图 11-10　Matlab/V-REP 联合仿真过程

① 设置 Matlab 和 V-REP 的通信。在 Matlab 中加载 V-REP 的库文件，可以方便地在 Matlab 中使用 V-REP 的库函数。

在 V-REP 端：

```
simExtRemoteApiStart(5050,250,false,false)
```

在指定的端口服务器上启动一个临时的远程 AP 服务器服务。当模拟脚本开始时，该服务器将在模拟结束时自动结束。设置服务器的端口为 5050，数据包最大值为 250，禁用窗口显示数据，关闭同步触发信号。

在 Matlab 端：

```
V-REP＝remAp('remoteApl');            %加载库文件
V-REP.simxFinish(-1);                 %关闭所有连接
clientID-V-REP.simxStart(1211.0.0.1,5050,true,true,500)
CommThreadCycleInMs;
```

启用与服务器的通信，在成功连接之前保持等待。服务器 IP 地址为 127.0.0.1，端口号为 5050，设置等待连接直到成功或超时，如果连接丢失不尝试重新连接，设置超时时间为 500ms，设置数据包来回发送的次数为默认值 5。如果在超时时间内没有连接成功，则返回 −1 给 Client ID。

② 在 V-REP 中搭建场景和模型。结构化道路场景包含直道、弯道、路口、停车场和路肩等元素，首先使用作图软件绘制出这些元素的图片素材。直道和停车场图片素材如图 11-11 所示。

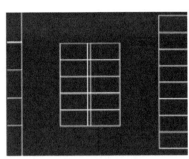

(a) 直道图片素材　　　　　　　(b) 停车场图片素材

图 11-11　图片素材

在 V-REP 中绘制想要的道路形状实体（图 11-12）；把图片素材添加上去并调整到合适的位置，完成场景的搭建，如图 11-13 所示。

图 11-12　道路形状实体

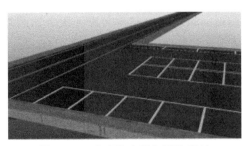

图 11-13　在实体上添加图片素材

　　根据轮式车辆运动特点搭建车辆基本框架，包含发生动力学关系的车身和车轮，以及产生运动的关节，如图 11-14(a) 所示。为了使模型中的车辆更加逼真，可以使用三维建模软件绘制车身和轮胎，将三维模型导入 V-REP 中，完成车辆模型的搭建，如图 11-14(b) 所示。在 V-REP 中编写脚本生成期望的路网点，路网文件的格式如表 11-2 所示。

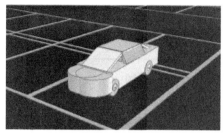

(a) 车辆基本框架　　　　　　　　　(b) 加入三维模型

图 11-14　车辆建模

表 11-2　路网文件格式

| 路网点标号 | X 坐标 | Y 坐标 | 其他 |
| --- | --- | --- | --- |
| … | … | … | … |

　　③ 在 Matlab 中编写控制程序。Matlab 仿真程序流程图可表示为图 11-15。程序开始时首先进行一次初始化，创建接收和发送数据的端口，并载入离线规划好的全局期望路径，为仿真测试做准备。

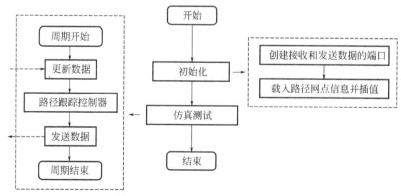

图 11-15　Matlab 仿真程序流程图

　　程序中初始化，实现创建接收和发送数据端口、载入路径网点信息的伪代码如表 11-3 所示。

**表 11-3  程序初始化伪代码**

The psecdo-code of controller initialization

Input:
IP:the IP address where the sever is located(i.e.VREP).
PORT:the port number where to be connected.
roadMap.txt:the file contain information about road net.
1:  function Init( )
2:  get connected with VREP
3:  loadthe roadnet file "roadMap.txt"
4:  global_path←interpolation
5:  end Init

路径跟踪控制器在每个周期开始的时候需要更新车辆的位置，根据预瞄距离寻找预瞄点。随后将全局坐标系下预瞄点的坐标转换成在局部车辆坐标系下，可以方便地判断预瞄点与车辆的位置关系。然后，根据纯跟踪算法计算前轮转角，最后发送控制命令。路径跟踪控制器程序流程图如图 11-16 所示。

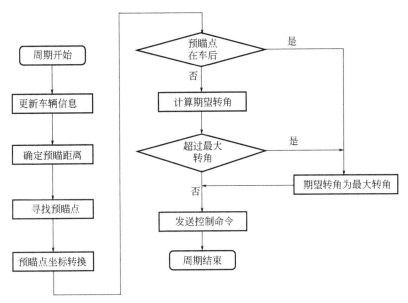

图 11-16  路径跟踪控制器程序流程图

受车辆转向系统机械结构的限制，转向轮转角有最大值限制，下列情况下的期望转角应为最大转角：

a.预瞄点在车辆后方，为了快速地走到预瞄点，期望的转角应为最大转角；

b.预瞄点在车辆前方，但是计算出的期望转角大于最大转角，此时，下发的转角量也应该为最大转角。

把控制器计算的转角信息下发，就可以控制 V-REP 仿真模型中的车辆跟踪预定路径。

程序中实现基于纯跟踪路径跟踪的伪代码如表 11-4 所示。

**表 11-4　基于纯跟踪路径跟踪的伪代码**

```
The pseudo-code of main function

Input：
Velocity:the expected velocity.
1:  while (simulation begin) do {
2:  current_vehicle_state←update( )
3:  target_point←GetPreviewPoint(current_vehicle_state,preview_distance,globa_path)
4:  target_point_local←Coordinate_Transformation(target_point, current_vehicle_state)
5:  steering_angle←Pure_pursuit(target_point_local)
6:  output (vehicle,steering_angle)
```

④ 在 V-REP 中编写控制脚本。在 V-REP 中编写脚本，接收控制命令，设置目标关节的速度和转角，实现 Matlab/V-REP 的联合仿真，如图 11-17 所示。

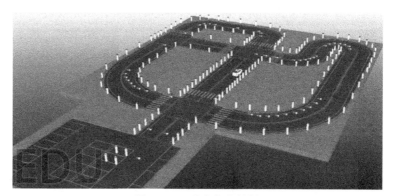

图 11-17　联合仿真效果

### 11.3.3　实车测试

伴随着无人驾驶车辆技术的发展，国外开展了系统的无人驾驶车辆测试与评价研究，其中美国 DARPA PerceptOR 评价项目最具代表性。受该项目的影响，美国 DARPA 连续举办了三届无人驾驶车辆挑战赛，从第三方的角度客观公正地评价被测无人驾驶车辆的水平。欧洲也举办了类似的比赛。近年来，世界各地关于规范测试无人驾驶车辆的工作都在按计划开展，目的是进一步促进无人驾驶车辆的发展，使之尽早投入实际应用中。

**（1）DARPA PerceptOR 评价试验**

越野机器人感知（Perception for Off-Road Robotics，PerceptOR）项目由 DARPA 发起和管理。无人驾驶车辆性能评估的一个常用的方法是进行演示，在演示中车辆经过反复试验和调整来执行既定任务。而 DARPA PerceptOR 评价试验与上述方法的主要区别是：没有演练，即提前不知道测试路线与环境且测试完成之前不允许操作人员观察测试路线与环境。DARPA PerceptOR 评价试验以客观的量化指标记录车辆的表现，主要关注无人驾驶车辆怎样进行测试，以及测试中表现如何。

在 DARPA PerceptOR 评价试验中，由一个独立的工作小组策划并管理评价试验。测试的具体方式是：把路点和地理俯视图的信息上传给无人驾驶车辆，并指挥其到达每一个路点。当无人驾驶车辆到达最后的路点或者工作人员判定终止时，测试结束。在车辆测试过程中，工作人员和被测试车辆的安全操作员跟在测试车辆后面，当车辆遇到突发危险时，安全操作员使用无线电控制装置来紧急停车。安全操作员也可以在自主导航系统和远程控制器失效的情况下去控制车辆。如有必要，被测队伍中的远程操作员可以使用操作员控制站，根据远程监控系统对无人驾驶车辆进行干预。测评工作人员和被测队伍的成员共同组成一个分析小组来监测数据从车辆传送到分析中心。分析中心的主要作用是实时评估并判定车辆沿路径巡航过程是否成功。从车上获得的信息主要有原始数据、成本地图（用矩阵表示遍历成本）以及由车载系统创建的中间数据。除此之外还有摄像师跟在车旁进行的视频直播数据。

**（2）通过比赛进行测试**

2002 年，美国 DARPA 针对无人驾驶车辆怎样才能变成国防的一个有力组成部分这样一个实际问题，提出要突破传统思路，通过举办无人驾驶车辆挑战赛吸引研究团队来破解难题。为此 DARPA 分别于 2004 年、2005 年举办了两次 Grand Challenge，于 2007 年举办了 Urban Challenge。2004 年 DARPA Grand Challenge 比赛路线为从加利福尼亚州的 Barstow 到内华达州的 Prim。比赛全程 142 英里，包括：路况好的公路、之字形爬坡路、丘陵道路、急转弯和陡坡等，路程崎岖，车辆将通过沙漠、沼泽、泥泞的沟壑等。DARPA Urban Challenge 在美国加利福尼亚州奥维尔废弃的乔治空军基地举行，60 英里的赛程模拟了城市交通环境，包括静态干扰车辆、动态干扰车辆、会车等。比赛规则包括必须遵守交通规章制度，与其他交通要素协调融入交通环境等。比赛要求完成整个赛程的时间不能多于 6h，在城市环境中能够以 20mile/h（约 32km/h）的速度安全正确地自主行驶，并具有以下能力：车距保持、车道线识别、限速、安全 check-and-go 行为（通过十字路口，驶出停车场等）、停车（包括路口 GPS 坐标指定的停车位置）、在 GPS 信号完全或者部分堵塞区域的安全行驶行为、在 GPS 导航路点密度稀疏或精度低的路面（结构化和非结构化路面）行驶能力、正确换道、会车、距离停车线 1m 内停车、泊车、U-turn、动态规划、路口停车车距保持、队列 stop-and-go 没有过多延迟等。

**(3) 美国密歇根大学开展的测试工作**

2014 年 6 月,美国密歇根大学开发了一套新型的无人驾驶车辆检测设备,这套设备已经在密歇根的南部进行了测试。该检测系统的覆盖面积有 30 英亩(约为 121406m$^2$),它能够检测到无人驾驶车辆、信号灯以及其他路况信息。在该无人驾驶车辆检测系统中,可以根据情况随意变动建筑物、障碍物在检测系统中所处的位置,进而让车辆获得更加全面的测试。这个无人驾驶车辆检测设备也能让其他配备物联网系统的概念汽车接受测试。如可以设置复杂的交通信号灯计时系统或者设定行人在不正确的时间穿过十字路口等情况。未来,无人驾驶车辆将能同其他的车辆、信号装置以及出现在道路上的其他设备进行交流,而这些对象也会相应地反馈信息回来。

密歇根大学还与福特进行合作,对无人驾驶版 Fusion 混动车进行了测试。密歇根大学斥资 650 万美元,兴建了一条无人驾驶车辆的试车道,用于车辆研究。该自动化测试轨道包括三车道道路与交叉口、交通标志和信号、人行道、模拟建筑物、街灯等。最近几年,自动化测试轨道的建设在无人驾驶车辆领域扮演着越来越重要的角色,但最主要的挑战是确保这些车辆可以在复杂的城市环境中安全地行驶。

此外,在密歇根大学园区的一角建设了一个用于自动驾驶测试的小镇。这个小镇由 4 英里的公路与 13 个不同的交叉路口共同组成。混乱的车道标线,繁忙的施工队伍,这些复杂情况都会被用来测试最新的汽车传感器和自动驾驶算法的能力。

**(4) 实际道路测试**

2012 年,美国内华达州为 Google 无人驾驶汽车颁发了第一张上路测试牌照,从这以后国内外各大互联网公司和汽车企业等研发的无人驾驶车辆都开始在公共道路上进行测试。公共道路测试是最真实、最可信的,也是检验无人驾驶车辆的最终场地。

值得注意的是,每个无人驾驶车辆的制造商都用他们独有的方法来设计、建造和编写自动驾驶车辆控制系统的程序。为了保护他们的专有系统,制造商们并不会公开他们的技术细节,这使得研究者只能对每种车辆进行黑箱控制并测试所得到的结果。这对车辆测试的四种基本方法来说是一个挑战。

① 自然操作试验法:车辆在真实或模拟环境下行驶,产生有关驾驶员操作、行为、环境、驾驶文本以及其他与事故发生的因素有关的数据。这个方法的缺点在于它需要大量的车辆、时间和成本。驾驶员需要行驶数十年才会有一次重大碰撞事故从而能提供数据,而且前期研究工作需要巨大的花费来产生具有统计意义的有用数据。

② 测试矩阵法:这个方法提供了大量的预设场景,这些场景都是测试每辆

车所要经过的场景。比如，测试自动紧急制动性能需要用到三个不同的场景，包括前车停止、前车匀速和前车制动减速。这种矩阵法可以用在实际测试和模拟测试中。这个方法的问题在于所有的场景都是预设的，而且试验都是根据人类驾驶而不是机器驾驶的数据来设计的。

③ 极端情况法：该方法挑选极端恶劣的驾驶场景和驾驶参数。它有助于识别车辆测试方法中的设计缺陷。但是，它不能准确地评估实际情况中的风险和概率。不同的智能驾驶车辆会有不同的极端情况。但是，这种测试方法不能用来进行政府的标准测试，不能用来推断自动驾驶车辆的预期安全行为，也不能用来确定合理的保险费率。当然，对于研发企业而言，它有助于发现自动驾驶车辆在极端情况下的不足，从而在设计上有所变化。

④ 蒙特卡罗仿真法：这种方法最早用于曼哈顿项目的开发，它在一堆数据中用数学的方法评估某件事情的风险和发生概率，通过一遍遍的计算得出其他事件发生的可能性。然而，这种方法用的是实际驾驶数据，这意味着会包括很多一般的驾驶情况，降低了测试的效率。

尽管四种方法都有一定的优点，但是每种方法都有缺点，要么是不能代替真实驾驶情况，要么是无法加快试验速度。所以，需要有一种加速评价方法能够将危险的车辆交互情况提取为简化试验以准确反映道路实际发生情况。将大量正常行驶数据去除掉，或许评价过程可以加快。为了研究加速评价方法，研究者们对驾驶数据进行六步分析。

a. 收集大量实际驾驶数据。

b. 提取数据，保留包含自动驾驶车辆和人类驾驶车辆进行有价值交互的数据。

c. 对人类驾驶行为进行建模，并以此作为自动驾驶车辆的主要威胁以及带有概率分布的随机变量。

d. 减少日常驾驶中未发生事故的数据，并用关键事件的数据代替。

e. 在加速场景下进行蒙特卡罗试验从而在自动驾驶车辆和人类驾驶车辆之间产生更强的相互作用。

f. 用统计分析的方法，由测试结果逆推出实际情况下自动驾驶车辆在日常驾驶中的表现情况。

在进行了六步分析之后，研究者们提出了四种方法来加快自动驾驶车辆的测试速度。

a. 根据关键事件发生的频率，排除一般的安全驾驶情况。

b. 使用重要性抽样法从统计意义上增加关键事件的数目，并保证仍然能够准确反映实际驾驶情况。

c. 通过构建一个公式从而提取出关键事件，并测试、应用这些事件，从而进一步减少试验次数。

　　d. 在对随机关键事件进行优化的基础上，分析在最复杂场景下人类驾驶车辆和机器驾驶车辆的交互数据。

　　上路试验并不能测试出无人驾驶车辆的所有潜在危险，必须进行方法上的创新。从无人驾驶车辆各个部件和软件的源头设计测试规则，才能保证无人驾驶车辆这项技术为人类造福。

# 参 考 文 献

[1]　刘少山，唐洁，吴双，等.第一本无人驾驶技术书［M］.北京：电子工业出版社，2017.

[2]　陈慧岩，熊光明，龚建伟，等.无人驾驶汽车概论［M］.北京：北京理工大学出版社，2014.

[3]　张秀彬，应俊豪.汽车智能化技术原理［M］.上海：上海交通大学出版社出版，2011.

[4]　李妙然，邹德伟.智能网联汽车技术概论［M］.北京：机械工业出版社，2019.

[5]　陈慧岩，熊光明，龚建伟，等.智能车辆理论与应用［M］.北京：北京理工大学出版社，2018.

[6]　陈慧岩，熊光明，龚建伟.无人驾驶车辆理论与设计［M］.北京：北京理工大学出版社，2018.